青年志愿者之歌

报告文学

共青团中央
中国作家协会
主编

语文出版社
·北京·

图书在版编目（CIP）数据

青年志愿者之歌．报告文学 / 共青团中央，中国作家协会主编．-- 北京 ：语文出版社，2020.12
ISBN 978-7-5187-1160-4

Ⅰ．①青… Ⅱ．①共… ②中… Ⅲ．①报告文学—作品集—中国—当代 Ⅳ．①I217.1

中国版本图书馆CIP数据核字(2020)第239696号

责任编辑 邵燕鸿 王龙襄
装帧设计 刘姗姗
出　　版 语文出版社
地　　址 北京市东城区朝阳门内南小街51号 100010
电子信箱 ywcbsywp@163.com
排　　版 河北新华第一印刷有限责任公司
印刷装订 北京市科星印刷有限责任公司
发　　行 语文出版社 新华书店经销
规　　格 787mm×1092mm
开　　本 1/16
印　　张 17.5
字　　数 242千字
版　　次 2020年12月第1版
印　　次 2020年12月第1次印刷
印　　数 1～1,000
定　　价 30.00元

010-65253954（咨询） 010-65251033（购书） 010-65250075（印装质量）

面向新时代的志愿文学事业是大有可为的

——“青年志愿者之歌”丛书序

2017年10月，共青团中央和中国作家协会联合发起了主题为“青春志愿行·共筑中国梦”的首届志愿文学征文活动。征文启事在《中国青年报》《文艺报》等纸质媒体和阅文集团等网络平台上甫一发布，应征作品即如春潮泛起，喷涌漫卷，持续不断。在短短的一年多时间里，以广大青年志愿者、青年文学爱好者为主体的投稿者，热情地寄出了3000余份稿件，体裁包括诗歌、散文、小说、报告文学、剧本、日记、书信等，其中不乏长篇小说、大型话剧、长诗等需投注较多心血、进行较复杂艺术劳动的作品。2018年11月23日，志愿文学专题研讨会暨志愿文学征文活动终评会召开，评委们在审读这些优选出来、已印成稿本的作品时，都很兴奋和感慨。兴奋的是志愿文学征文活动有了首批焕发着青春朝气和生活色泽的收获：这是从近些年来全国青年志愿者方兴未艾的志愿活动生活之海上采撷到的跳跃的浪花，它在阳光下反射着生活的、诗意的、感性的光辉，它在月色中呈露着银子一般莹洁温润的波光，让人感到清新、刚健的力的冲击。令人感慨的是，与一般的社会上的观潮者对“文学已在经济大潮冲击下进入退潮期”的普遍估量不同，青年志愿者和青年文学爱好者，怀惴着从事文学创作、追逐文学梦的极大的积极性。这种积极性，一经发现、动员、组织，获得适当的平台、窗口，应和了时代的契机，就会被触动、激发出来，以群体的合力，酝酿成一种文学氛围和文学精神，持续下去，就会慢慢地看到文学的晨曦和未来的曙色。大家都欣喜而自信地感觉到：志愿文学，尤其是青年志愿文学，是向着未来的文学，它是大有希望的！时任共青团中央书记处书记奇巴图在这次终评会上的讲话中提出的“不忘初心，牢记使命，在新时代奋力书写更加璀璨的志愿青春”的号召，既是对志愿文学征文活动的一次总结，也是对广大青年志愿文学关注者、写作者的一次新的召唤。前此的终评，即为新篇的序章。这中间就透露着志愿文学的诞生、发展、繁荣是一个可持续的文学过程的信息。

为了提升已经征集到的优秀志愿文学作品的质量，并将之传播到社会上去，主事者又组织了对这些作品的打磨、润饰、提升工作，并结集出版。对有些较成熟的剧本，还组织了二度创作，在舞台上呈现出来，在观众中产生了较好的反响。这也是2017年12月在成都举行的“志愿文学”论坛上已经达成的共识：志愿文学是对社会负有特殊职责、富于时代使命感的文学。它是广大青年志愿者通过自身审美力的锻炼和使用达到自我提升的一个途径。而真正的文学的创作、美的创作、灵魂的创作，是需要克服困难、不断探索、反复打磨，勇于把作品推向社会，经受读者的检验，得到大众文学生活试炼的！这也是这些作品终于结集出版的缘由。作为曾几次参与志愿文学作品征集、审阅和试评等工作的文学评论工作者，看到这些作品结集成书，我心中的欣悦是难以尽述的。

2013年，习近平总书记给华中农业大学“本禹志愿服务队”回信，肯定他们在服务他人、奉献社会中取得的成绩和进步，勉励他们弘扬志愿精神，为实现中华民族伟大复兴的中国梦做出更大贡献。从那以后，已经在社会上得到一定程度发展的志愿服务活动，提升到一个更加社会化、更重践行性的阶段，更注重精神境界的构建、文化内涵的培育。在志愿服务事业的发展过程中，习近平又多次对志愿活动予以关注，多次给各个领域、各条战线的基层践行者以鼓励，帮助他们总结经验，汇聚共识，渐渐形成有民族特色、国际视野、历史传承和现实观照的新时代中国特色志愿服务文化，也使志愿文学固有的“奉献、友爱、互助、进步”的志愿精神发扬光大。志愿文学也在广泛、多样、富有创造性的践行活动中提升了其精神文化品质。志愿文学的灵魂，更加清扬、丰润、厚实。最近，习近平在教育文化卫生体育领域专家代表座谈会上的讲话中谈到，即将开局的“十四五”时期，“我们要把文化建设放在全局工作的突出位置，切实抓紧抓好”。他指出，“文明是现代化国家的显著标志。要把提高社会文明程度作为建设社会主义文化强国的重大任务，坚持重在建设、以立为本，坚持久久为功、持之以恒，努力推动形成适应新时代要求的思想观念、精神面貌、文明风尚、行为规范”。在对这个文化建设的任务做精细化分析时，习近平又一次谈到志愿文化建设问题，“要深入推进公民道德建设、志愿服务建设、诚信社会建设、网络文明建设，不断提高人民道德水准和文明素养”。这就把志愿服务文化建设的精神性内涵和实践性品格清晰地勾勒出来了。就志愿服务文化的精神层面而言，它属于社会文明、公民道德建设范畴，是构建新时代中国特色社会主义伦理学的重要环节；就其可操作的物质构建层面而言，它的突出特征是以立为本，久久为功，要聚焦老问题和新挑战，拿出建设性的实招硬招，使服务文化建设制度化、风尚化。有的同志提出，志愿服务归根结底是一个实践行为。从“志愿服务建设”的提出和其被放到更加突出的位置来看，这样的看法也是不无道理的。看来，我们培育出来的志愿文学之花，也只有附丽在深植于厚土之中的文化制度的茂盛的乔木枝条上，才会有更加健旺的生机和更加瑰丽的光彩。让我们以坚实的建设者的步履，去扶植培育志愿文学的花树吧，让它迎来更加繁荣滋茂的春天！

最后，我想请大家一起欣赏这次志愿文学征文最早收到的比较好的应征作品之一——麦笛的小诗《昭觉土豆》。这是一首写得像珍珠一样晶莹圆润的小诗，它无意中成了广大在大地母亲怀抱里工作和成长的志愿者的绝妙的自画像：

这里的夜那么黑，那么厚
所以昭觉出产月亮
也出产土豆
大凉山是大土豆
小凉山是小土豆
更小的是
小学校里的阿依木呷

月亮哺育星辰，大路套小路
乌斯河连美姑河
每根藤蔓下都结满了土豆
每个土豆都朴实得让人心疼

嫁接进山来九个月了

志愿者周黎说，自己也变成了土豆

因为在川大读了研究生

所以才叫马铃薯

这是一首感情纯朴、语言凝练的抒情诗。纯净清越的诗的意象里，蕴含了一个叫周黎的志愿者的故事——几乎无事的故事。他到凉山彝族儿女生活的地方去参加支教（也许还兼扶贫）工作。九个月过去了，嫁接进山来的土豆蔓延到大小凉山每一条山川沟谷，每根土豆藤蔓下都结满了土豆，山在感觉中变成了大大小小的土豆。勾勾连连的河流、层层叠套的大路小路，都布满了土豆的踪迹；月亮和星辰看得像了土豆，小学校里那个叫阿依木呷的彝族小朋友也被疼爱成了最小的小土豆，而那个心里满贮着土豆，感觉"每个土豆都朴实得让人心疼"的志愿者周黎，被"嫁接"进了凉山后，因为心的变化，因为情的迁移，更因为爱的投注和牵挂，感觉"自己也变成了土豆"，变成了凉山山区里的土豆——昭觉土豆。于是在一个"那么黑，那么厚"的夜里，诗人浮想联翩，仰望夜空，感到自己变成的土豆飞升了，融入了月亮和星辰，终于在联想与想象中，大月亮浑然成了大土豆，小星星化成了小土豆……告别了这段志愿服务生活，在川大读了研究生的周黎，在诗的联想中猛然醒来，才发觉已经一度融入自己身心的亲昵朴实的土豆之名，它的理性的、确然的学名乃是马铃薯啊。这不无自我调侃意味的一觉，让人想到，昭觉土豆也好，别的什么地方什么作物也好，不过是一种诗的意象，它追求的普遍性，它达到的概括程度，不过是所有的大地之子走向社会、人生起步必经的一种试炼、必答的一份试卷罢了。志愿服务，是有大格局、有民胞物与情怀的志士仁人必上的人生一课！最朴实浑厚、散发着泥土气息的土豆形象，与最清纯莹洁、放射着盈盈清光的月亮倩影叠合在一起，构成了厚重与轻扬并存一体的诗的圆满意象；这是精湛诗艺沉吟推敲的结果，也是濡染于身、浸润于心的一种怀土恋山情愫偶一触发、豁然顿悟的记录。一幅志愿者的自画像就这样出现了，一面清扬挺立的志愿文化精神之旌就这样揭举起来了。于是，我们的志愿文学征文，就收获了它的一颗带着新世纪新时代的独特微光的小星。在稠密的诗的星空里，这颗小星也许微小得不被人觉察，但它还是会被轻轻地记录在广袤无垠的夜空上。

请原谅我用了如许散漫词费的文字，来解释写得如此清淡、如此端凝、如此俭省的一首小诗。我知道这样的解说可能是多余的，但它表达了我对志愿文学、志愿文学创作者的理解和祝愿，也反映出有着广阔未来的志愿文学建设正在切实进行。用它来为这篇写得比较理性、务实的序添加一个美的诗引，这也许会更宜于青年朋友们接受吧。

曾镇南

2020年10月25日—26日

于丹东中联国际酒店

目

录

菠萝志愿者

荀文彬

伸张正义　幼年打工

川东达州市通川区（原达县）碑庙镇境内有个北山乡，历史文化遗址众多，民间传说优美动人，风俗民情淳朴，自古名人辈出，形成了当地独特的以梁上泉为代表诗人的诗歌文化，被誉为“中国·达州诗歌之乡”。20世纪70年代中期，尽管北山处处充满诗意和文化底蕴，但依然不能改变贫穷、落后的面貌。

1977年1月25日，在北山乡境内一户穷困的王姓农民家庭里，有个小男孩呱呱坠地，这是王家第4个孩子。他的降生并没有为家中带来喜庆，反而令父母忧心不已，因为他打生下来就体弱多病，经常把父母吓得一惊一乍的，平地里起波澜，于是给他取了个不起眼的名字——王治波（注：王治勇是后来自改名，本文后面详述）。本来就营养不良病恹恹的他，好不容易被父母拉扯到1岁多大，好动的他在二哥劈柴时，居然伸手要去捡刀下那块木柴，结果二哥一刀下去将他的食指砍掉，当即血流如注。十指连心，疼痛不仅使王治勇晕了过去，也令母子连心的妈妈担惊受怕，每当王治勇睡着后，妈妈经常会紧张地伸手去探一下他的鼻子，看他还有没有气。两个哥哥一个姐姐也对这个小弟弟照顾有加，经常不是把他背在背上，就是抱在怀里，生怕他一个不慎，摔伤这里，碰坏那里。当时就连吃顿饱饭穿件暖衣都是个问题，更不要说找东西来替他补充营养了。

就这样，王治勇在父母和哥哥姐姐们的悉心照顾下，有惊无险地长到了读书年龄。但面对那一条条爬坡上坎、陡峭险峻的山路，本来体质就差的王治勇，实在没有力气迈动双腿走路。很多时候，王治勇都是靠哥哥姐姐和邻居们背着他，才能去学校读书。尽管亲人们百般呵护，但王治勇依然不断生病，学业也变得断断续续。

前后加起来，王治勇总共读了不到4年书。他目睹了家里和村庄的贫穷：房屋在风雨中飘摇；道路不通，很多亲戚互相串门从早走到晚，来回要两三天时间……不去上学的王治勇，萌生了最朴实的梦想：长大后，我要修一排排房子，将亲戚们都搬到一起住。

就在王治勇梦想着将来为大家做点儿事的时候，村里滋生了因为贫穷铤而走险的不良风气，为首的正是王家族人，王治勇要喊他一声“王叔”。也许是因为穷得走投无路了，王叔居然悄悄干起了盗窃的违法勾当。时间一长，王叔发现干这门营生不仅钱财、物资来得快，而且很轻松，只需出力演一出“小鬼搬家”的“戏法”就好了，于是决定将“生意”做大。王叔开始将不劳而获的财物“赠送”给邻里，时间一长，这样的小恩小惠居然让不少邻里动了心，有的甚至加入了他的盗窃队伍，有的则与他形成“攻守联盟”，当被盗家庭找到村里时，这些人就联合保护王叔，不让他人进村。渐渐地，一个以王叔为首的盗窃团伙形成，并成为当时当地最大的涉黑团体。

这个团伙专门盗窃别人的嫁妆，财物包括棉被、腊肉、衣物、首饰等。不少被盗家庭也是穷苦人家，辛辛苦苦为女儿置办的嫁妆，一夜之间就不见了踪影，不仅损失了财物，而且还会延误婚期，有的家庭甚至因此遭到男方退亲，女儿也因此诚信受损没人敢娶，成了老姑娘。有的家庭因为嫁妆被盗而母亲被逼疯、女儿要上吊，远近被盗者拿王叔及其团伙没有办法，于是愤而报案。但因其组织庞大，耳目众多，公安干警屡次出警，都扑了个空。

王治勇弱小多病，隔三岔五就因病无法上学，只好待在家里，眼见警察叔叔拿王叔没有办法，王治勇就暗地里观察王叔的行踪。一段时间后，王治勇摸清了王叔的出行规律和躲藏窝点，将自己的重大发现报告给警察。根据王治勇提供的情报，公安部门组织警力，一举将王叔及其团伙中的骨干抓获。破案后，光从王叔家清理出来的物资，就装满了整整5辆大卡车。王叔因此获刑17年，被押往新疆服刑。

尽管王治勇没有声张自己在破案中立了大功，但时间一长，还是被人传开了。有的人称赞王治勇人小鬼大，聪明机智，为百姓伸张了正义，做了一件大快人心、大义灭亲的好事；有的人则认为，连自己的亲戚都敢“出卖”，这孩子没有亲情，有“反骨”。“有时候碰到一些跟王叔关系比较好的人，被挖苦一通还算轻的，有的人威胁要收拾我，要让我们一家人不安生，才让我更害怕。所以那时走路手里经常拿一根棍子，一来防狗，二来防人。给警察报信之前没有想到会给个人和家庭带来什么负面影响，但王叔被抓后，我才感觉时时有被人追杀的危险存在。”王治勇说。

当了“小英雄”，依然没有改变家里贫穷的现状。见大哥二哥读书成绩越来越好，父母希望几个孩子都通过读书考大学来改变命运，于是更加起早贪黑地忙活。1989年，家里卖猪有了40块钱收入，父母决定拿来给四个孩子交学费。但令人不可思议的事发生了，也许是因为过于小心而藏得隐秘，母亲居然弄丢了这40块钱，翻箱倒柜怎么找都找不到。整个家庭陷入了绝境，听到母亲绝望而凄厉的哭声，看到她因为自责不断拿脑袋去撞墙，一家大小抱在一起痛哭。王治勇觉得天都要塌下来了，于是做出了一个大胆的决定：不去读书。姐姐也立马说：“大哥二哥成绩好，他们继续读，我也不读了。”那年夏天，姐姐和同乡一起，南下到广东南海狮山务工，将省吃俭用节省下来的钱寄回四川，供大哥二哥上学，补贴家用。

父亲望着两个懂事的孩子，心里依然在琢磨，即便少了两个人的学费，大哥二哥的学费、生活费还是没有着落，不如一起出去闯闯，挣点儿现钱，也许比这脸朝黄土背朝天的日子要强。

1990年1月19日，一个由22名北山人组成的民工队伍，穿过四川的寒冷，抵达乍暖还寒的南海，王治勇也在这个队伍里面。

那一年，王治勇还不满13岁，身高不到1.5米，体重只有32公斤，在瑟瑟寒风里，王治勇瘦骨伶仃的身板，与村里其他外出打工的人极其不相称。放心不下的母亲一再叮嘱父亲和姐姐，一定要照顾好他，不要让他受太多苦，不然生病了命都有危险。看着王治勇，父亲沉默不语，手里捏着30元钱，心里在盘算着怎么节省才够3个人花，但一想到了狮山就有活干，有活干就有工钱时，父亲又稍稍松了一口气。

慷慨解囊　助人助己

生活，并不是我们想象的那么美好。当22位民工来到父亲事先联系好的狮山穆院果场砖厂时，却被告知砖厂已被人承包，即便有活干，也不会给他们做。兴冲冲而来的一大群人听到老板如此说，犹如被当头浇了一盆冷水，整群人在夜晚刺骨的风中，心都凉透了。人家不要，那就等于也没有地方住了，只好在公路边找了个避风的地方，挤在一起相互取暖。但是到了晚上，一群人被冻得实在受不了，于是就偷偷跑到砖厂的窑洞里，借着热气取点儿暖。谁知大家还没有入睡，就被巡窑的老板发现，叫来一群凶神恶煞般的人，将他们赶走。

父亲一心想着身上的钱一旦用完，意味着一家三口就要受冻挨饿，既然这里不要人，倒不如连夜赶路，去别的地方也许能尽快找到事做，只要有事做，至少一日三餐就有着落，也有了落脚之地。父亲的提议得到大家的赞同，一行人沿着321国道，在凄风冷雨中，漫无目的地走着。走到狮山狮岭（现属广州花都辖区），父亲发现这里有一个石场，就带着大家一家一家去打听是否要人。但当地人一听说他们是外省来的，就连连摆手拒绝。结果在狮岭转了两天，也没有一个人找到工作。大家只好拖着疲惫的身躯，途经三水，连夜走路辗转到南海官窑大榄林场。父亲看到一片山被砍得精光，山上零零散散有人在栽树，一打听原来是林场正在大砍竹子，要栽杧果树。心想：既然找不到工厂的活干，不如到这里去试一下运气。果然，找到林场负责人时，对方表示需要人工，但工资不高，三四块钱一天，住宿舍的话，每个月要扣点儿工钱。父亲问："住宿可以不要钱吗？"林场负责人沉默了一下，说："不要钱的地方有，那边有一排废弃的猪圈。"

"猪圈就猪圈，现在吃点儿苦不怕。等将来咱们挣了钱，回家去盖一排大房子住着，慢慢享福。"王治勇大声地讲出了自己心底的梦。听到王治勇这样一说，大家都同意住在猪圈里面。就这样，一群人不仅找到了一份活干，而且还有了一个临时的"家"。

"家"是有了，但却没钱添置"家当"。因为不是干一天给一天工钱，随身携带的那点儿盘缠早就花光了，连吃饭的碗都没钱买。每到吃饭时，王治勇只能走到先来此地打工的人群中，等他们吃完饭，再借碗来用。

因为年龄小，身子单薄，干砍竹子栽树的活，王治勇都会拖后腿，大家决定让他煮饭。王治勇这下犯了愁，以前在家里煮六七个人的饭还可以，现在一下子要煮20多个人的饭，还要炒菜，那可咋办呢？父亲见王治勇默不作声，表示愿意先教他煮一餐。第一餐在父亲的帮助下，饭菜还对路，但是第二、第三餐就出笑话了，煮出了夹生饭，菜的咸淡也不对。但是大家都没有说什么，而是勉励他，夸他很能干，继续努力。王治勇心里也明白：大家都是为了多挣钱，让他这个非主要劳动力干点儿力所能及的事。

王治勇不久就整出了像样的饭菜。不仅如此，他每天还能骑着没有内胎的单车，从大榄林场骑行10公里赶到小榄市场去，然后买上百斤菜再回林场。

其实，大家在林场也就三四块钱一天的收入，不省着点儿花的话，连自己的生活都维持不了。辛辛苦苦干了两个月下来，扣除生活费，王治勇一家三口加起来的净收入，还不到50块钱。照这样干下去，跟在四川乡下耕田种地没什么区别。父亲跟大伙一合计，大家也觉得在林场干活没出路，同意只要收入高，去砖厂干重活也不怕。

在没有找到砖厂之前，父亲不敢拖着大家一起去找工作，只带了两三个人跟他一起去转悠，其他人继续留在林场干活。功夫不负有心人，他们终于在南海大沥找到大浩湖边的马洞砖厂。工头听说有22个劳动力，赶紧说："10块钱一天，都带过来，都带过来，最好明天就上班。"

收入比在林场翻倍还要多，一行人兴高采烈地去林场办公室结算了工钱，匆匆捎上行李，告别了"猪圈"生涯。

砖厂的重力活，跟在林场砍竹子栽树完全是两码事，虽然其他人干得很欢，但瘦弱的王治勇却吃尽了苦头。因为体力跟不上，王治勇不能跟着大人一起干装窑、出窑的活，只能拉着板车转运砖坯或者成品砖。为了尽量跟得上大人的节奏，好强的王治勇经常在板车上一次装几百上千斤砖块。但因为力气不够，压不住车尾的重力，有好多回都被重力反弹，将整个人吊上去，悬在空中下不来，等别人来救。

冲着那10块钱一天的工钱，虽然辛苦，王治勇干得还是很卖力，觉得这样付出的日子有盼头。但谁也没有想到的是，大家辛辛苦苦干了两个月，去找工头结算工钱时，才发现工头宿舍已经搬得一干二净，人去屋空。仅王治勇一行22人的工钱，算起来就有一万多块，还不要说其他民工组的血汗钱，居然都被那丧尽天良的工头给卷走了！

大家找到派出所报了案，但因线索有限，侦破需要时间，大家只好一边继续找工作，一边等待破案的消息。砖厂是不能再去了，一行人就分散开来，各自在周边找工做。

砖厂出来后，父亲承包了修房子的活，因为赶工期人手不够，就派王治勇回四川老家找人过来干活。在返乡的火车上，一些不法分子看他个子瘦小，就老打主意要偷他身上的钱财。王治勇不胜其烦，于是悄悄跑到别的车厢，溜进别人坐的座位下面，才躲过一路的劫难。回到家乡，乡邻已经认不出他，说是讨口子（要饭的人）来了。

在家乡找到人手后，王治勇上火车之前，在达县火车站买了一根甘蔗和一包大饼。在火车上，饿了就啃一口甘蔗，嚼一口大饼。谁知，如此简单的饮食，居然造成了消化不良，回到狮山后，王治勇被折腾得不成人形。

父亲认为他身子实在太差了，不能再在建筑工地上待下去，于是叫老乡帮他找了一个养鸭场，去养鸭。养鸭看似轻松，但对于王治勇这样身形单薄的人来说，连80斤一包的鸭饲料都扛不起，只好打开来分散投放。尽管王治勇竭尽全力去挣一份工钱，但接下来发生的一件事，让他再也不敢接近养鸭场了。

虽然当初一起出来的22位乡亲从砖厂出来后就分散了，但大家还是在一起租房子住，这样不仅方便互相照顾，而且如果谁找到相对比较好的活，也可以及时通知大家有个一起打工的机会。1991年1月的一个黑夜里，一位在其他养鸭场的乡亲沮丧地对大家说："我把一大群鸭子养死了，担心赔不起，就偷偷跑了，想到你们这里躲一躲。"谁知到了半夜，那鸭场的老板带着一帮凶神恶煞的人，挨家挨户踢门，直到找到这位乡亲，将他打了个半死，然后扬长而去。听着乡亲在院子里那凄厉的惨叫声，王治勇脑海里充满了恐惧，担心自己哪一天要是把老板的鸭子养死了，会不会也是这样的下场?

那伙打人者走后，大家连忙将老乡拖回来。还没有帮他清理完伤口，谁知那伙人又回来了，七手八脚将老乡又打了一顿。没过几个月，这位老乡就死了，而带头打人的老板，也因此受到了法律制裁。

一想到老乡挨打的惨状，王治勇就担心自己这身子骨挨不了几拳，就要散架了，他再也不敢迈进养鸭场一步。听说有乡亲在罗村上柏一家农场干活，王治勇抱着碰运气的心态，找到老乡，老乡又找到老板娘。老板娘就安排他去放牛，牛也不多，就五头。前面我们说过，那时他并不叫王治勇，而是叫王治波，看他又小又黑又瘦，体型像个长不大的菠萝，老板娘就叫他“小菠萝”，并且对他照顾有加。

“农场老板娘是我打工路上遇到的第一个好心人，有时好得像妈妈一样。但老板娘越是对我好，我就越想念远在家乡的妈妈，经常想着想着就哭。”王治勇说，“正是因为善良的老板娘收留我，我漂泊的心才渐渐有了根。后来创业，我的小卖部、批发部、维修店、饭庄、物流公司都有‘菠萝’两字，这也是出于对老板娘的感恩。”

那时的佛山，工业企业正处于“村村点火、户户冒烟”的喷发时期，需要大量的劳动力。基本稳定下来的王治勇，开始往返于川粤两地，把父老乡亲们带出来，帮他们找活干。随着进正规工厂的老乡们越来越多，工作环境及工资待遇也越来越好，王治勇等其他工作相对差一点儿的，也被带动改善了。1992年，离开农场后，王治勇进了一家鞋厂，虽然依然是重活累活，但毕竟有乡亲们照顾，日子过得渐渐像样一点儿了。

那年冬天的一个休息日，一位来自湖北新州的工友找到他，说老乡刘先生刚从部队退伍过来大沥打工，在途中不幸发生车祸，什么都没有了，衣服也是破破烂烂的。听到这消息，王治勇想想当年自己也曾经沦落到这种地步，顿生恻隐之心，当即决定帮助刘先生。当时一个月收入只有130元的王治勇，却花了200多块钱帮这位素不相识的刘先生买衣服，添置生活用品，还帮他找事干。

中国军人在退伍之前，部队都会让其掌握一门在社会谋生的技术，刘先生也不例外，他会开叉车、铲车，王治勇很快在狮山帮他找到了工作。王治勇很羡慕刘先生的这门技术，一见到这位刘大哥就问他铲车好不好开，有哪些技巧。细心的刘先生见王治勇对开铲车兴趣浓厚，就主动说：“我教你。”

学开铲车本来可以正大光明，但王治勇跟刘先生不在一个厂，不能随便溜进人家厂里去。只能悄悄躲在那工厂后面的树林里，等老板半夜下班走人后，王治勇才能与刘先生会合，偷偷地学一下，有时一晚也没有机会学。结果有一次，王治勇在等待过程中睡着了，等刘先生找到他，拍他脸颊时发现他浑身发烫，于是赶紧背着他去医院，用体温计一量，居然发烧到41度。又是敷冰，又是打吊针，一直折腾到天亮，王治勇才清醒过来。

在外出打工的第三个年头，在差点儿付出生命代价的学艺路上，王治勇终于学到了一门真正的"技术"，而他的师傅，正是自己帮助过的人。

"帮助别人就是帮助自己，记住别人的帮助首先应该学会帮助别人。我们只需拥有一颗感恩的心一份坦诚的爱，用爱心去帮助别人，感恩曾经帮助过你的人。王治勇和他的师父刘先生，很好地诠释了'投之以桃，报之以李'的中华传统美德，这也是两人互相作为'志愿者'最朴实本真的表现。"共青团佛高区狮山镇委关书记认为。

小本生意　初尝甜头

打工路上，王治勇并没有忘记出来谋生的初心，就是要通过自己的劳动，改变家里的经济条件。大哥二哥读高中的成绩越来越好，老师说都是大学生苗子，这也成为王治勇一家人倾尽全力支撑的巨大动力。"因为我读书少，出来打工没技术又受尽欺凌，深感唯有多读书才是出路。那时候家里能出一个大学生都不容易了，但是刚好两个哥哥读书都不错，能够出一双，那岂不显得我们的付出更有价值？"王治勇说。

尽管父亲、姐姐和王治勇都出来打工挣钱，但家里经济条件还是比较困难。1991年，大哥也只好出来打工。在接大哥出来的时候，王治勇身上只有50块钱，但这仅有的50块钱，还是被人偷走了。因为盘缠不够，大哥只好在贵阳火车站中途下车，等王治勇到狮山拿到钱后，再去贵阳将大哥接上火车，继续南下狮山。大哥干活非常卖力，但看到成绩那么好的哥哥沦落到跟只读了4年书的自己境地一样，王治勇觉得一家人必须要有人跳出农门，不能都这样出来打工。于是他对大哥说：“哥，你还是回去读书，我来支持你。”就这样，打工3个月的大哥终于重返校园。

从刘先生那里学到开铲车技术后，王治勇进了一家工程公司，收入一下子从一个月130元提升到200元，但即便这样，王治勇依然同时干着两三份工作。其实从1991年起，王治勇就同时有两三份事干了，这些兼职都是当初他带出来的老乡们“回馈”给他的。老乡们知道他家两个哥哥读书成绩好，但需要学费、生活费支撑。生活费多一点儿，伙食开得好一点儿，营养跟得上，书才读得进去。面对老乡们的热心，王治勇心里满怀感激，拣了几份工资高的事来兼职。

王治勇当时也受到很多非议，包括老板及身边的人都很难理解他的做法，都说别人的家庭都是哥哥姐姐照顾弟弟妹妹，哪有弟弟出来打工去供哥哥读书的，更何况还这么辛苦。对于大家的不理解，王治勇都是微笑面对，他认为一个家庭也好，一个国家也好，不同的时期始终要有人付出，如果他不支持下去，那这个家庭就不能指望知识改变命运了。

“大哥重回四川读书后，当时很有干劲，觉得这日子有奔头了。哪怕兼职的活重一点儿，累一点儿，也无所谓。我的身体慢慢变得壮实起来，也得益于那些年的锻炼。”是的，而今站在我面前的王治勇，虽然身板依然不是很高，但已经非常敦实，完全想象不出他当年竟是一个弱不禁风的汉子。

功夫不负有心人。在父亲、姐姐、王治勇辛苦打工换来的经济帮助下，两个哥哥也发奋苦读。1992年，大哥考入重庆石油高等专科学院建筑系；1993年，二哥考入西南政法大学。家里一下子出了两个大学生，这在贫穷偏僻的北山乡，的确引起了不小的轰动；而在狮山的老乡们也为王治勇祝福，认为这些年他的付出终于有了回报。王治勇非常高兴，一高兴就欢唱家乡诗人梁上泉写的歌曲《小白杨》。王治勇说：“梁上泉是北山人，是家乡人民的骄傲。我对歌词里‘当初呀离家乡，告别杨树庄/妈妈送树苗，对我轻轻讲/带着它，亲人嘱托记心上哆喂/栽下它，就当故乡在身旁'，很有感触，总觉得这不仅是写给边防卫士的，也是写给我的。"

据王治勇回忆，他第一次从广东回到四川家乡时，对妈妈说起1990年刚到南海的经历："整天脑袋晕乎乎的，上吐下泻了一段时间，后来腿上又长了个大疮。"妈妈一听，就说："这是水土不服。"临走时，妈妈用玻璃瓶子装了些泥巴，又在里面灌满水，然后交给王治勇，叮嘱他到了南海，喝两三口瓶子里的水，脑袋、肚子什么的就不会不舒服了。

遵照妈妈的话，王治勇到南海后，真的喝了几口玻璃瓶子里的水，喝完后身体的确没有发生异样。"我觉得很神奇，所以后来只要身子哪里不舒服，我就会打开玻璃瓶喝几口。水喝完了，我又加上白开水，一不舒服就继续喝。有老乡说兑这边的水没用的，一定要兑家乡的水。但我觉得有用呀，喝了的确好了呀。现在想来有些好笑，这可能是心理作用，因为感觉这瓶子里，装的不是泥水，而是妈妈满满的爱。"

20世纪90年代的大学校园，不像现在这样开放，也没有现在这么多社会兼职的机会，基本还是处在"两耳不闻窗外事，一心只读圣贤书"的环境。大哥二哥走进大城市读书，这意味着学费和生活费的负担也更大了。但一想着大学毕业大哥二哥就是国家干部，就有稳定的收入来源，王治勇和父亲、姐姐一起挣钱就更有干劲了。

1994年，王治勇所在的工程公司，因为老板转行而关闭。王治勇买了一辆摩托车，做起了贩菜生意。

现在每天只睡四五个小时的习惯，就是当年养成的。一天的时间，基本是这样安排：白天正常上班，晚上回屋吃完饭就抓紧时间睡觉，睡到半夜起床，先去大沥拉几百斤河粉，然后送给狮山、官窑的大排档；送完河粉，就去菜市场进蔬菜，拉回来交给父亲、姐姐去穆院市场卖。

"第一次在穆院市场做菜生意时，一个下午赚了26块钱。可以说这是我平生做生意赚取的第一桶金，一家人高兴惨了。"王治勇至今谈起自己这事，依然眉飞色舞，丝毫不掩饰对自己当年的"崇拜"。是的，这样一笔26元的"巨额"收入，极大地激发了他创业的斗志。自那以后，王治勇每次拉回来的青菜，都有五六百斤重，在他看来，多拉一斤就多挣一毛钱。“因为捎得太多，别人都看不出来我到底开的是三轮车，还是摩托车。加之我个头小，车子停在面前，只见到小山堆一样的菜，见不到‘小菠萝’在哪里。如果叫我现在再这样，绝对做不到了，而且也太危险了。”王治勇说，“对于十七八岁的年轻人来说，正是长身体瞌睡多的年龄阶段，但我没办法赖在床上多睡一小时、半个钟。所以有几次拉菜等红绿灯时，都睡着了，还是被后面的人走过来把我拍醒，才继续前行。”

尝到做生意的甜头后，王治勇开始扩大经营范围，包括开士多店，搞百货批发、维修部、废品回收、养鸡场、养猪场等。当时没有那么多钱，就找时任治安队长陈国添、副队长誉响荣一共借了7000块钱开店。

广东特别是珠三角地区工业企业的迅猛发展，必然吸引更多的劳动力涌入，“东西南北中，发财到广东”也成为广东招徕全国各地农民工最响亮的口号。四面八方拥来的农民工，极大地推动了珠三角地区的工业经济建设，但同时也给当地的社会管理工作带来严峻的压力和挑战。有限的警力面对社会上的种种问题，根本无暇一一顾及。所以，更多时候都是靠乡规民约自我管理。但时间一长，来自不同省份、地区的人，就逐渐形成了地域性的自我保护力量，也由此产生了一些游手好闲、靠敲诈收保护费混日子的群体。

士多店以其经营面积小、日常生活物品齐全、价格便宜、购买便利而深受村民、工业集中区的工人们青睐。因其打理方便，只需要一个人看铺收钱即可。也正因其有财有物、人手又单薄，而成为烂仔们敲诈、收保护费的重要目标，即使政府部门出动了公安、武警也效果不大。在经历了多次威胁、损失之后，王治勇及乡亲们再也忍无可忍，操起菜刀、木棒，和那些拿了东西就走、没钱就上门要的混混们对着干了起来。这些都是欺软怕硬的家伙，有的再不敢上门了，但也有不服气的，仗着人多势众继续上门挑衅。

对于这种恃强凌弱、不劳而获的野蛮行径，王治勇气愤不已，为了表明自己与这些人“战斗到底”的决心，他将自己姓名中的“波”字，改成了“勇”字，从此改名叫“王治勇”。《国语·周语》云：“勇，文之帅也。”不够“勇”则不能成大事。勇敢、勇猛、奋勇争先……都是成功者的品质。遇事畏首畏尾常常一事无成。当然，如果单单是有勇无谋的“勇”，就会增加风险，甚至招致祸害。

随着社会的发展和治理逐渐完善，治安也开始好转。工作顺顺利利，创业走上正轨，两个哥哥大学也快毕业了，甜蜜美好的日子似乎就要来了。为了二哥毕业后能分配到一个好单位，家里商量着拿钱去托人找关系。谁知，这着错棋造成的损失不是一点点。中间人收钱时拍着胸脯说他跟谁谁谁熟得很，承诺一定可以让二哥到想去的单位上班。三番几次骗走一家人多年勤俭节约积蓄出来的3万多块钱后，中间人却突然人间蒸发。“这件事让一家人后悔不已，从中间人这样藏着躲着的行径来看，我感觉一开始他根本就没有去找过关系，只是想着怎样忽悠更多钱就消失。原本想着二哥能有份好工作，谁知赔了夫人又折兵。”通过这件事，王治勇也明白一个道理：求人不如求己，只要练好自己的真本事，放到哪里都能出类拔萃。

南方冰灾　志愿之始

虽然一路坎坷波折，但日子渐渐地好了起来。哥哥姐姐们相继组建了家庭，父母也催王治勇赶紧找个对象成个家。1997年，同是达州的一位姑娘走进了王治勇的生活。两人相处了三年，但并不幸福，然后双方选择分开。

再有人催王治勇相亲时，他不再心急，打算慢慢挑，一定要挑个自己中意的。“我这人优点很明显，就是能吃苦耐劳，自信心强。但缺点也很明显，就是追求完美，对身边人要求非常严苛。所以我对我的对象是有要求的，首先要孝敬父母，不怕艰苦，不嫌我‘矮矬穷’，脾气好，能包容理解我。”

2000年春天，一位姑娘到狮山镇穆院市场开鞋店，找到王治勇的父亲，想找部车从三水乐平搬东西到穆院。当时在王治勇的批发部负责开车的姑父尹忠回来后跟父母说这个姑娘不错，有文化，对人又好。王治勇打算暗中观察一下，好不容易有点儿空闲，发现姑娘的铺位经常挤满了人，生意非常火爆。王治勇决定了解一下姑娘的经商秘诀，于是从旁暗中观察，他发现这姑娘对所有顾客都是笑脸相迎，做出的皮鞋美观而结实，算账头脑清晰。“算账快，读书肯定比我多；待人热情，说明有耐心；做事手脚麻利，说明勤快能持家。”说起这些，王治勇脸上洋溢着幸福，“后来发现她对我的父母、家人、老乡们都很好，我就放心了，这就是我想要的另一半了。”

这位姑娘就是王治勇的妻子，名叫金小莉，湖南衡阳市衡东县人，2000年来到南海开始在穆院市场做皮鞋生意。时间一长，随着深入了解，金小莉被王治勇不畏艰苦、自强不息、勇于担当的精神而感动，两人一拍即合，2000年国庆，两个来自不同省份的年轻人终于走到了一起，虽然没有豪华的婚礼，但在异乡，能有父母和几十位乡亲父老们聚在一起坐一坐，对于王治勇夫妇来说，就已经很满足了。2001年，两人的爱情结晶诞生，小家庭算是组建好了。作为一家之主，王治勇深知自己的担当，为了给家人一个真正属于自己的家，在漂泊12年后的2002年，王治勇在狮山买了一套房子，将父亲、母亲都接进去住。为了给家人创造更加美好的经济生活环境，他又开始投入工程机械的工作，白天晚上都在工地上跑，经常是忙到一个星期才回家，回家看一下又要上工地，没日没夜地为了小家不停地忙碌着，奔波着。

一路摸爬滚打，日子来到2008年。那一年，中国发生了很多大事，除了汶川地震、北京奥运会，还有南方冰灾。

南方冰灾暴发时，王治勇的菠萝运输车队（菠萝物流前身）刚成立不久。王治勇从新华网发布的中国民政部官方消息中了解到，1月10日至31日的雪灾已使湖南、湖北、贵州等19个省级行政区受灾，60人死亡，2人失踪，175.9万人紧急转移，直接经济损失537.9亿元人民币。其中湖南境内的供电网被风雪摧毁，急需电塔、电线等抢修供电设施。

这么冷的天，又快过年，没有电用，生活取暖问题都解决不了，湖南人民怎么办呢？王治勇想起1990年正月来狮山挨冻、去窑洞取暖还被赶的惨状，就下定决心要为灾区人民做点儿什么。正当他不知如何才帮得上忙时，突然接到一单业务："有货马上要送去湖南，你接不接？"

"有生意找上门，我当然要说接咯。但没想到对方更激动，连声说太好了，太好了，我还没有反应过来。当时也没有问是什么货，双方就路程远近、大概重量谈好了价钱。"王治勇说，"结果去到现场，发现全是电塔、电线等抢修供电设施，属于特急物资，要赶紧送往灾区。这不就是我想要做的吗？当场把胸脯一拍：这货我送，钱，不要！"

但拍胸脯归拍胸脯，由于天气恶劣，车队的司机们都不敢出车。这种场合，一向"勇"字当头的王治勇，做了个"身先士卒"的表率，说："我开一部，还差两个。"有两位经验丰富的司机见老板也去，当即表态："跟定你！"于是，一行三辆长车，冒着雨雪，从狮山出发。

为了多装些电力设备，让灾区更多的地方尽快恢复电力，王治勇将三部长车装得满满当当的，但从来没跑过货运长途的他，哪里知道外面道路的险恶。当车来到京珠高速英德段时，坡多且长，刹车都刹不住，如果继续走，非常危险，如果不走，灾区人民处在孤立无援的困难时期。在和同伴们商议后，他做出了一个大胆的决定，两部刹车好的车走后面，刹车不是特别好的走前面，后面两部车并肩行驶保护领头车。就这样，经过10个小时胆战心惊的行驶，他们终于将车开到了广东乳源县城。

根据救灾指挥部要求，电塔需送往灾情严重的乳源县大桥镇，从县城到大桥镇的路，又窄又陡，又重又长的运输车行驶起来根本刹不住，比之前更加危险，怎么办？大家又采取了一个更大胆的策略，将三台车连接起来，用后面的车拖住前面的车，像蜗牛一样慢慢前行。当平平安安地将物资送达目的地时，王治勇贴身的衣服都湿透了。

2008年8月，当全世界的运动健儿在中国紧张地争夺奥运会金牌时，王治勇也正在紧锣密鼓地组建自己的公司——佛山市菠萝物流运输有限公司（以下简称“菠萝物流”）。过去王治勇开过士多店、维修部、车队，但那都是小打小闹，严格意义上来说，菠萝物流是他人生中开设的第一间像样的、规模化的公司。

在老板办公室里，王治勇特意为自己添置了一张豪华的大班椅。当他真正坐在这张椅子上时，感到并不舒服。如今，这张大班椅放在王治勇的菠萝救援服务中心办公室里，他正坐在上面接受我的专访。“为什么呢？因为那时候我才31岁，刚过而立之年，绝不是享受安逸的年龄阶段。回想来佛山这十几年走过的路，如果没有‘改革开放’和‘解放思想’，如果没有这么多人帮助自己，自己又如何能有今天呢？”那自己应该为社会做点儿什么呢？他想到了年初运送电塔的经历，觉得这样“急人所急”就很刺激，也很有意义。后来，千里驰援、支援灾区，成为王治勇“自动、自发”的一个习惯。2010年广东高州水灾、2012年广东英德水灾，王治勇再次伸出援手，带队运送救灾物资到灾区。

不管生意　去做义工

亲眼看见几次政府、军队在灾区奋不顾身组织抗洪抢险、救灾的情景后，在一次运送灾区物资后，王治勇问一位抢险下来休息的战士：“我们可不可以参与进来？”这位战士说：“抗洪抢险、救灾是相当危险的事情，必须是经过专业系统训练的人才可以参与。否则，就是进来添乱！”

“如果我可以组织到人，能直接拉进灾区吗？”王治勇问。看着王治勇的认真劲儿，战士拍着他的肩膀说：“好同志！你真有这个心的话，建议先从义工服务上做起，再慢慢转向专业救援。”

“义工服务能做点儿什么呢？”

“多着呢。比如开展捐资助学、希望工程、交通指引、敬老服务，以及公益培训等活动。”

王治勇虽然将战士的话牢记在心，但并不知道从何入手。

2012年5月13日是值得纪念的日子。王治勇在下班途中，遇到在派出所工作的罗活安，就问罗活安他要去敬老院看望老人该找谁。罗活安随即带王治勇到所属地狮坡居委会，找到钟书记，在钟书记的帮助下，5月19日，王治勇带领员工走进狮山敬老院，开始他的义工之旅。

“折腾”了几天，王治勇跟公司的员工说要成立义工队。“说实话，员工们的一致响应，令我有些意外，但同时又很感动。”2012年8月31日，狮山菠萝物流义工队在共产主义青年团狮山镇委员会正式注册成立。

对于成立义工队，一开始妻子并不赞成，“因为当时生意很好，自己都忙不过来，哪里还有时间去做义工。但是，治勇他说要搞就搞吧，我也忍了。可是，后来他居然说要把公司交给我打理，他专门去做义工，我就傻眼了。我能做什么？当时我就是一个在企业打工的工人，又不懂管理，偶尔去车队，那些人叫我一声‘老板娘’，也是礼节性的。就这样一撒手交给我，我咋应付呢？”妻子金小莉说。

王治勇心想，我读书前后加起来还不到4年，不照样管了4年，把公司带上正轨了吗？你好歹一个初中生，比我有文化多了，要管理好一个公司，那不比我容易上手得多吗？经不住他的软磨硬泡，妻子答应试试看，如果不行，还是由他自己管理。

谁知这一转变，差点儿把这个小家庭搞得要散伙。原来妻子管理几天后，觉得太麻烦了，远远不如自己进企业当个工人轻松，就提出要继续回去上班。王治勇坚决不同意，妻子被逼急了，说：“那就离婚吧，这老板娘我不当了。”听患难与共的妻子这样一说，王治勇心里很不是滋味，但他知道妻子嘴硬心软，于是就托亲人、朋友在妻子耳边动之以情、晓之以理地劝说。其实妻子也明白，只要是王治勇认定要做下去的事，那基本是九头牛也拉不回来了，如果自己也撂下这个“货如轮转，财源滚滚来”的行当不管，那整个家庭刚刚过了几年的好日子，就要到头了。于是咬着牙对王治勇说："我管可以，但话说在前头，管不好亏了本，不要怪我。"王治勇欣喜异常，他知道只要妻子答应出手，那一定就没有问题了。

从此，"男主外、女主内"就在王治勇和妻子身上上演着，只不过王治勇的"男主外"并不是为公司拉业务、跑物流，而是甩开膀子去搞他的志愿工作。

2012年菠萝义工刚刚成立，时逢过境狮山的交通大动脉321国道大修，常有外地司机迷路，许多过路车开进断头路，无奈倒车出去，一不小心就发生刮碰事故。长期从事物流工作的王治勇，深知道路畅通对司机的重要性。于是，他带领义工队从9月4日至12月23日，每天早上7点至下午6点，为南来北往的司机指引路向。

"那时候公益氛围不好，很多人以公益为名作秀，或者是给公司打广告，甚至敛财。"王治勇说，义工队才成立，刚上321道路开展疏通工作，就遭遇了各种误解、怀疑甚至是谩骂。"朋友也嘲笑我，说你王治勇刚吃上肉，就想做好事往脸上贴金了。"

"我组织义工队员去指挥交通，告诉那些过路车'此路不通'，要绕道行驶。但人家一看我们又不是穿交通制服的，以为是路霸，不让他们进去。他们颇有微词，甚至张口大骂，加大油门往断头路里面使劲开。结果有些长车开进去，连掉头都困难，倒了半天又灰溜溜地来找我们去帮忙在车后引导。也有些司机进去溜达一圈出来后，开到队员跟前，打开窗户，为我们点赞，以表歉意。"王治勇说起这些经历，有些哭笑不得。当时断头路旁还有汽修厂，因为修路生意本来就不好，王治勇的义工站在路口，进进出出的车更少，汽修厂老板非常不满，跑来骂王治勇，说他多管闲事，断了汽修厂的财路。我就告诉那老板："如果真有心做长久生意，你应该来这里帮忙指挥交通。等将来路通了，你帮助过的那些人，就会上门找你维修保养车子了。"那老板听后，沉默了一会儿，转身走开了。

家庭的反对、社会的不理解、朋友的嘲笑，让义工队伍陷入困境，也有员工劝说王治勇："这费力不讨好的事，就不要干了。"王治勇斩钉截铁地说："不！不管大家怎么看我都无所谓，我们做好自己。""我当时很坚定自己的想法，你越看不起，越说风凉话，我越要坚持。如果我只做一年半载，人们肯定会以为我是作秀，那我就做3年，如果做3年还有人这样说，我就会和他们说你来做3年试试。总之，我就是要用实际行动和时间，让那些人打心底转变对做'志愿'的看法，而转变别人的观念和行为，也恰恰是志愿工作的一部分。"王治勇这样说。

2013年8月16日，台风"尤特"袭击广东，导致京广线大动脉一度陷入几乎瘫痪的境地。8月18日早上列车断供食物，停水停电，厕所堵塞，到处弥漫着臭气。部分乘客开始躁动，已有旅客出现身体不适的情况，情绪越来越激动，但乘务员只是说："前方塌方，几时修复不能确定。"

被困京广线K512列车车厢3天2夜，万般无奈之下，佛山市民宗先生抱着试一试的心态，拨打了王治勇的电话。"他说在火车上被困了50多个小时，问我有没有到韶关的车。当时我们并没有专业的设备，也没有相关的救援技能。但我还是答应马上上去解救他们。"辗转10多个小时后，王治勇开车到韶关，将宗先生一家三口解救出来。"他们出来时，只剩下一个很硬的馒头和一个苹果，看来他们不知道未来会怎样，这馒头和苹果都是为万不得已而准备着的。一家人在餐馆吃饭时狼吞虎咽的情景，让我回想起当年吃不上饭的无奈和辛酸，但他们的情况跟我当年不同，他们是有钱没地方花，救援物资还没到，根本就买不到东西。"

说起被困列车的事情，宗先生只说了四个字："不堪回首。"

从此，当大家都在休假、欢度佳节的时候，菠萝义工们放弃休息，坚守岗位。2013年国庆黄金周，菠萝义工在狮山红星路口，服务上百万人次平安过境，成就了"狮山第一交通站"的美名。

从2012年菠萝义工成立之初的28名义工，截至2014年12月31日，菠萝义工注册人数已达218人，仅2014年累计服务时间就达到35517小时。包括联合佛山战勤保障大队狮山消防中队参与3次消防演练，4次火灾救援，为产业工人及市民普及消防和急救知识，并在现场手把手传授市民正确使用灭火器的方法、遇到突发事件时自保自救的常识，为狮山21户困难独居老人更换老化电线，预防火灾发生，开展上百次道路事故救援服务。平均每月一次前往小塘、狮山、官窑敬老院探访长者，送戏进敬老院、与长者聊天、做运动及环境卫生清洁，开展阳光关爱活动，组织爱心人士和困难家庭进行户外联谊活动。不定期探访一对一结对子帮助的困难家庭及独居老人，了解他们的思想和生活状况，鼓励他们积极面对生活，并送上日常所需的生活用品或小家电等，尽力帮助他们解决生活中遇到的困难。菠萝义工爱心联盟还组织开展社区便民服务，分别在狮山广场、和信广场为市民提供电脑维修、汽车维修咨询、法律咨询、交通安全知识宣传、义剪等服务。同时，还设有爱心义卖、义工招募、书籍回收等，将服务直接送到需要帮助的人身边。王治勇还利用春节期间，行程近万里前往广东清远、湖南株洲、贵州铜仁、重庆彭水、四川达州等地，看望慰问了52户困难家庭。菠萝义工爱心联盟还组织了几场晚会，编导了十场电影，走进社区、企业。此外，为培养专业人才及进一步丰富联盟企业和义工们的业余生活，举办了爱心联盟卡拉OK大赛和游戏比赛。

2014年度，菠萝救援组织开展了3次较大型的爱心助学行动，分别前往四川达州，广东梅州梅县、云浮高龙和怀集丰安相关学校进行爱心助学活动。并邀请云浮高龙9户困难家庭共30人来南海，与爱心人士在南海影视城开展联谊活动。仅2014年，菠萝义工爱心联盟资助读书求学的学生就有16名，包括云南景谷9名、云南鲁甸1名、四川达州3名、贵州铜仁3名。如今，已有4名学生大学毕业参加工作。

民间志愿　专业救援

2013年10月12日凌晨5点16分，佛山桂丹路出口，一辆满载柴油的油罐车追尾撞上前面的皮卡，顿时发生侧翻，大量柴油倾泻而出。事故刚好被途经此处的菠萝义工吴松发现，他冒着油罐车随时爆炸的危险，以最快的速度，冲到驾驶室救出两人，然后报警，并同时打电话给王治勇请求支援。接到电话后，王治勇带领义工火速赶到现场，协助交警疏导交通，清理油污，由于救援及时，有效预防了重大事故的发生。

经过此事，王治勇深深感受到一个人的生命面对危险时的无助和脆弱，以及面临危机爆发时的紧迫和次生事故预防的迫切，深深感受到如果自己能去帮助遇险的公民，做这样的“志愿”公益，会更有意义和价值。南海一直以“敢为天下先”的精神闻名，王治勇认为不应该只把志愿服务停留在关爱助学敬老等方面，而要探索更有价值的志愿服务。于是，他开始筹谋着做民间救援。“做专业救援，面临的首要问题就是没有专业的人员，没有专业的技能和装备，于是我们就高价请人讲课。”而专业装备则是通过热心人士赞助以及一些义工们的捐赠解决。

时值南海区社工委余副主任到狮山调研，听了王治勇要发展民间应急救援队伍、增强社会应急力量的想法后，余副主任给予了高度肯定，并通过2014年南海“社案1+1”项目给予大力支持。在各级领导的关怀和帮助下，2014年5月9日，南海区狮山菠萝义工服务中心获南海区民政局批准注册，除开展关爱、敬老、助学、社区服务外，同时开始应急救援工作，成为新中国成立以来南海区第一支开展应急救援服务的民间组织。此后，菠萝义工服的后背多了四个字：“应急救援。”

以前我只是通过新闻媒体、大型群众活动安保等渠道，对菠萝义工有所了解，当我来到救援中心时，被这个组织的架构和各种专业设备惊呆了。中心内值班室、会议室、党支部办公室、培训室、装备仓库、食堂宿舍等一应俱全，救援头盔、凯夫拉安保头盔、交通指挥头盔、各种电锯、冲锋舟、摩托艇、野外餐车、救援皮卡、空投救援物资的无人机等救援装备四五百件，还装备了多台后勤保障车等，这些装备，全部来自政府借用和爱心企业、个人的捐赠。

为方便出省救灾，2016年6月29日，佛山市菠萝救援服务中心（以下简称“菠萝救援”）在佛山市民政局批准注册成立，成为中华人民共和国成立以来佛山第一支民间救援队伍。成立当天，广东省民政厅救援处李处长等领导出席揭牌仪式并发表讲话。

“‘救援’和‘义工’，绝不仅仅是两个字的差别，而在于‘专业’。”王治勇这样说。义工来自不同领域和阶层，只有把每个人放在合适的位置上才能体现义工的价值，同时也是更好地保护大家，更好地帮助别人。菠萝救援服务中心下设四大部十一支分队，四大部分别是志愿者服务部、培训部、救援部、外联部。志愿者服务部的项目包括爱心商家、安全保障、关爱服务、服务监督、财务部；培训部包括安全防护、义工礼仪、义工成长、爱心传递，主要负责对内及对外培训工作；救援部下设危化品救援队、人机中队、关爱服务队、无线电中队、水上救援队、后勤保障队；外联部负责爱心企业维护、中心宣传工作等。“这几大分部，救援部相对来说最需要绝对专业的人才。其他分部有比较专业的，也有培训半天一天就可以上岗的。”

所以，加入“菠萝救援”，对菠萝义工、志愿救援员有不同的培训要求。菠萝救援要求所有义工参加初级培训，了解菠萝义工文化和发展历程，学习礼仪课程。比如加入培训部要求“口才好、形象佳”；但加入安全保障队则要求“除参加初级培训外，还需要参加中级培训：一是10公里跑步，二是交通手势指挥，三是队列训练，四是医疗急救培训，五是两天的军训。一个月参与两次培训或者队部活动，并每个月进行一次考核”。相对于前述两项，加入救援部的要求可以说是最严格的：“除参加初、中级培训外，还需要通过民政部紧急救援促进中心的应急救援员考试、美国HAH急救证考试”。

王治勇说：“民间志愿救援力量是国家救援力量的补充。在从事公益活动的所有志愿者种类中，一个真正的救援志愿者，必须具备比其他类型的志愿者更为良好的精神风貌和过硬的心理与身体素质，我们这个组织和个人必须具有良好的自我约束能力。由于救援组织的性质不同，民间志愿救援组织对自身队伍的建设和要求必须更加严厉和苛刻，在某些方面甚至比国家职能救援队伍更专业、更投入。”

为了维护好志愿者及队伍形象，菠萝救援制定了服务公约、行为规则等，由服务监督队监督队风队纪。同时，菠萝救援出台了“菠萝十条”：

第一条：个人进入志愿救援组织前须深思熟虑，不适合自己意愿的要及时退出，不在该组织混日子、惹是非，给这个组织添乱。

第二条：加入志愿救援组织必须服从该组织的管理和调配，必须具备勇气与担当。同时还要具有持之以恒的精神，不是一时脑子发昏、心头发热。

第三条：技能有高低，装备有精陋，技能、装备实用最重要，圆满完成任务才是硬道理。不要因为自己的技能好、装备完善而目中无人。

第四条：遵循国际救援惯例，不得违反救援规则，确保救援行动科学、安全、合理、有序实施，以最大的效能挽回民众的生命和财产。要有对生命负责的态度，在条件不成熟的情况下，做本组织力所能及的事，不得盲干、蛮干，避免造成二次事故发生，给生命财产带来新的损失。

第五条：一个称职的救援志愿者，对于救援过程中所接触到的伤者或死者，要一视同仁。伤者给予延续生命的机会，死者同样须给予应有的尊严，而不是“敬而远之”。

第六条：尊重他人就是尊重自己。做好与其他救援组织的协调和配合，实事求是地宣传过程和结果，弘扬参与公益事业的纯洁性。

第七条：不管对内对外，必须杜绝自以为是、牛气十足的思维和做法，避免让人反感。否则，对内会影响队伍团结，对外会损害本组织的总体形象。要站在对方立场看问题，同人、队友之间需相互敬重，有不同意见要心平气和地摆到桌面上解决，以解除心结，增加友谊和团结。不要拉帮结派，多反思自己近来的言行是否符合组织整体利益，及时纠正错误，个人利益服从大局利益，避免伤害他人和本组织。

第八条：所有取得的成绩和荣誉属于这个组织，不属于某个人。成绩和荣誉靠大家努力取得，团队精神是这个组织的生存之本。

第九条：助人为乐，是每个投身志愿救援事业人员的天性。但是，不得在明知不能确保还款期限的情况下，滥用人们的爱心，向队友、同人借钱。不能在本组织内寻求婚外恋情。

第十条：低调实干、虚心好学是这个组织所有人必须具备的本能。为了有效投身志愿救援行动，必须学会相关技能和本领，更好地为之服务。

“其中，第一、三、四、五条着重强调志愿者的积极性、主动性、专业性以及爱岗敬业精神。因为是志愿救援组织，不是休闲娱乐组织，面对的是生命，是急需解救的处于危险中的人和物。”广东省城市社区建设研究会常务副会长郑丹晖认为，“这体现出了单纯义工与应急救援的区别。”

云南鲁甸　救援大考

2014年8月3日16时30分，在云南省昭通市鲁甸县（北纬27.1度，东经103.3度）发生6.5级地震，震源深度12千米，余震1335次。截至2014年8月8日15时，地震共造成617人死亡，其中鲁甸县526人、巧家县78人、昭阳区1人、会泽县12人；112人失踪，3143人受伤，22.97万人紧急转移安置。

“在地震发生了2个小时之后，我听到消息，就赶紧着手准备前往灾区协助救援。”王治勇回忆道。在8月4日早茶期间，王治勇和朋友聊起鲁甸地震，看似漫不经心的谈话，却藏不住他的救援决心。

“他一提这事，我们就知道拦不住了。”熟悉王治勇的大橡夫家具老板关健辉说，当天下午，王治勇在微信群发消息说，他已经拉上一支6人队伍出发了。

鲁甸位于昭通市境内，这个在震前少为人知的县，地处云南省东北部，金沙江下游沿岸，四川盆地向云贵高原抬升的过渡地带，素有“锁钥南滇，咽喉西蜀”之称，海拔落差极大，气候差异明显。

很多地方未通高速，道路崎岖难行也就罢了，但在接近昭通三五十公里处，驾驶员已经明显发现地震过的痕迹，包括塌方、泥石流以及路边歪斜的小楼。王治勇意识到已进入危险区域，同时发现前面的车车速和距离都很均匀（后来才知道是指挥部特意要求每车间距50米，以防突发危险，造成伤亡），立即告诫驾驶员跟着节奏行驶，要求大家不准睡觉，并且摇下车窗，随时留意两侧山体突如其来的变故。

车内的气氛一下子严肃起来。要知道，这是菠萝义工组建应急救援分队以来，第一次奔赴几千里路，参加地震救援。王治勇同其他5名队员一样，既兴奋又紧张，兴奋的是终于可以拉自己的救援队伍出来“遛一遛”了；紧张的是面对地震现场，队员会不会临阵退缩，平时练习的技能用不用得上，能不能完成工作任务。这一切都让人既不安又期待。

经过29小时，1827公里的长途跋涉，3个司机的不停驾驶，救援队总算平安顺利到达鲁甸，来到位于鲁甸县委的地震现场指挥部报到，等待当地相关部门的统一安排。鲁甸县公安局姜警官对菠萝救援这支来自广东南海的民间救援队表示了感谢和高度重视。

当时，云南鲁甸地震已夺去数百条人命，但地震仍未打算闭上噬人大口：受强震影响，山体蓬松，余震不断，碎石下落，脆弱的民房随时可能倒塌，道路也是不通畅的，随身携带的食物和水需要合理分配。对首次参加地震救援的菠萝义工们来说，并没有多少适应的时间，因为是震后比较早到达鲁甸县城的队伍，菠萝救援被分配到此次受灾最重、距离县城28公里的龙头山镇沙坝村，负责看护、发放物资，简单处理伤口，疏导交通，转送群众，协助云南消防救人、搬运物资。

8月5日中午，菠萝救援队伍运送物资时，发现一部货车因塌方被埋，车上还压着一块大石。他们马上出动，经过几个小时努力，终于处理好险情，让汽车平安开出。车辆沿途行驶的山坡上，到处都是因泥石流和滑坡而露出的黄土、张牙舞爪欲滚未滚的怪石、露出根部的老树，还有倒塌的房屋。“目之所及到处都是一片废墟。同时又担心那些巨石和泥土随时滚落下来，将前方本来已经破败不堪的道路堵住，或者将我们的车埋住。每个队员都屏住呼吸，双手紧紧地握住门把手，眼睛不停地向前张望，只希望前方就是目的地，然后下车参与救援。”

就在队员们绷紧的神经快到极限时，车辆终于行驶到沙坝村。出发多日来，当晚才第一次煮饭，炒土豆丝、大白菜。正在吃饭时，余震发生了，一名小孩又被震倒，手臂骨折。得到消息后，他们又紧急出发了。连日来，他们在甘家寨、沙坝村开展救援行动，哪里最需要，队员们就奔赴哪里。

当时的情况是，大量物资积压在震中区，出入震中的主要公路虽已抢通，而通往偏远村落的路仍未打通，易成救灾地图上的盲区。8月8日晚上，王治勇仔细研究地图后，打算深入偏远村落去实施救援，但又没有准确情报。真是无巧不成书，8月9日上午，龙井村大良子社一位村民徒步6小时，来到菠萝救援服务点请求支援。村民哭着说："大良子社37户人家虽无人死亡，但伤员得不到救治，房屋尽毁，家园沦陷，有村民用竹篙搭上床单，就算是帐篷；锅里的烂土豆也快吃完了，恐惧已笼罩多日……"菠萝义工们随即开赴这处距龙头山镇20多公里的深山村落。

王治勇当即请示指挥部："大良子社震后村里通往外界的唯一一条通道出现了2公里的塌方，成为孤岛，请求前往。"指挥部命令云南武警总队和菠萝救援一起前往。由于事先从村民口中得知村里已经断粮，王治勇买了1万多块钱的物资，向大良子村出发。

大良子社是龙头山镇龙井村最偏僻的一个农村合作社，由于道路中断，位置偏僻，一直没有物资送去。救援队翻山越岭，20多公里路，救援队花了近13个小时才走完。越野车在海拔1635米的大山中以极其缓慢的速度在悬崖边危险地行驶，常常还要用人推才能往上走，可以想象山坡之陡。前进中一只脚在车上，一只脚在崖下，车轮30厘米外就是近千米的悬崖，稍有不慎，后果不堪设想！"哪怕再危险，我们也要想办法把东西送进去！"

最终，菠萝救援把物资送到了村民手里，也因此成为第一支送物资进大良子社的团队。“这个合作社的确没有人在地震中死亡，但所有房屋均不能住，村民只能用破烂的胶纸搭建一个临时的家。的确有人像巢居时代一样，把床单结在树上。”王治勇回忆说，不管有没有发生地震，这里此前可能也是扶贫的盲点，因为这是他去过最贫困的村，平时只吃玉米和土豆，连喝水都艰难，只有过年才能吃几天米饭，全家一年的总收入非常非常低。

当晚下雨，露天煮饭，炉火被淋熄几次，帐篷又进水，余震不断。若非地震亲历者，实难想象当时的情况。王治勇坐在菠萝救援总部办公室接受访谈时，直言有些后怕：“因为那是第一次亲历地震，现在一回想起就感觉这里的房子都在晃，潜意识想着在这屋子里待着不安全。救灾，就像上战场。许多时刻，面对生死，队员们超越了身心的双重极限。”

王治勇和队员们亲眼看到几起房屋倒塌，其中一起就是在救援队帐篷后面！听到响声，他们马上冲过去。那几天，灾民们陆续来医疗点看病，一是受到惊吓，二是见到亲人受伤后伤心难过，灾民们可能吃不下睡不着。意识到心灵的帮助可能比物资更重要，菠萝救援队又适时地在心灵上给予灾民们安慰和帮助。当了解到小孩上学至少要走15公里的山路，已经有村民的孩子打算放弃读书，想外出打工赚钱来重建家园的想法后，救援队不断劝导家长，告诉他们读书有了知识就可以改变命运，后来他们终于被义工说服。

转眼间，云南鲁甸地震已过去一周有余，参与救援的队伍开始陆续撤离，救灾将进入过渡安置阶段。8月12日早晨7点，赴云南鲁甸地震灾区支援的菠萝义工应急救援队顺利回到狮山，为期8天的赴滇救援行动告一段落。这群头戴白色头盔、身穿黑色T恤的勇士们奋战在救援一线，置生死于度外，成为佛山大爱的象征。

而就在11日从灾区返回佛山的途中，这支救援队还展开了一场灾区外的车祸救援。当晚10点20分左右，在途经广昆高速横县段时，救援队发现一辆南宁牌照的面包车翻倒在高速路边的水沟里。虽然连日来体力消耗极大，身心俱疲，但队员们立刻停车，拿出药品，帮车主家人包扎伤口，随后砍树开路，肩扛手抬，个个浑身汗湿，有的手臂被树枝划伤，但依然充满干劲。经过三个多小时的奋力救助，6名队员在队长王治勇的指挥下终于把重达2吨的面包车拖上路面。

车主要给队员们报酬，队员们婉言拒收酬谢并告诉车主："我们是佛山义工，刚从云南救灾回来，免费服务。"掷地有声的一句话，既是爱心奉献的宣言，也是一份志愿者坚守的承诺！

率先到达龙井村大良子社的菠萝救援，已经被那里的灾民牢记在心。当地村民朱发明曾开摩托拉过王治勇上山，在救援队离开后，他一直惦记着这群英雄，却又怕自己打电话时泣不成声无法表达心意。只能含着泪给王治勇发来短信："我会把你们的事迹做成一米六高的锦旗立在我们村里，永远记住你们。"

"不必了，兄弟。"王治勇婉言谢绝，又牵挂起他从成都调来的一批物资是否到达。他还记得朱发明刚上完大一的儿子曾想辍学，叮嘱朱发明说："上大学有困难，我们会尽力支持。告诉孩子一定要好好念书，用知识改变命运，走出大山。"

救援队虽然已经回到狮山总部，但是支援和帮扶仍在持续。"交通恢复顺畅后，我们提供了家具和电器等恢复生产生活最紧要的物资，继续支持灾区。"

王治勇说："在灾区看到村子被摧毁，看到老百姓无助的眼神，我们觉得无论多辛苦都要把人救出来。因为我们是来自佛山的队伍，就是佛山形象的代表。佛山有千百年乐善好施的传统，群众基础非常好，民间救援又是新鲜事物，只有走出去，我们才能成长，才有机会代表佛山成为全国叫得响的志愿服务品牌。"在灾难面前，菠萝救援冲锋在前，也鼓舞着更多人加入菠萝，为他们提供成长机会，让每个人都能发挥所长，实现志愿者的人生价值。

2014年10月7日21点46分，云南普洱发生6.6级地震。地震发生后，菠萝救援队又在不到24小时的时间里，到达灾区开展救援工作。

在进入鲁甸地震灾区时，王治勇还在狮山企业爱心联盟微信群里写下了“遗言”：“如果这次我没命回来了，请大家把爱心联盟的精神继续发扬下去，帮助更多困难群众。”

辗转三省 菠萝旋风

菠萝人已离开信宜，而精神却永远留在信宜人的心中

2016年5月26日，两张照片在广东信宜抢险救灾中“刷爆”本地朋友圈：一名脸戴口罩、身穿黑色救援服装的男子，裤脚上沾满泥巴，肩膀上还挂着对讲机，半倚靠在别人家门口睡着了，他的脸部写满了疲惫。还有一张照片同样是身穿救援服的男子累得睡在两张简陋的椅子上。这两张照片迅速走红本地网络，许多网友看到后感触万分，纷纷转发朋友圈，对他们为信宜做出的奉献钦佩不已，作为信宜人相比之下深感惭愧。

原来这照片上的主角就是来自佛山菠萝救援的王治勇和华飞、关应建等队员。灾情发生后，王治勇立即带领18名队员和两车应急物资、救援设备从南海狮山出发，赶赴灾区。5月21日中午到达信宜后，1米多高的洪水已退，但是信宜城区道路留下大量垃圾、淤泥，交通也因此瘫痪。菠萝救援队员到场后立刻投入战斗，首先负责清理了信宜市中医院门前一主干道的障碍，从当天17时一直清理到次日凌晨1时许，才让这条约4公里长的主干道恢复正常。后来又开始到医院旁边梅江北路清障，经过努力，该段道路也清理完毕。由于体能消耗过大，清理完毕后，不少队员直接坐下就睡着了，但短暂休息半小时后，他们又马上赶赴信宜第三小学附近，抢修一条因泥石流而中断的道路。

“其实我理解当地人对这两张照片的深思。说实话，在大灾大难面前，市民参与自救和互救的积极性不够。”看到这种现象后，王治勇安

排人手立即将印有佛山菠萝救援队的队旗扛起来。“市民之前以为我们是政府部门的，但看到菠萝救援的队旗后，才知道我们是一支来自佛山的民间救援志愿者，大家被我们的义举所感动。尤其是这组照片发布后，大家一传十十传百，认为素不相识者都在努力改变这座城市，我们还有什么理由不行动起来呢？”王治勇说，“一个志愿者的价值不仅仅是自己做了多少，还要看传播多少，培育多少。在灾难面前，不管我们去多少人，其实力量都是有限的，就是要发动当地百姓一起参与进来，积极地实施自救与互救。”

事后，在很多信宜人的朋友圈里，都可以看到这样一句话：“菠萝人今天虽然已离开信宜，而菠萝人的精神却永远留在信宜人的心中！”

有信宜市民发帖：“信宜遭受了自1954年有气象记录以来最强的暴雨袭击，人民生命财产受到了严重威胁。但信宜干部和群众在灾难面前毫不退缩，奋起抗灾救灾。5月22日上午，在竹山救灾复产的现场，我们也看到了一支来自佛山的菠萝救援队伍参与其中，充分体现出‘一方有难，八方支援’的精神。他们从佛山远道而来，带着他们的承诺，带着一颗火热的心，带着他们精良的装备，为信宜救灾复产努力奋斗着。”

“说实话，在信宜连续奋战，双腿肌肉几乎僵硬，肱二头肌和肱三头肌酸痛得胳膊不能上扬，双手五指不能紧握铁铲。但是我们不能放弃，不能停止，太多的百姓需要救助。凌晨3点彭亚中带领菠萝救援第二梯队到达现场。见到我们时他几乎哽咽，不顾我满身的泥浆给我一个紧紧的拥抱。并悄悄地给我带来了‘粮食’。我不敢认真接听亲人的电话，不敢听见他们的担心与问候，我的眼泪在打转。坐下吃老百姓送来的快餐，看着他们期盼的眼神，我们增加了坚持到底的勇气。”王治勇说。

“来时一片沼泽，走时给你一片清新。天灾无情，菠萝有爱。感谢信宜老百姓送茶送水送饭，我们更有信心更有动力为社群服务。今日离别后我们将去更需要我们的地方。信宜加油……”彭亚中说。

走进菠萝救援的荣誉陈列室，笔者被这满屋的锦旗、牌匾、奖杯、证书深深地震撼了。其中一幅繁体字书写的锦旗尤惹人眼："敬送佛山菠萝救援队：世态虽炎凉，大爱在佛山。百年伤害痛，菠萝来分担。患难见真情，灾民铭心间。"附言："我是信宜人，在香港看到你们高尚的身影。在物欲横流的当今，你们是爱、正义的化身。"落款："香港居民邓燕全家敬赠，2016年5月24日。"

这幅锦旗能挂进荣誉室，还颇费了一些周折。原来邓燕家人将锦旗从香港寄到信宜家乡亲戚手中，希望亲戚转赠给菠萝救援队。亲戚收到邮件时，菠萝救援队已完成抢险，返回佛山。当亲戚拿着锦旗去邮局邮寄的时候，邮局工作人员打听到是寄送给菠萝救援的锦旗，特意向领导请示，最终这邮件被免费送到了王治勇的手上。王治勇继续总结："这印证了一句话：社会因爱而和谐。爱需要复制传播，爱需要粘贴发扬！"

感动别人　感动自己

"菠萝义工已经走过了2069天，感恩大家一直以来的信任、支持和鼓励！不忘初心，铭记使命。我们会努力做到更好！"2017年7月6日凌晨5点37分，仍在江西修水洪灾现场的王治勇，更新了微信朋友圈。连日来，他带领的菠萝救援一直在搜救组织撤离时被洪水冲走的3名当地干部：镇党委书记匡美建、副镇长邓旭、大学生村官程扶摇。至此，王治勇的菠萝救援队已在修水洪灾面前坚守了15天。

由于任务艰巨，菠萝救援总部先后五次增援修水，从6月25日至7月10日，15天时间共转移被困群众近千人，搜索面积近5万平方米，协助电力部门抢修电力，并连续坚守在修河上搜寻救灾落水失踪的镇干部。聊起这三位失联干部，王治勇难抑悲伤："他们在民众中口碑很好，每天都有人来了解进展。"

6月27日，大学生村官程扶摇的遗体由村民发现，菠萝队员立刻赶往现场处理。程扶摇家属撕心裂肺地痛哭，志愿者和民众纷纷过来劝慰，平日一脸严肃的王治勇也觉得无比心疼，“夜里，搜寻到英雄的画面在我脑袋里晃来晃去、晃来晃去……”

7月1日下午4时左右，菠萝救援队接到村民求救电话：“杨坊塅村有高龄老人急需送医院抢救，但因被洪水围困无法送达医院，病人病情危急。”王治勇立即组织在医院工作有丰富临床经验的队员周小红及马程龙去接应老人。在前往杨坊塅村的路上，几个村小组地势低洼，基本被洪水淹没，水深达3米以上，进村都需要开救生艇，在菠萝救援队员面前的就是一片汪洋。“树、电线杆、房屋、桥等都只露出了一点儿头，给我们增加了救援难度，经过一个多小时的水陆行程，才到达老人家中。”据了解，被困的老人88岁，患慢性阻塞性肺气肿、肺心病多年，在家自行吸氧及服药治疗，因洪水造成停水停电，家用制氧机无法使用，外面的医护人员也无法进入救治，老人因缺氧导致病危。“经评估，老人呼吸、脉搏微弱，家属决定放弃转运治疗。”王治勇说，虽然未能将老人送去医院救治，但当时家属依然十分感动。

“长时间的搜救让队员们疲惫不堪，白天我们只能躺在大卵石河床上稍做休息。早晨五六点就开始搜救，一天十几个小时泡在水里，但是没有人放弃。”15天过去，虽然仍有两名失踪干部不知所踪，但菠萝救援队从未选择放弃。爬坡入水，他们的付出修水百姓都看在眼里，感恩于心，付之于行。

“修水人民的精神值得我们学习和致敬，来到修水也让我们更加懂得了责任、担当与奉献。”王治勇说，修水人民全程都在用不同的方式去参与抗洪抢险，确实让队员们很感动。“修水因为有这样的人民而美丽，他们是最可爱的人，我觉得更应该为他们点赞。”

最让王治勇暖心的，还是当地热心的民众。“当他们得知我们是从广东赶来支援的，不少人也加入到搜救中来。连日来，他们为我们补裤子、洗裤子、送早餐，15天时间里，除当地领导亲临一线关怀慰问外，共有47位市民通过不同方式送温暖，我们也向他们传授救援知识，和民众一同进退。”

引用王治勇7月3日下午在江西网络广播电视台的采访中的话来说：“我们去了全国很多地方救灾，从来没有像修水人民这样热情地给我们关怀和帮助，感觉很温暖，再辛苦我们都觉得很值得，这也是能够让我们继续坚守的原因之一。”当修水市民再次看望正在搜寻失踪干部的佛山菠萝救援队时，队长王治勇满怀感动。7月4日清晨的第一条朋友圈里，他还写道：“一早就收到温暖，市民为我们送来早餐，感谢、感恩。”

“天气有些热，你们先过来吃点儿西瓜解解暑，真的感谢你们，你们辛苦了。”在修水南圳大桥的拱桥下，几位修水市民提着西瓜、饮料来为菠萝救援的队员们解暑，这一幕在修水很常见，如亲人间的关心，让队员们十分感动。每天，修水县爱心联合会还会把搜救队员的衣物进行清洗、烘干，并于次日凌晨送到每位队员的手中。爱心商家夏兴发停下手头的生意，为救援队员们提供伙食……

“钱根本就花不出去！人家商店一看我们穿着救援队服，买东西都不收我们的钱。后来脱了队服进去买也不行，听我们不是当地口音，他们就猜到我们是外地来参与抢险救援的。”修水人民如此热情，令王治勇及队员们有些“哭笑不得”。

“还有更令人感动的事。有市民去一个摊档买西瓜，摊主说只剩下这几个了，不卖。市民看到明明还摆着几个瓜，就问为啥不卖呢，摊主说‘这是留下来送给那些救援服务队的’。市民一听也来劲了，赶紧说‘那我出钱买下来，放你这儿，等碰到救援队员，就帮我送给他们’。这下人家摊主急眼了，大声说‘走走走，不卖给你。收了你的钱，就是你的人情，不是我的心意了’。”王治勇和队员们在修水，享受到了修水人民给予的无上荣光。

2017年7月10日，当菠萝救援队从江西返回佛山时，王治勇担心太多热心的市民过来送行，决定悄悄离开。得知他们决定返回菠萝救援总部的“秘密”消息后，英雄匡美建书记的夫人早早来到王治勇及队员们住宿的地方等候，但还是被王治勇们“摆脱”后偷偷离开了。当她得知后，在电话里哭着“批评”王治勇：“你为什么要偷偷走，为什么连一个道别的机会也不给我，你为什么会这样，为什么会这样……连一个道别的机会也不给我……”“而其他市民得知我们已然离开后，马上开车一路追赶，最终在高速公路服务站将我们截停，还派了一位在广东顺德区开家具厂的匡老板‘押着’我们返粤。”

“7月11日凌晨4点多，当我们回到狮山时，发现公路旁以及菠萝救援总部附近全是人。原来，匡老板已经通知了在佛山地区经商、务工的修水人派代表到狮山高速出口迎接我们。他们很多人晚饭后就过来了，在路旁和队里已经等了整整一个晚上。他们拉起长长的条幅，还临时发起微信筹款，短短半小时，就筹得5000多元购买了慰问品。”王治勇说。

王治勇和队员们抵达佛山菠萝救援队总部，200多名修水人列队欢迎，眼含热泪地呼喊：“谢谢你们！”看到这么多修水人在彻夜等候迎接他们，王治勇禁不住流泪了，他说：“虽然我们回到佛山了，但我们的心还在修水。今早我是含泪给大家分享在修水16天的所见所闻。16天虽然很短，但在人生的旅途中已烙下了深深的记忆，除了感动还是感动。87万修水父老乡亲，我们永远爱你们！”

但修水老乡却含泪“反驳”：“你们说你们被修水人民的热情所感动，不，我们所做的，远远没有你们多！我们彻夜等待你们回家，只是想第一时间当面对你们说一声：谢谢！修水人民是懂得感恩的！”

在人群中，让王治勇最感动的，是一个只有10岁的小男孩，当他从妈妈口中得知菠萝救援奔赴千里，去他家乡救人的事迹后，非要跟他妈妈一起来见他心目中的英雄。当他见到王治勇时，他给王治勇送了一份特殊的礼物：一面崭新的国旗。王治勇和小男孩互相加了微信，小男孩经常在微信里跟他说：“叔叔我想你了，你自己多保重，我会来看你的。”“看到他们热情洋溢的笑脸，听到他们感恩不尽的话语，长途奔波的疲劳之苦顿消。”王治勇说，“能够影响到下一代，让他们成长为‘小菠萝’，这就达到我们菠萝志愿的目的了。”言谈间，王治勇时刻不忘菠萝志愿者的“渡人及人”精神。

修水人民对菠萝救援的情怀，并没有随着灾难的远去而停止。修水佛山商会企业家们目前正在筹备菠萝救援2017年度晚会，希望能借这样一个舞台，表达对菠萝救援的崇高敬意！

立足本土　风雨无阻

2017年11月1日晚，笔者和几名救援队员正在菠萝救援总部饭堂一起吃饭，王治勇接到三水西南一位市民打来的电话：“小区绿化树上有一个非常大的马蜂窝，里面的马蜂已经伤过几次人了，麻烦你们上门帮忙处理掉。”

队员唐旭和彭荣华匆匆吃完饭就准备出发，唐旭一边收拾装备和工具，一边苦笑着说：“这是今天捅的第二个马蜂窝了。上午去一个工厂厂区内捅了个水桶粗的窝，其实这马蜂窝在20多米高的树上，还很小的时候我就见过，也提醒过他们的保安趁早处理，保安也没有当回事。今天那老板叮嘱我们，一定要一个完整的马蜂窝，感觉这老板是有意将马蜂窝养大的，要拿回去泡酒。”

我说：“这也算养蜂为患了。这样做不仅给员工安全带来隐患，而且也给你们处理马蜂窝增加了危险和难度。”

“这有什么办法，危险没有真正降临的那一刻，很多人都不放在心上。对于这样的微救援，我们已经习以为常了。”王治勇说。

据了解，菠萝救援队自2012年成立5年以来，无论风雨，每天都有人坚守救援岗位。除了交通救援、扶贫济困，他们还活跃在狮山大大小小的其他救援现场。自菠萝义工成立又升级为菠萝救援服务的五年来，菠萝救援服务中心立足本地，每年平均开展各类培训超过100场，协助本地相关部门开展微救援近80场（次），平均每年为148场活动提供服务，内部训练60次以上，平均每年新增义工575人。

菠萝救援队每年都在狮山春节客运休息点服务。起初只是帮助修摩托车、供应暖手袋、手套等，后来又为乡亲们提供爱心餐让他们暖暖胃，回家中途可以休息一下，不要疲劳驾驶。此外，还开设爱心餐车，免费为返乡大军提供粉、面、油条、姜汤、火腿肠等。

佛山是一块福地，很少遇到严重的自然灾害。但由于濒临南海，水汽充分，大气不稳定，龙卷风的发生频率较高。

2015年10月3日20时到5日14时，受台风“彩虹”影响，佛山全市各区出现大暴雨、局部特大暴雨的降水过程，这次降水具有雨势强大、时间集中的特点。全市自动站普遍录得雨量100～466毫米。由“彩虹”台风次生的龙卷风，对佛山全境都造成了灾害。

狮山是南海受“彩虹”台风次生的龙卷风影响最严重的镇街，而罗穆路边的穆院工业园又是狮山镇受损最严重的地方，在这里随处可以见到折断的树木，以及被大风掀开的房屋的屋顶。在大风过后，菠萝救援队开始从抢险救灾变为排险及帮助人民群众恢复生产。

在罗穆路边的一间制衣厂，大风直接将电动伸缩门吹倒，宿舍屋顶也被掀翻，扭曲的铁皮仍然挂在二楼，随时有掉落的危险。救援队员利用电锯等工具对大块的物料进行切割，以便排除险情。

从10月3日晚上到6日，菠萝救援队13名队员一直在一线抢险救灾，休息时间加起来不超过10小时，更不要说享受一个完整而充实的国庆长假了。

队员们的努力，也受到了附近群众的赞赏。受灾群众杨先生说：“一开始就在这里（恢复）道路畅通、修（剪）树（木），这么深的水，过不了人，他们拿冲锋舟（运送），说实在的，感谢菠萝救援，他们都是为人民服务的。”

2015年9月26日晚9点30分，“在佛山一环狮山兴业路跨线桥上，我们的车不知撞了什么东西，油箱突然爆了，求菠萝救援队兄弟，前来支援！”狮山菠萝义工队队长王治勇接到市民张小姐的紧急救援电话。当晚9点40分，王治勇立即组织菠萝义工队7位队员赶到事发现场，进行车辆疏散和现场清理。

当晚9点40分抵达事发现场后，王治勇了解到，离佛山丹桂路出口约200米处，有两辆小车分别因撞到石头和货车蓬杆，而导致油箱爆裂，汽油不停地往外流。于是，他立即组织队员展开援救。“感谢救援队的弟兄们在这个清冷的夜晚，第一时间赶到，我们心里感到很温暖。”市民张小姐表示，当时自家的车漏油了，自己抱着34斤重的女儿，以百米冲刺的速度跑了近30米，发现前面还有辆小车也打着双闪灯，“一看那辆车在往桥下漏油，而桥下正好有个加油站，一旦遇到火种，后果不堪设想。”晚上12点左右，菠萝义工队把路面的汽油完全清理干净后，才离开现场。

“只要是狮山城区范围内的救援服务，我们10分钟内随叫随到。”王治勇已经忘了组织过多少次这样的交通援助，哪里有危险，哪里有需要，哪里就有我们，第一时间帮助市民脱离危险是菠萝救援的使命。

正己助人　服务社会

人有困难时出手帮一把
社群有需要我们就出发
图的不是啥真情把爱洒
四海皆亲人同在蓝天下

公益忘不得不分你我他
力量虽微薄爱心却无价
好事坚持做无论冬与夏
做人存大义不用多说话

菠萝义工情义为本

厚德载物通达天下

人间冷暖常挂在心

神州处处都是我家

这是佛山市南海区作家协会叶主席等人所写的《菠萝义工之歌》，充满力量、深情磅礴地道出了“菠萝文化”。

自2012年组建迄今，菠萝志愿参加大小安保活动400多场，对外开展各类培训1000多场，直接服务老百姓超过2000万人次；参加广东高州、信宜，云南鲁甸，福建闽清，安徽安庆、桐城，湖北荆门、天门，江苏阜宁，江西修水，湖南祁阳、冷水江，甘肃文县等地重大自然灾害救援400多起，救助过近2000人。

2017年7月份，一封来自江西省修水县的感谢信，直接寄到了广东省佛山市南海区委、区人民政府办公室。

中共南海区委、南海区人民政府：

6月23日至7月1日，我县一周之内连续两次遭受历史罕见特大洪灾，全县人民生命财产损失惨重。尤其让我们感到痛心的是，6月24日凌晨杭口镇党委书记匡美建等六位同志，在抗洪抢险过程中遭遇洪水袭击，匡美建、邓旭、程扶摇等三位同志落水失联。在全体搜救人员的共同努力下，程扶摇同志于6月27日在离事发地5公里的河道被发现，因公牺牲。匡美建、邓旭至今失联，目前仍在全力搜救中。

洪水无情，人间有爱。匡美建等六位同志视灾情为命令，冲锋在前、无所畏惧，他们的壮举震撼修水，全国关注。灾情发生后，尤其是三位英雄失联后，江西省、九江市主要领导做出重要批示或赶赴现场指导搜救工作，市县公安、武警、消防、民兵预备役等力量紧急出动，来自全国各地的50多支专业救援队伍驰援修水，数以万计的爱心人士集聚修城，开展了一次生死大营救、大搜寻。贵区佛山菠萝救援队在我县期间，服从命令听指挥，不惧艰险困苦，与修水人民心连心、情连情，全力以赴配合搜救。他们无私奉献的情怀，诠释了人间大爱，深深地感动了87万修水人民。

在此，我们谨代表87万修水人民对贵区佛山菠萝救援队全体志愿者的真情付出表示衷心的感谢，并致以崇高的敬意！

中共修水县委　修水县人民政府

2017年7月16日

收到这封感谢信后，南海区委、区政府高度重视，佛山市委常委、南海区委黄书记专程到佛高区狮山菠萝救援总部参观考察，并称：“菠萝救援是南海的太阳！”

2017年8月，一封来自湖北荆门的感谢函，在通报屈家岭灾后建设的同时，再次表达了对菠萝救援的诚挚谢意！

尊敬的佛山菠萝救援队：

也许你们已淡忘，但我们永远铭记！

从来没有哪一次灾害像2016年特大洪涝灾害更令屈家岭人刻骨铭心，也从没有哪一年像2016年让屈家岭人收获那么多爱。

不能忘记，滔滔洪水倾泻而下，农耕圣地变成一片汪洋时的情景。那一刻，我们都是屈家岭人，心与心从未靠得如此之近。

不能忘记，一艘艘“生命之舟”不畏风雨、劈波斩浪冲向“孤岛”的情景。那一刻，我们真正“风雨同舟”，再大的风雨，一起面对就能一路前行。

不能忘记，一辆辆汽车满载救援物资，源源不断驶向灾区的情景。那一刻，屈家岭人切身感受到什么是“患难与共”。

不能忘记，危难中那一个个忙碌的身影，那一双双热情的手掌，那一句句温暖的问候……这都是“大爱无疆”的深情演绎。

你们的无私帮助给了我们灾后重建的无穷信心，面对灾难我们不胜不休！

一年来，屈家岭灾后重建步伐越走越有力，越走越精彩。一位位受灾群众得到妥善安置，一栋栋新居拔地而起，一家家企业迅速恢复生产……曾经洪水肆虐的农耕圣地——屈家岭，再次焕发勃勃生机与活力。

你们的大力支持给了我们变大灾为大利的决心，化危为机才能不负众望！

一年来，屈家岭经济建设如火如荼，农谷核心品牌熠熠生辉。2017年上半年，全区经济保持较快增长，其中出口总额、民间投资两项指标增速居全市第一。上半年全区签约项目和新开工重点项目数量均较去年同期大幅增长。

心怀感激，不惧风雨，经历了特大洪涝灾害洗礼的屈家岭人因为一路有您而无所畏惧，勇往直前！

不忘初心，砥砺前行，刚刚走出灾害阴影的屈家岭人将心怀感激，肩扛农谷建设的旗帜，再创辉煌！

为了不能忘却的记忆，屈家岭的大门永远为您打开——欢迎回到这片热土走一走，看一看！我们相信，有爱一路随行，屈家岭的明天一定会更好！

屈家岭管理区工委
屈家岭管理区管委会
2017年8月

而早在2016年8月8日，湖北省荆门市屈家岭管理区宣传部副部长就率领几位市民代表，连夜开车来到佛山菠萝救援总部赠送锦旗。

随行的湖北屈家岭东旭商务宾馆老板曲小华以义工同行名义，送上一面“心系灾区传大爱，英勇事迹真楷模”的锦旗。曲小华是一间宾馆的老板，这次屈家岭受灾，她捐资捐物十几万，还将宾馆免费提供给菠萝救援队和当地灾民居住，当地人叫她“最美老板娘”。这次曲小华来佛山还有一个任务，就是要到菠萝救援队偷师，她说，回去之后的大计，是要在湖北建立一支专业的救援队，可以及时赶到每一个湖北的灾区，比广东过去近得多，这个正能量也可以往外发展。

王治勇说，会全力提供帮助，包括技术指导、队伍发展的制度、装备方面的支持，“通过这种传授技术的方式，把我们佛山的志愿者精神传播出去”。

在菠萝荣誉珍藏室，还摆放着中共云南鲁甸县委、鲁甸县人民政府于2014年8月9日写给菠萝救援队的感谢信。王治勇说：“这封感谢信对菠萝救援后来发展壮大具有重要意义。因为鲁甸是我们真正开展应急救援的第一次练兵，没想到得到了地方党委、政府部门的积极肯定，这极大地激励了我和广大队员、志愿者们。”

菠萝救援队：

2014年8月3日16时30分，鲁甸县龙头山发生6.5级强烈地震，顷刻间，山崩地裂、天塌地陷、房屋摧毁、村庄淹没、道路信息电力中断、风雨暴虐、惊魂弥漫，灾区人民处在极其危急之中。全省、全国、全世界都在牵挂鲁甸，关注鲁甸，祝福鲁甸。

习近平总书记指示：“救人第一！”

总理来了！省委书记、省长来了！解放军来了！武警官兵来了！直升机来了！大型汽车、机械来了！一条条道路被打开，一个个生命从废墟中被救出，源源不断的救灾物资运到鲁甸。救灾，与时间赛跑；救灾，与生命搏斗！

哪里有危难，哪里就有解放军、武警官兵、医务人员、新闻记者、志愿者从四面八方奔来。全社会不断为灾区伸出援手。你们献计、献策、献力，捐物、捐款、捐血，为了灾区人民，你们把自己的一切置之度外，累了、渴了、饿了，摔倒了、晕倒了，但你们马不停蹄，连续奋战，到处是一幕幕感人肺腑的画面，到处流传着一桩桩动人心弦的故事。人间有难，大爱无疆。一次次分秒必争的生死营救，彰显着生命至上的人间大义；一笔笔无私的赈灾捐款，倾注了同舟共济的无价情谊；一件件救灾物资，汇聚成爱心激荡的滚滚暖流。你们的壮行义举，灾区人民永远感恩！你们的深情厚谊，鲁甸人民永远铭记！

疾风知劲草，大难显真情。这是不朽的丰碑！这是历史的画卷！中共鲁甸县委、鲁甸县人民政府谨代表全县43万各族人民向所有参加鲁甸“8.3”地震抢险救灾的各级领导、解放军指战员、武警官兵、医务人员、新闻记者、工程专家、志愿者、慈善者以及社会各界的朋友们表示崇高的敬意！对你们无私地给予灾区人民的爱心捐助致以衷心的感谢！。

抗震救灾不可懈怠，重建家园任重道远。时间就是生命，团结就是力量。有党中央的正确领导，有各级部门的关怀支持，有全社会的关注与奉献，鲁甸人民一定能从灾难中站起来，团结奋斗，自强不息，重建家园。鲁甸的明天一定会更加美好！

除了这些地方党委、政府部门沉甸甸的感谢，民间老百姓也在以他们的方式，表达着对菠萝救援的感激和敬意。2016年7月，菠萝救援就收到了一封署名“福建闽清灾区人民”的感谢信。

尊敬的救援队队员们：

你们好！我们谨代表福建闽清人民，向你们致以最崇高的感激与敬意！

2016年7月9日对于福建闽清来说是灾难性的一天，突发的大雨跟洪水让所有人猝不及防，大部分老房子被水冲垮，房屋、车辆、来不及逃生的人都随着滚滚洪水流走，往日繁华的乡镇响起了阵阵求救声和哭喊声，所有人都陷入了恐慌。闽清变成冰冷的世界，当所有人孤独绝望无奈之际，是你们温暖了我们的心，是你们给我们带来了希望——各地救援队。各地各救援队赶往闽清各乡镇展开专业的救援，你们不顾个人安危，不计个人得失，与灾区人民心连心，共患难，哪里危险你们往哪里去，你们脱下军服同样都是父母的宝贝，但是你们却从不顾生命危险，伸出大爱之手，抢通保通公路，运输救灾物资，与福建闽清人民同舟共济。混着污泥吃饭，不怕脏，不怕累，风里来，雨里去，不畏艰难迎头上。“尽己所能，守望相助”是你们面对灾区人民的感谢所道出的肺腑之言，这简单的八字却让我们感动不已。

再华丽的语言也道不出闽清人民的深深感激，再优美的文字也写不出你们的无私与高尚，再精到的描述也谈不完你们的辛劳无畏。你们用行动诠释了“一方有难，八方支援”的同胞情谊。人间有难，大爱无疆，你们分秒必争的生死营救，彰显着至高无上的人间大义，你们无声无息的仗义之举，灾区人民铭记于心。来时不堪的街道，走时干净整洁；来时精神抖擞的你们，走时疲惫不堪。你们辛苦了，人民子弟兵（志愿者），你们是所有人的英雄。

在这里，我们代表全部闽清灾区人民对你们再次表示感激之情！祝你们平安幸福，万事如意！

闽清灾区人民

2016.07

这封感谢信里，尽管福建闽清人民把身着救援队服的菠萝志愿者们，当成了人民子弟兵，但民间专业救援服务队已成为政府、军队之后救灾救难的第三股重要力量，他们的专业程度，已经越来越得到老百姓的认可，以致老百姓把他们当成了“子弟兵”！

面对纷至沓来的荣誉，王治勇很淡然，他说：“在‘菠萝十条’第八条里，就说得很清楚：所有取得的成绩和荣誉属于这个组织，不属于某个人。成绩和荣誉靠大家努力取得，团队精神是这个组织的生存之本。”

大家小家　有家有梦

每次外出救灾，王治勇都是悄悄走，家人最后也是通过其他义工才知道他又救灾去了。“每次离开时，心里非常难受，因为不知道这一离开，还有没有机会回来。”王治勇曾多次告诉义工骨干，如果有一天真的倒下了，希望大家能够把菠萝救援继续做下去。王治勇说，2016年，曾有一个月连赴四省救灾，今天回来明天又要出发，临走时看见熟睡的妻子和儿子，自己眼里饱含泪花，依依不舍地离开。“每次救灾在外，妈妈都会给我发信息：‘要注意身体，等着你回来给我们养老。’我知道妈妈并不一定要靠我才能养老，因为我还有大哥二哥和姐姐，她只是在提醒我，要注意安全，要做自己力所能及的事，不要操劳过度。”有时晚上接到紧急救援任务时，王治勇正在利用短暂而宝贵的时间陪伴家人，为了不让家人担心，他会不动声色地暗中安排好队伍出发事宜。

“这种纠结的感觉很难受。一边是一年比一年老的父母需要陪伴，一边是黄金救援时间里等待紧急救援的灾民。”王治勇说，经过这几年应急救援的历练，自己已经成为专业级队员，加之救援队的设备设施越来越完备，只要能及时赶到灾害现场，就肯定可以发挥抗灾抢险的能量。而每次救援回来的路上，脑海里就浮现被救灾民对生的渴望，对好好活着的向往之情，对逝去亲人的绝望之情……这些都驱使王治勇好好活着，更加努力地去救援更多人的生命。同时，也让他深深意识到拥有一个完整家庭对自己生存、生活的重大意义。

在出征前，队员们都有这样一颗“险情就是命令”的心。在2016年赴湖北荆门屈家岭紧急救援时，队员陈云红就在手机上写了一封信给孩子：

栋梁（陈云红之子）：

接到队部紧急出发到湖北荆门水灾救援的通知，收拾好装备，不得不叫醒你，送你去外婆那里了，本来想趁暑假带你去玩的，但作为一名救援队的志愿者，险情就是命令！因为有许多的受灾群众正处在灾难中等待救援，这是一种信念，更是一种责任与担当。

队员鲜刚则在微信里记录了自己出征前与妻子的对白：

轻轻吻别还在厨房里忙碌的妻子，告诉她我要马上奔赴广东信宜参加救援救灾，那里的同胞处在危难之中，家园美丽不再，四处一片泥沼。听完她已经是眼泪汪汪。对我说“注意安全，我等你回来”。我的眼泪也在眼眶打转，向她敬礼之后转身打开房门，头也不敢回就向着集结地出发。

“我们也知道，陪伴是最长情的告白。但是这几年下来，大家已经养成了‘险情就是命令’的职业素养。我们也想长期陪伴在父母、妻儿身边，但我们做不到。对于我来说，做志愿不仅丰富了业余生活，而且成为我生命的一部分，我现在不抽烟不喝酒，对生活的要求也很淡泊。唯一要抓紧做到的，就是参加救援回来，利用一切机会，陪伴在他们身边。”王治勇说这些话时，他的父亲王伯正坐在菠萝救援服务中心院坝里，认真地盯着“公益展播”墙上电视里播放的菠萝救援VCR（录像带），VCR里呈现着应急救援队伍55公里拉练的画面：一位女队员正被人抬进救护车。

“这个是佛山中医院骨科的护士长，叫周小红，她脚抽筋，跑不动了，要送去医院。但她后来成了女子突击队队长。”王伯用他字正腔圆的四川话，跟我解说。我想，VCR里面的每一个镜头，王伯都是熟悉的，但他依然百看不厌。“每来一个‘陌生人’，爸爸就坐在这里看电视，只要有人驻足下来，眼睛望向电视屏，他就开始做义务解说员。其实他刚做完手术，昨天才从医院回来。”王治勇一边对我说，一边走向父亲，用四川话说：“晚上有点儿冷咯，爸爸要不要添点儿衣服？”

王伯摇手示意不用，双眼却继续盯着电视。对于菠萝服务救援中心租下来的这栋大楼，几乎没有人比王伯更熟悉，因为这栋楼是他28年前带领民工一砖一瓦亲手垒砌起来的。当年怎么也没有想到这里会成为儿子做志愿事业的根据地，成为可以趁儿子工作时自己待在这里跟他唠嗑的家园。也许，在王伯的心里，他也有一个愿望，那就是坐在“公益展播”墙前，当VCR解说志愿者，然后将每一个来这里的“陌生人”，都改变成真正的“小菠萝”“大菠萝”，而他自己，就是这里的“老菠萝”。

11月9日，这位“老菠萝”去佛高区狮山和信广场摆起了“地摊”，摊位上摆放着灭火器、防毒面具、无人机等，他在细心地为来往市民讲解着这些消防应急工具的正确使用方法。

“他刚刚做的是一个大手术，但我却没有时间陪伴在他病床边。”王治勇言谈里满是愧疚。是的，谈及父母、妻子、儿女，他觉得自己不是一个称职的好儿子、好丈夫，不是一个好爸爸。

2016年12月，王治勇家里将要新添一名成员——女儿快要出生了。原先居住的80多平方小房子令一家六口拥挤不堪，只好另外购买了大一些的二手房。那时，妻子也已怀孕7个多月。“不仅要装修房子，管理公司，还要照顾大孩子和肚里的宝宝，里里外外都是妻子一手操持的，我连住哪栋楼都不知道。”乔迁新居时，王治勇还走错到另外一栋楼去了。但是妻子从始至终没有对他抱怨一句。“我想她可能已经习惯了‘当我不存在’的生活了。”王治勇苦笑着自嘲，其实内心对妻子是满怀歉疚和感激的。这几年，陪伴家人的时间太少，只要有一点儿时间，他就立马回去陪伴家人，尽量去弥补对家人的爱。

妻子从最开始的反对，到沉默，再到今天的支持，是什么让她产生这样的转变呢？王治勇分析，“志愿”的核心要义就是改变人，它不仅丰富了我的业余生活，更让我的心灵得到净化和升华，5年的志愿生涯将我改变成另外一个人，我的变化妻子已深深感受到了，说虽然我不管公司，不赚钱成天还要花钱，但是家庭更加幸福甜蜜了，孩子也为有这样的父亲而感到骄傲和自豪。每当回味妻子的话语，这个“黑包公”一样的铁面汉子，眼角都会泛起泪水，他内心应该是满溢幸福的。

今年7月，王治勇和队伍在江西救援已经待了13天，提心吊胆的妻子催了又催，说：“工作又累又危险，不是只有你一家救援队，怎么还不回来？”但除了告诉救援进展，王治勇别无安慰。那时女儿已出生5个多月，见面时间加起来却不到一个月。“每次想念小宝贝，只能在手机里翻之前的照片看看。时间隔得久了，实在忍不住，就叫妻子拍照片、发视频，对着屏幕想念。”还有已经升读高中的儿子，他也充满了愧疚，但令他欣慰的是，大儿子非常理解自己从事的志愿工作，而且同学也羡慕他有这样一个“中国好人”当爸爸，大儿子也很自豪。

但家人理解、支持也罢，自豪也罢，在王治勇心底更多的还是愧疚。王治勇坦白，做志愿救援这么多年，他也深感压力。这几年来，队伍管理运营、自购装备、关爱队伍内部家庭等，也花费了他很多早年的生意积蓄。菠萝物流公司因为没时间亲力亲为地管理，妻子又要顾家，生意也差了很多。“好在公益凝聚人心。菠萝义工的队伍里有企业老板、医生、检察官等各行各业的能手，不仅提供装备和人力支持，也能想尽办法帮忙解决专职队员、服务中心日常运营的部分费用。”

“现在依然还有很多人申请加入菠萝救援服务中心，而且很多人都是企业家、专业性很强的职业工作者。正是因为众多志愿者参与进来的鼓舞，让我知道自己身上的责任和担当。如果做不好，会愧对大家。”

打工、做生意、搞志愿事业，王治勇在狮山待了27年，他见证了佛高区、狮山镇30年来发展的点点滴滴，对这个第二故乡，王治勇深感温暖、温馨。年已不惑的他，除了要继续扎根在此，经营好自己的物流公司，做好菠萝救援工作，还有一个愿望，那就是改变四川达州北山家乡老人和儿童的生存现状。

原来，前段时间，王治勇抽空回了两趟家乡。他说：“农村基本见不到青壮年劳动力，全是空巢老人、留守儿童，凌晨还有老人在田里割稻谷，他们不仅日子过得困苦，而且没有完整的家庭，不能得到家人长期陪伴在身边的那种爱。乡下曾有老人去世身体腐烂也无人知晓。”王治勇希望在家乡办一个没有围墙的敬老院。“平时将没有人照顾的老人安置在敬老院里，对65岁以上的老人，每个月请他们过来玩一天，教他们一些防骗知识、智能手机使用方法，为他们洗脚，陪他们打牌、聊天等，然后用车将他们一一送回家。同时将村里农副产品推广出来。但是，菠萝救援服务中心的工作太多太多，我也感到困难，很痛心，希望能尽快完成我心中的一个志愿梦。”

党的十九大报告中，明确了新时代中国社会的主要矛盾：人民日益增长的美好生活需要和不平衡不充分的发展之间的矛盾。而王治勇对内地老人、儿童的关注，正是国家当前需要逐步解决的矛盾。政府对社会矛盾的精准定义，与一个志愿者的愿望此刻不谋而合。解决社会矛盾，少不了志愿者的身影，离不开菠萝救援服务中心这样专业的民间志愿团队!

王治勇的“中国梦”很实在，看得着，摸得见。在他看来，公益的价值，就是要把爱心传递，要潜移默化感染别人。而润物细无声的最好方法，就是将志愿工作中发生的感人事件搬上舞台、搬上屏幕。

2017年9月27日晚，一出《爱满狮山》的情景剧正在狮城居委会上演，演员正是来自菠萝救援服务中心义工们的小孩，这群“小菠萝”将他们的父母在志愿路上所经历的故事，结合自己身在志愿家庭里的点滴，都演绎出来，通过剧情把爱的种子植入观众的脑海里，同时让他们把这些正能量带到各自的学校去，影响更多人，感染更多人。

2017年12月，菠萝救援服务中心的节目《生死不离》情景剧，登上南海区级大舞台。也许，这些发生在志愿路上、救援现场、志愿者家庭中的故事，还会走向更多更大的舞台。让佛山这座闻名全国的“幸福城市”，将大爱传播到珠三角，传播到整个广东，传播到祖国的大江南北。

“我宁愿天下无灾无难无救援可做，但这显然只能是一个美好的愿望而已。所以，唯有希望有更多人、更多队伍加入志愿服务行列，让我们走到哪里，都能遇见爱；哪里有灾难，哪里就有志愿者们展现出来的大爱。”这，就是王治勇的中国梦！

执着前行　永无止境

2017年10月18日，习近平总书记在十九大报告中强调：“青年兴则国家兴，青年强则国家强。青年一代有理想、有本领、有担当，国家就有前途，民族就有希望。”

对此，王治勇深有同感。

因为从事志愿工作，王治勇留意到党的十八大以来，习近平总书记多次给青年志愿者群体的回信、寄语。“他曾深刻指出：‘中国青年志愿者事业是我们党领导的共青团在新的历史条件下创新工作领域、服务社会需求的一大创举。’”在王治勇看来，习近平总书记关于青年志愿者的重要指示精神，体现了党和国家对青年一代的殷切关怀。

“自己从事志愿事业5年，亲身体会到志愿者对社会的和谐与稳定起到的促进作用。特别是在新形势下的今天，在某些领域和特殊情况下，志愿者起到了调和剂的作用，避免很多不愉快事件的发生。在自然灾害多发的今天，只要有灾害就有大量的救援志愿者积极参与，民间救援志愿者在防灾减灾工作中发挥了很大的作用，已成为政府、部队之后的第三股重要力量。”王治勇说。

在王治勇看来，目前国内民间应急救援虽然正在发挥重要作用，但也需要规范管理。从“青年强则国家强”延伸开来，也可以说“青年强则应急救援强，应急救援强则应急救援队强”。他认为，越来越多的青年参与到志愿救援队伍中来是好事，但当前民间救援组织本身也面临着几大严峻考验：

一、整体质量良莠不齐。近年来，由普通热血青年组成的民间救援队，正在各个救援领域扮演着重要角色。然而，虽然数量众多，成熟度却不高，民间救援组织今后发展的方向难以确定。

二、“名不正、行不顺”的尴尬境地。针对民间救援组织不断发展壮大的现状，国家在政策和法律上已出台《关于加强基层应急队伍建设的意见》及《自然灾害救助条例》作为支持，但各地落实程度不一。当自然灾害和突发事件来临时，民间救援组织几乎都能快速反应，但各个组织在救援过程中常常单打独斗，有时搜救工作也显得盲目，没有正式身份的民间应急救援组织更是被挡在灾区危险控制线外。

三、队员技能、专业水准方面的良莠不齐。在参与全国各地的救援过程中，王治勇发现不少组织的队员没有系统接受过防灾减灾、医疗救治等相关专业技能的常态化培训，基本依靠“以老带新”模式开展救援培训，组织专业化水平难以提升。

四、资金短缺。民间救援组织开展行动大都经费自筹、风险自担。但是日常办公租赁、培训开支、救援装备购买、志愿人员保险等，都需要持续的资金投入，国内民间救援组织普遍面临经费短缺、难以为继的窘境，更遑论开展救援行动。

王治勇指出的几大问题，是以“过来人”身份说的。当他建立“社工+义工”团队的时候，别人还在以个人或三五成群的方式做志愿；当别人做普通义工时，他转型做救援；当国内有民间救援队伍时，菠萝救援是其中一个，但是这支队伍触觉更敏锐；当别的组织开始转型做救援的时候，他开始思考应急救援如何做得更专业、更科学、更快速。

从党中央到各级政府和社会各个层面，都高度重视志愿工作，王治勇固然欣喜，而且更有动力。但他更多的时候是在思考如何最大化地实现社会力量参与到减灾救灾中，更好地让民间救援组织得到可持续性的发展，更好地发挥民间救援组织在日常救援行动中的便捷性、机动性、灵活性优势。

菠萝救援所需资金方面，成立之初便采用“社工+义工”模式。专职队员一年365天24小时待命，工资全部由队部支付，资金主要来源为政府相关部门购买服务、社会热心人士捐助、菠萝物流支持三方面，主要以“自我造血”来维持队伍的发展。

在组织架构方面，进行专业化分组，设四大部十一个分队，采取梯队式培养模式，创新培训方式。利用年轻人比较喜欢的聊天方式建立“菠萝义工微信群”，每天上午9点半，在群里发义工服务、应急救援现场图片，供大家进行案例分析、探讨，然后再由专业人士进行点评、指正，让大家从对着手机就刷屏消耗时间，转变为对专业知识的学习。整合社会资源，与南海经济开发区人民医院、广东东软学院、佛山电台FM92.4等单位建立共建单位，做到训练有青少年军校支持，医疗保障及培训有医院专业人员支持，网络建设有大学生注入新鲜血液，宣传有电台媒体推广传播。

在应急救援重点服务方面，定位为“城市综合救援”，针对的是城市交通道路保障、城市突发事件应急处理、大型活动安全保障、城市地震救援、井下救援等方面。佛山虽然不是重点、多发灾区，但毕竟是工业大市，佛高区也是工业大区，结合工业企业特点，菠萝救援专门建立了一支危化救援分队。在中国民间救援队伍里面，主攻危险化学品救援的队伍比较少，主要原因是投入大、专业技能要求高等。

传播、培育更多的志愿人才，一直是王治勇追求的公益目标。时至今日，许多市民被王治勇对志愿服务的“痴迷”感染，并加入志愿大军中来。但他认为，不仅需要号召更多人来做志愿，还要加强对志愿者尤其是青年志愿者的培育和引导，要培养更多“小菠萝”。

2016年，菠萝救援服务中心队伍疯狂成长，增加了1000多人，义工很多，但有专业本领的很少。“我们开始控制人数，因为我们是专业救援，非专业人员进来反而麻烦。队员选择强调年轻化、专业化。”为了保证队伍规范管理、稳定健康发展，王治勇决定顺应时代发展，表明态度，坚持党建引领，2016年7月1日，中共佛山市南海区菠萝义工党支部正式成立并举行挂牌仪式，狮城社区钟书记、梁书记及小塘社区党组办公室邓主任莅临现场出席揭牌仪式及指导工作，由佛山少年军校马建华副校长担任党支部书记，佛山市礼仪文化研究会会长陈百赞等担任支委委员，现有党员19人，其中流动党员15人。王治勇于2016年7月1日申请加入中国共产党，现为入党积极分子考察阶段。党支部还成立了菠萝义工党员志愿服务队，主要提供专业化的救援服务和常态化的志愿服务。

“成立党支部，开展党员活动，与佛高区中国银行狮山支行结对共建等，目的都是为了熏陶菠萝救援队伍里的青年志愿者，让他们的灵魂在这里得到洗礼，让他们不羁的内心世界充满爱，最终成长为一名弘扬向善、承载奉献精神的合格志愿者。”

“假以时日，我相信这些‘小菠萝’都能成长为真正有价值、有内涵的‘大菠萝’。”王治勇信心满满。佛山是一座乐善之城，他希望有更多“菠萝”参与传递善心，播撒爱的种子。

“当今社会捐钱做好事的老百姓、企业家很多，但是像王治勇这样亲力亲为做志愿者的老板却很少见！因为可以说他是在用生命做志愿，将志愿当成了自己的事业。他不但自己做，还聘请了专职队员，还有那么庞大的‘社工+义工’队伍。据我了解，在佛高区狮山镇，只要市民一个求助电话，他的队伍15分钟左右就可以到达并给予帮助。在全国只要有重大自然灾害，队伍可以在2个小时内集结完毕出发，24小时内赶到国内任何一个地方。在人的一生中，做一件好事容易，长期做下去就不容易了，而且还是24小时服务！”广东省城市社区建设研究会常务副会长郑先生认为。

是的，实现一名志愿者或者一个民间志愿组织的价值，仅靠一个人或者一个团队去做肯定是不够的，需要不断地培育更多的志愿骨干，撒播更多爱的种子。当有更多专业的志愿者参与进来，每人只要付出一点点，社会将更加幸福温暖。

中共佛山市委宣传部副部长、佛山市文明办主任甘女士也号召全体市民及新佛山人“携手菠萝义工，共建大爱佛山”。

广东省民政厅救灾处李处长对菠萝救援赞赏有加，欣然寄语：“心系灾区困难群众，彰显菠萝义工情怀。”李处长认为，菠萝救援服务中心是一个“专业性强、行动快、贡献大”的社会民间组织，这个组织需要政府的支持，也需要社会的支持。政府应该大力表彰这些无私奉献的民间组织与个人，同时搭建更多的公益平台，以激发群众参与公益活动的热情。

2017年11月21日，广东省精神文明建设工作座谈会在广州召开，传达学习全国精神文明建设表彰大会精神，动员部署新时代广东省精神文明创建工作。座谈会上，省委书记、省长会见了王治勇等广东省精神文明建设工作先进典型代表并合影留念。省委书记代表省委、省政府向受表彰的先进典型表示祝贺。他强调，要把学习宣传贯彻党的十九大精神作为当前和今后一个时期的首要政治任务，深刻学习领会习近平总书记关于社会主义精神文明建设的重要论述，积极培育和践行社会主义核心价值观，深入开展文明创建活动，突出创建为民，努力提升全社会文明程度，切实增强群众获得感、幸福感，使精神文明建设站在时代前沿、引领风气之先、充满生机活力。希望各位先进典型代表珍惜荣誉、再接再厉，发挥示范引领作用，带动全省社会各界以永不懈怠的精神状态和一往无前的奋斗姿态，投身到广东贯彻习近平新时代中国特色社会主义思想的伟大实践中，为实现中华民族伟大复兴做出新的贡献。

2017年12月4日

受助感恩，倾情回报社会

杨雯杰

杨淋杰是不幸的，从出生的第一天起，复杂的先天性心脏病就一步步地吞噬着他的健康、威胁着他的生命；杨淋杰是幸运的，因为他只是一名普通的农村患者，却得到了社会上众多好心人的关爱和热心救助，使他终于治好重病，获得新生，并成为一名服务大众、奉献社会的人杰。

有人问道："爱的力量到底有多大？"在获得爱心救治并赢得新生的杨淋杰看来："爱比天还要宽，比地还要广！"因为"爱"像温暖的阳光，使压在杨淋杰心头10多年的寒冰终于得以融化；因为"爱"像一粒火种，重新点燃了杨淋杰的生命之火；因为"爱"又像一颗种子，在杨淋杰的生活和工作中开花结果。

先天重病　不灭希望

1989年，杨淋杰出生在四川省南充市嘉陵区西兴镇一个小山村。刚出生的杨淋杰嘴唇青紫，连手指头的形状都和普通孩子不一样。到他3个月大的时候，被查出患有复杂的重症紫绀型先天性心脏病——左右心之间存在异常通道，因而杨淋杰被大家称为"反心人"。

杨淋杰从小走几步就要歇一歇，极大地影响了他的生活和成长。到了上学年龄，学校老师见他走路不稳，脸色不好，不愿接收他；他妈妈见状非常着急，跪下来求老师，老师经请示领导后，勉强同意让他上学。

杨淋杰好不容易熬到了小学三年级。随着年龄的增长，杨淋杰的心脏越来越承受不了身体的负荷，有一天他在课堂上突然口吐鲜血，晕倒在地……从此杨淋杰辍学回家，这给小小年龄的他带来极大的打击，看见同龄的伙伴们背着书包从自己眼前经过时，杨淋杰不知流过多少次眼泪。他曾经一次一次地在心中呼喊："我要治病，我要上学！"

杨淋杰梦想着有一天能治好自己的病，像以往那样，和同学们一起坐在教室里认真听老师讲课，使自己的知识和才能在学校里不断增长，使自己成为一个对社会有用的人。然而，严峻的现实却令杨淋杰沮丧，由于家庭贫困，他18岁前只能在乡村诊所或小医院开些便宜的药将就医治，一直没有条件到大医院接受正规的治疗。村里的医生不止一次地告诉杨淋杰父母，孩子这种病需要到大医院做进一步手术治疗，否则"小命难保"。

面对孩子的渴望和一次次的恳求，杨淋杰的父母想尽了各种办法为他筹集医疗费用，然而毕竟是杯水车薪，根本不足以去大医院检查治疗。杨淋杰的姐姐高考时本来以优秀的成绩被四川大学录取，但为了挣钱给弟弟治病，她悄悄把录取通知书藏起来，远赴广州打工。她每月挣一千多元钱，给家寄回好几百元。可是父母和姐姐所做的一切努力，又怎能凑齐二三十万元的巨额医疗费用！为了攒钱治病，杨淋杰曾拖着重病到家乡附近的小河钓鱼卖钱，他也曾来到南充市里找工作，但因身体原因未能如愿。

自从离开课堂后，杨淋杰一直坚持看书学习。他向同村学生借来书本，在家里自学，并完成书本上的作业。随着年龄的增长、见识的增多，杨淋杰清楚地知道，在飞速发展的当今社会，没有知识必将寸步难行，他要为自己的未来做打算。他坚信，在伟大的中国共产党领导下，我们这个社会一定会越来越好，自己的疾病一定会得到治疗，自己将来一定会成为一个对社会有用的人。因此他愈来愈渴望有一个健康的身体，既为家庭减轻经济负担，也可为社会做一些贡献。

爱心接力　心怀感动

2001年1月，渴望求生的杨淋杰拨通了南充市电视台《相约三频道》栏目组的热线电话，把自己的病情和困境告诉了记者。电视台的工作人员很快登门采访了杨淋杰和他的父母，并向他伸出了援助之手。在此后的4年多时间里，南充市电视台帮助杨淋杰做电视专题节目，联络新闻媒体为他寻求帮助，带他到医院检查身体，发动社会各界为他捐款，并为他找工作，还给他建立了个人救助基金会，大家尽心尽力地帮助这位与死神抗争的青年。

2006年3月，位于南充市的西华师范大学一位叫张静的学生认识了杨淋杰，张静为了帮助他，专门为他开了博客。之后，一名网友在博客留言说："杨淋杰的情况可以联系一下国内公益网站——中国报恩网。"于是张静帮助杨淋杰联系了该网站负责人段非。对方在了解了杨淋杰的情况后，立即与河北医科大学第一医院取得联系，并传去了相关资料，进而获知对杨淋杰进行治疗的可能性及所需费用。

地处南充市的川北医学院、南充职业技术学院等院校的学生在获悉杨淋杰的重病有治愈的希望后，从当年10月开始，开展了帮助杨淋杰的"爱心接力"活动，同学们利用周末走上街头为他募捐。

2007年9月下旬，杨淋杰在确认河北医科大学第一医院同意对他进行救治的消息后，立即在家人陪同下赶往石家庄。杨淋杰被接到医院后，一直受到医院护士的悉心照顾。在经过医院体检并做出治疗方案后，杨淋杰这才知道众多好心人为其筹措的治病费用与实际费用尚有差距。

为了使杨淋杰不因钱款不够而影响治病，祖籍邢台威县，出身于文艺世家的中国报恩网志愿者贺冉飞很快将杨淋杰缺钱治病的信息传递了出去，并向河北省文联等单位呼吁救助，于是南充人杨淋杰的病情，牵动了千里之外数十位书画家的心。2007年10月13日，河北省文联、省美协与中国报恩网联合在河北省文艺家活动中心主办了一场名为“京津冀爱心画家救心工程”的书画义卖活动，京津冀的30位知名书画家齐聚现场作画。画家们现场共创作近30幅画，次日继续举行笔会。画作通过省文联等单位义卖后，所得款项全部捐给杨淋杰用于治病“救心”。

杨淋杰在医院输完液后赶到作画现场。“希望你像这风中的竹子一样，迎难而上，战胜疾病……”68岁的国画名家李智纲一边将自己刚刚创作的画作《风竹》挂在笔会现场，一边对杨淋杰进行鼓励。著名画家王春景也很快绘就了一幅少女拜月图《祈祷》，他对杨淋杰说：“这幅画表达了我们画家对你的良好祝愿，希望你早日康复。”杨淋杰被画家们的举动深深感动，他热泪盈眶地连连鞠躬道谢，表示自己一定要努力战胜疾病，痊愈后报效社会。

成功手术　重获新生

2007年10月14日上午9时，在经过医院专家会诊后，主刀医生王军对杨淋杰实施手术；下午2时许，王军宣布手术成功。众多关心杨淋杰并来到医院的好心人如释重负，杨淋杰的母亲激动得潸然泪下。据了解，杨淋杰接受的是双向格林分流手术；术后，其心脏的病症已得到缓解。

14日晚上，想到就要出院回家，杨淋杰怎么也睡不着，“是社会爱心人士和医院使我重获新生，我真舍不得离开！”杨淋杰如是说。出院时，杨淋杰把3面锦旗分别送给了医院、心外科大夫和护理人员。“感谢所有关心和帮助我的医护人员，你们不但给了我第二次生命，还给了我无数的关爱和温暖。你们的关怀和关爱，对我来说是一笔终生享受不尽的宝贵精神财富！”杨淋杰很是激动。

“回家后要保重身体，以崭新的面貌迎接今后的生活。”医大一院院长这样勉励杨淋杰；党委副书记则代表医院，把他们精心挑选的10本励志读物塞到杨淋杰手中，鼓励他以后好好学习，报效社会；为杨淋杰主刀的心外科主任王军叮嘱杨淋杰："这次手术非常成功，以后你可以像正常人一样生活，包括结婚生子，但注意不要过度劳累，不要从事重体力劳动。"恩人的话永远铭刻在杨淋杰心中，和他们分别的场景至今历历在目。

15日22时许，医大一院先心病救助办公室的王保中等医护人员把杨淋杰母子送到了火车站，目送母子俩进入了候车室。"谢谢石家庄所有关心我、帮助我的人，谢谢你们给我的关爱！"杨淋杰感激地说。16日0时15分，带着感激和希望，杨淋杰和母亲告别石家庄，乘上了返家的1389次列车。杨淋杰说，其实他们可以乘坐白天的列车，之所以选择这个时间的火车，"是因为这个时间是一天的结束，新的一天的开始，就像是我结束了过去，走向新生一样"！

杨淋杰刚到石家庄治病时，连慢步走路都气喘吁吁，提两公斤重的行李就大汗淋漓，现在他可以健步如飞走上几百米了，而且单手提5公斤的重物也面不改色心不跳。

感恩社会　逐步圆梦

杨淋杰在接受手术前，曾经立下誓言："如果自己能够活下来，就一定要努力完成读书、找工作、回报社会、捐献遗体四个心愿。"

2008年1月的一天，杨淋杰在路过南充市北湖公园时，发现一群学生正在广场上开展募捐活动。他赶紧上前询问，得知西华师范大学一名叫李蓓的学生患上急性白血病，急需一大笔钱治疗，而她的家庭却无力承担这笔费用。于是杨淋杰立即帮李蓓联系爱心人士为她捐款，短短一个月时间，就帮助李蓓筹集到10多万元善款。这件事情后，杨淋杰有了成立志愿者协会的想法。他想，有了慈善组织，就可以名正言顺地开展公益活动，就可以发动更多的志愿者来帮助更多需要帮助的困难群众，以实现自己"回报社会”的承诺。

随后的几年，杨淋杰辗转南充各大公益团队学习，积累经验。同时，他开过童装店，当时每卖出一件衣服，他会拿出两元钱来帮助他人。在此期间，杨淋杰借来书本坚持学习，不久便成功考入南充一所大专院校，实现了他的第一个愿望。

2011年春节，正在南充市读书的杨淋杰毅然决定放弃回家过年，和几名同学来到南充火车站，报名参加了春运志愿者服务活动。杨淋杰和其他志愿者每天在火车站帮着乘客拎包、引路、购票等，每天从早上7点半到岗，一直要忙到晚上8点多，有时还要加班，每天10多个小时下来很让人吃不消。结果第一次和他一起做志愿者的几名同学都走了，就剩下他一人坚持到了最后。

杨淋杰说：“第一次参加春运志愿服务，就给我留下了美好的记忆，在自己帮助行动不便的乘客的过程中，从对方的感谢声中，我享受到了心情的愉悦。”有一天，杨淋杰正在候车室给旅客送开水，突然发现一位婆婆手紧捂胸口，脸色发白，他赶紧上前询问。婆婆艰难地说了一句：“我感觉很难受。”杨淋杰赶紧拨打了120急救电话，并弯腰背起婆婆出了候车室，往车站广场走去。几分钟后救护车赶到，婆婆被救护车接去了医院。

巧的是，两天后杨淋杰居然在火车站又碰到了那位婆婆，婆婆一下就认出了他，拉住他的手连说谢谢。“婆婆的一声感谢，让我决定要坚持做一名春运志愿者。”杨淋杰说。自此，每年春运期间，杨淋杰都会带领志愿者到火车站为广大旅客服务，从未间断。他们每天为旅客指引进站方向，答复乘客咨询，维持站内秩序，帮扶残疾乘客上下车等。今年已是杨淋杰连续第7年参与春运志愿者义务服务活动了。7年来，杨淋杰及所带领的志愿者已经累计帮扶两万多名旅客，却没有回家与家人一起过一次年。

“做春运志愿者，我觉得最对不起的是我两岁的儿子……”杨淋杰说。今年大年三十当天，他一早准备出门时，儿子却堵在门口，抱住他的腿闹着说："爸爸不要走，爸爸不要走！"儿子坚持不准杨淋杰出门。杨淋杰一狠心把门关上出了门，只听见屋里的儿子大哭了起来。听到儿子的哭声，杨淋杰感觉很心疼，可是没有办法，他必须得走，因为火车站那边也需要他。

每年春运期间，杨淋杰和志愿者在火车站帮人扛行李、带路、取车票，每天忙得不亦乐乎。杨淋杰说："虽然累点，但是看着这些乘客在离开车站时给我们说声谢谢，说一声再见或者给我们一个微笑，我就觉得很开心了！"

完成心愿　更好地回报社会

杨淋杰记得庄子曾经说过的话，翻译成白话文就是："浅水是载不起大船的，一杯水洒在地上，只能漂起草叶。"他说，只有大江大海才能承载大船。做慈善事业，只有凝聚更多更大的力量，才能够帮助更多需要帮助的人，才能为政府和社会分担一些压力，才能产生更大更好的效果和社会反响。为了更好地回报社会，实现自己的愿望，2015年4月，杨淋杰发起成立了"顺庆区怡然志愿者协会"，不久又成立了"远昊社工服务中心"，并先后在顺庆区民政局登记注册。

从2015年初开始，杨淋杰积极参与了南充民革开展的关爱南充抗日老兵活动。当年，杨淋杰带领志愿者先后成功迎送了两名背井离乡、定居安徽阜阳和江西萍乡七八十年的抗日老兵回故乡省亲祭祖。当年7月1日至4日，离开南充市顺庆区辉景乡大堰沟村84年的102岁抗日老兵郑天付及女儿、女婿从阜阳回到故乡，郑老见到了亲人，祭拜了父母；9月17日至21日，阔别故乡76年的95岁抗日老兵王朝汉和女儿一行，从萍乡回到南部县龙庙乡，王老见到了弟媳和侄儿们，祭拜了父母。两位回到故乡的抗日老兵及亲人，得到以杨淋杰为首的志愿者全程陪同，志愿者热情而周到的服务，深深地感动了两名抗日老兵及亲人，感动了来自阜阳和萍乡两地的志愿者。

鉴于杨淋杰的杰出表现，民革南充市委于2016年初发展他成为民革党员。此后，杨淋杰始终把抗日老兵的冷暖挂在心上，每逢国家法定节日都要带领志愿者上山下乡，慰问抗日老兵。抗日老兵及其亲属把杨淋杰当作亲人一般看待，一旦老人生病或过世，家人都要给杨淋杰打去电话，杨淋杰也总会抽出时间上门探望生病老人，或吊唁去世老人。杨淋杰多次对志愿者表态说："我们一定要把关爱抗日老兵的活动开展到底，直到最后一位老人离开人间！"

如今由杨淋杰任法定代表人的两个民间慈善组织拥有的志愿者已超过1000人，大家团结在杨淋杰周围，不断地为需要帮助的人提供力所能及的帮助。他们照料盲人或行动不便的人进站乘坐火车、向偏远乡村学生送爱心、慰问农村留守儿童、为孤儿寻亲、为福利院里的老人过生日、帮助背井离乡的抗战老兵回故乡省亲祭祖、节假日或平时上门慰问抗日老兵等。

2016年下半年，杨淋杰发起在火车站建立"志愿者服务岗亭"的建议，很快得到顺庆区政府和团委的响应和支持。由杨淋杰负责的独立式"志愿者服务岗亭"先后在南充火车站、南充火车北站、南部县火车站广场建立起来。不论节假日还是平时，"服务岗亭"始终有志愿者为广大旅客提供信息咨询、应急帮助及文明宣传等服务，小小岗亭已经成为南充城市文明的窗口和一道靓丽的风景线。

"从现在起至明年初，我们还要帮助一个患有心脏病而家庭经济困难的少年筹集资金做手术。"据杨淋杰介绍，他们所帮助的这名少年刚满13岁，患上了和杨淋杰当年同样的疾病，因家庭贫困，难以就医。相似的经历，让杨淋杰感同身受："确实治这个病要花很多钱，筹集钱款也不容易，但是我相信社会上还是有很多好心人的，我们只要不放弃，梦想就一定能实现。人生最重要的就是要充满希望，希望没了，就什么都没有了。”杨淋杰经常和这名小朋友通电话，用自己的经历和体会鼓励他、帮助他。

除了上述志愿者服务以外，杨淋杰还积极参与扶贫攻坚工作，尽心尽力帮助困难群众。2017年3月，他带领志愿者前往南充市凤山镇马家山三百梯村，为当地22户困难群众送去一批农作物种子；5月份先后三次与区政协领导前往三百梯村，为贫困群众送去粽子、食用油、大米、种子、现金等等，并与他们共度端午节；6月份组织志愿者前往该村帮助村民收获四季豆、豇豆等蔬菜；10月4日与区政协领导再次来到三百梯村，为每户困难群众送上了月饼、米面和油等食品，并当场捐给困难群众现金，为贫困群众送去了节日的问候与祝福，使他们感受到了社会的关爱和温暖。

服务社会　荣誉加身

2016年5月中旬，杨淋杰受邀到石家庄河北医科大学第一医院复查身体，该校学生会获知消息后，盛情邀请他为全校两百多名志愿者讲课。杨淋杰以自身的受助经历和切身体会，就其开展慈善事业的经过、感受和成绩做了介绍，对中国慈善事业的发展做了宣传。在座的志愿者为他的讲述感动不已，纷纷表示受益匪浅。讲课结束后，一些志愿者围着杨淋杰签名并合影留念，至今该校和石家庄的一些志愿者仍和杨淋杰保持着热线联系，经常就开展社会公益活动的情况和收获进行交流。

如今，杨淋杰不但是民革党员、两个民间社团的负责人，还是南充市顺庆区政协委员；如今，杨淋杰已经获得诸多荣誉称号。他知道，荣誉不仅仅意味着收获，也意味着付出和责任，还意味着更高的标准和更严的要求。

近两年来，由杨淋杰领导的“怡然志愿者协会”和“远昊社工服务中心”因成绩突出、社会影响广泛而获得了一系列荣誉称号。例如，被共青团中央青年志愿者工作部和中国青年志愿者协会联合授予“优秀志愿者服务团队”荣誉称号，被共青团四川省委、四川省青年志愿者协会授予“第七届四川省青年优秀志愿组织”称号，被四川省青年志愿者协会、成都铁路局团委授予“四川省2017年铁路春运志愿服务‘暖冬行动’先进集体”荣誉称号，被顺庆区委统战部授予“南充市顺庆区社会组织统战工作示范单位”称号。

近两年来，杨淋杰先后获得诸多殊荣。被共青团全国铁道团委、全国铁路青年志愿者协会评为“青年志愿者优秀个人”，被成都铁路局南充火车站评为“优秀带队干部”，被四川省精神文明建设办公室授予“四川好人”荣誉称号。最近，杨淋杰成为由中央文明办主办、中国文明网承办的“我推荐、我评议身边好人”活动候选人。

杨淋杰积极回馈社会、奉献爱心的事迹受到一些新闻媒体的关注，南充电视台曾经先后3次对其开展的社会服务工作进行专题报道，《南充日报》《南充晚报》《石家庄日报》以及河北广播电视台等多次就其开展的慈善事业和先进事迹进行宣传报道。

“为了这份责任感，我一定不忘初心，把公益慈善事业进行到底。”这是杨淋杰对当年帮助过他的爱心人士的一种感恩和承诺。说起现在正在干的这些事情，杨淋杰充满了激情和感情。他说：“追根到底，就是我一直有一个梦想：我大学读的是铁路专业，我想以后可以成立一家公司，专门给川东北所有的火车站提供人才服务和便民服务。心中有梦想，奋斗就有方向；有方向，就有前进的力量！”杨淋杰决心将慈善事业作为他为之奋斗终生的职业来做，以真情回报社会，回报关心他、支持他的好心的人们。

如今，杨淋杰身体已经完全康复，他在建立志愿者协会、帮助他人的过程中，不但积累了一些经验，获得了很大的快乐，而且使自己所从事的慈善事业有了较大起色和美好的前景。在杨淋杰的带动和组织下，在全体志愿者的辛勤工作和无私奉献下，南充的志愿者服务事业发展快速、成果显著、影响广泛，有力地弘扬了社会正能量，这使杨淋杰倍感骄傲和自豪。他说："我现在正一步步靠近我的梦想，在逐步实现我的愿望，我想让更多我们帮助过的、曾经或正处于困境的朋友知道，人生走慢点没有关系，只要我们肯一直走下去，终究会到达我们想去的地方！"

把梦留住

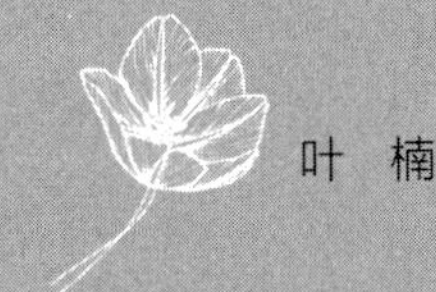

叶 楠

2005年，大雪纷飞中，我问："大家想过将来做什么吗？"

10年后的今天，我还记得曾经耕耘于大西北黄羊川的台胞温世仁先生那几句小诗：

我们像一群孤独的战士/背负着似乎不可能完成的任务/行走在西部的草原和黄沙之中/我们前进的动力/来自对苦难同胞无法抑制的关怀/和一种不灭的信念/深信在我们背后有一股无与伦比的力量/正蓄势待发/它的名字叫作——中国！

那是2004年的一个午后，我在厦门大学多媒体教室中看书看得眼皮直打架，便打开电脑，无意间点开了这个视频，看到了上面这段话。海峡那头温先生的梦想，在那一瞬间，如星辰闪耀在我眼前，鼓励着我有勇气迈向那从来没到过的地方。遥远的西北，那些没有见过面的孩子们的梦想，如此清晰地贴近我的心房。

10年过去了。10年来，我们一直都在世界的各个角落奔跑，不断跌倒，不断爬起，继续往前跑。因为前面是我们最初的梦想。

2005年，我和厦大支教队友们一起坐在隆隆作响的绿皮火车里，从厦门到郑州，从郑州到西安，从西安到固原，从固原转海原。我和支教队友沈潇抵达支教地宁夏海原县西安乡中学时，已经是凉意袭人的秋天。正是开学时节，注册日那天，我看到在校门口，一个瘦小的孩子低垂着头和一个苍老的男人说着什么，那个男人背微驼，从口袋里面摸了很久，把一沓钞票递给那孩子。孩子没有伸手，男子轻轻叹了口气，把钱塞到孩子手里。

这孩子边走边回头看向校门口慢慢离去的父亲。他在注册点写下自己名字的时候，我站在他身后，看了一眼。他用正楷写下自己的名字：霍有季。

我心里默默记下了这个孩子，这个被同学戏称为“小老鼠”的少年。我不是他的任课老师，但因我住在男生宿舍隔壁，偶尔能在宿舍门口和他聊几句。他话不多，语气坚定。

那年的雪下得特别大，县上通知学校参加法律知识竞赛，从接到比赛通知到比赛开始，准备时间只有一个星期。我和沈潇立即进行了一次校内代表队队员选拔，报名的学生有几十人，最后3个学生脱颖而出：个子高高的女生张梅，眼睛大大的女生张明洁，还有就是成天手中捧着一本书的霍有季。读初三的他身板如小学生般瘦小，却一直微笑着，表情淡定。布置完比赛任务后，3个孩子扛着厚厚一摞资料回家或者回寝室了。

第二天，我们把3个孩子叫过来询问练习进度，霍有季居然如竹筒倒豆子般，把正确答案基本都背了出来。这让我们很是吃惊。霍有季认真说道：“我从昨天晚上到现在一刻不停都在背。”我看着他黑黑的眼圈干干的嘴唇，心里有点儿酸。后来，听张梅说，霍有季一直很想上一次县城。

准备比赛的四天很快过去了，他们一脸严肃虔诚地背诵着知识点。第一次走出大山的小小愿望，仿佛越来越触手可及。

大雪覆盖了通往县城的路，却挡不住我们坚持的心。第一次来到被他们称为“城里”的县城小镇，霍有季似乎感觉不到零下20多度的寒冷，兴奋地到处张望。比赛前一天晚上，我带孩子们来到招待所边上的“牛娃串串烧”。冒着浓烈孜然辣椒味的烤羊肉，摆在我们面前。孩子们缩缩脖子咽了一下口水，沈潇道：“晚上我们不分老师同学呦，只要肚子受得了，放开胃口吃啊！”3个孩子对视一下，都拘束地笑着拣了一串开啃。大家一边啃得满口酥香，一边海阔天空地聊起来。

我问：“大家想过将来做什么吗？”霍有季眨眨小眼睛道：“老师，你去过西安州老城墙吗？”霍有季的家就在西安乡的西安州古城墙根，之前家访的时候我去过，我说：“当然，那是西夏、蒙元的必争之地。很壮阔雄伟。”霍有季笑道：“是的。所以，我想以后开个公司。”朴实的霍有季竟说出这句豪言壮语，让我们有点惊讶。“开公司？！”两位女生一脸不屑，“吹牛吹牛，开公司要花好多钱哪！”霍有季认真地说：“我想在西安州老城墙那里开个旅游公司。把城墙重新修好，弄一个西夏主题的旅游公司。”张明洁看他说得振振有词，便问：“谁会去那儿旅游呢？不就是一个大土疙瘩嘛！”霍有季神秘地笑笑：“我有办法。”“净吹牛！”两位女生受不了被吊起胃口的感觉，“吹牛不上税！”

我笑道：“挺好的，我就很喜欢西安州的！那你们两个呢？”张梅说：“我要环游世界！”我和沈潇又是一惊，忙问：“怎么个环游呢？”张梅轻轻挥挥手上的羊肉串：“当记者呀！又能工作，又能在世界各地跑着。”霍有季很老成地点头：“不错，可行。”仿佛张梅的梦想经他批准就实现了。张梅哭笑不得：“比你的公司靠谱！”我说：“真好，你们的想法都很精彩！明洁呢？”张明洁说：“老师，我以后想做主持人。”她是西安中学首席学生主持人，声音清脆响亮，肢体语言得当，更重要的是，每次她一上台，脸上就绽放着自信的光芒。沈潇道：“好！你有这个天赋，老师相信你！”张梅和霍有季也一起称赞：“你能行的！你天生就是主持人的材料！”虽然是诚挚的夸奖，在台上自信开朗的张明洁此时却害羞地低下了头。

走出烧烤店，街道已经被厚厚的积雪覆盖，几乎看不到行人了。大雪纷飞中，霍有季轻声问我：“老师，我的梦想能够实现吗？”我认真地回答：“坚持下去，全世界都会为你的梦想让路。”

第二天的法律知识竞赛，三个孩子配合默契，表现出色，尤其是霍有季在最后抢答环节力挽狂澜，我们戏剧性地夺得了第二名。许多年后，我们已经忘记获得了什么奖励，我却永远记住了霍有季那一晚勇敢说出来的梦想。

2007 年，我收到了他的信：“老师，我考上县里的一中了！”

2006年的春天，沙尘暴依旧肆虐。我们终于联系到了一笔“一帮一助学金”，孩子们可以申请每年200元的补助。钱很少，名额也不多，虽然是杯水车薪，我们还是按照惯例让孩子们主动申请，尽量给最急需的。一天晚自习后，我看到了霍有季用作业纸写的那封信：

亲爱的支教老师：

你们好。

我现在就读于本校九年级（1）班，家住离此不远的老城村，家庭成员有爸爸、妈妈、哥哥还有我。爸爸是一个地道的农民，妈妈有病，体力大不如前了，但是为了我与哥哥的学习，爸爸妈妈还是不惜一切代价，把我哥哥上千元的学费寄托在每年打粮不到1000斤的两亩地上。唉，我真是由衷地为自己的家庭条件而难过。前年，哥哥等到了海原一中的录取通知书，我真为哥哥的优异成绩感到自豪，但也同时感到有压力，因为上千元的学费是我们这个贫困家庭所承担不了的。为了能让我和哥哥有一个好的前途，爸爸向旁人去借“高利贷”，甚至去医院卖了好几次血。在这两年里，为了供我和哥哥上学，父母不惜砸锅卖铁，已经欠了亲戚朋友上万元钱了。希望你们向我伸出援助之手，不为别的，只为能减轻父母的负担。

这是几百份类似的申请书中的一份。我翻看到深夜，一夜无眠。第二天清晨，天将拂晓的那一刻，望着窗外的光明，我沉重的心奋然一振。天亮了，希望定不会断的。

离开西海固前的一个夜晚，霍有季走到我跟前说："老师要走了吧？"我点点头。他说："老师走之前，能送我一件小东西做纪念吗？"我环顾四周，在枕头下掏出一本书，说："这本《管理学原理》是我大学的课本，我觉得里面有很多道理我们都能用到。"

他轻轻抚摸着书皮，说："老师能帮我写几个字吗？"我打开扉页，认真地写了几个字："追求卓越，容忍失败。"我说："这几个字也是别人赠予我的，我觉得是很有力量的话。希望你在追求自己梦想的路上，能有这几个字相伴。"

这一刻，我想起了10多年前，在国家级贫困县的一个小村里求学的自己，收到大山外爱心人士邮寄来的一本书，那本书扉页上写着同样的这8个字。

回到厦门后，我一直和孩子们保持着书信交流。霍有季马上就要中考了，我写信告诉他暂时不用给我回信，安心备考。可没想到，消息一断就是4个多月。我忍不住了，给西安乡中学的李校长打电话，得知了霍有季落榜的消息……

许多孩子，没有上高中的机会，最后只能选择背井离乡打工，离开了学校，他们常常音讯全无。我赶忙写了一封信邮给还在初三的张梅，请她帮我交给霍有季。信的内容很简单，最后一句话是："梦想还在那里，我们一起去实现，追求卓越，容忍失败；我相信我们能坚持下来，任何不能把我们击垮的困难，只会让我们更强。"

几周后他给我的回信，最后一句话居然是一句歌词："心若在梦就在，天地之间还有真爱，看成败人生豪迈，只不过是从头再来！"反复地看着手中的信，与他遥隔千里的我，也不由自主地哼唱了起来。

一年后的夏天，我收到了霍有季的信："老师，我考上县里的一中了！我考上县里的一中了！"

霍有季没有手机，家里也没有电话，更没有电脑与我视频见面，我看到信上的那几个跳跃的字，仿佛看到他笑眯眯几乎把小眼睛都掩没的样子。

"老师，我下一个梦想就是考上厦门大学，中国最好的大学！"他在信里写到，"我要像您一样，在芙蓉湖边读书，在白城沙滩边跑步。"——经过一年的"洗脑"，我班上的孩子们都知道在中国的东南沿海，有一所"面朝大海，春暖花开"的大学，在我和他们眼里，世界上只有两种大学：厦门大学和其他大学。

高考前的冬天，霍有季渐渐和我断了书信联系。一开始我想，或许是学业太忙了，在千里之外我选择默然等待。有时候在路上看到"宁"或"西"字，就会想起大西北深深山坳里的那些孩子，这似乎成了一种本能。为了节省他的时间，我也暂停了给他写信。然而有一天我却从其他孩子的信里，得到了一个让人难过的消息：霍有季失去了他的至亲……

在温润的南国鹭岛，我却再次感受到西海固的刺骨寒风。我不知道瘦小的他是否还能迈出哪怕小小的一步。电话已经联系不上他，提笔了很久，信笺上却还是白纸一片。

那天快深夜的时候，我收到了一条陌生号码的短信："叶老师，最近学业比较忙，很抱歉都没有给您回信。请您放心，我一定会坚持下去，走出自己的一片天地。霍有季。"

我知道他没有手机，应该是找老师或同学借的。手机的荧光微弱，却刺得我几乎要流泪。那一刻，我相信，他已经从一个男孩成为一个男人。

几个月后，一封来自西北的信给我带来了消息："老师，我的分数不够上厦大，但我以后也一定会到厦大去。"

我不能在母校迎接霍有季，那是我多少次憧憬的场景。但我内心还是充满了幸福感——我想霍有季心里也是如此，因为我们一直在路上。

上了大学后，霍有季拥有了属于自己的通信工具，他申请了一个QQ，他加我为好友的时候，我看到签名档上的个人简介：“追求卓越，容忍失败！”

在学校的机房里，他常常给我留言：

“老师，我终于到南京了，我第一次来到大都市。心情就像当年第一次上县城一样。”

“老师，我申请到了国家助学贷款了，请您放心。我已经能照顾好自己了，请您资助比我更需要的人吧。”

“老师，南京的物价真是不低啊，不过我觉得机会也真的很多，呵呵。”

“老师，我找到了两份兼职，虽然都是体力活儿，不过感到很充实。”

“老师，我应聘上了腾讯公司的兼职岗位！这是我喜欢做的事情，我一定好好干。”

“老师，今天公司说让我做南京地区的主管……嘿嘿。”

2013 年，他在 QQ 上问：“老师，我的公司要开业了，您能来吗？”

2013年的一天，下班后，我打开QQ，那个熟悉的头像弹出来：“老师，我创办的公司马上就要举行开业仪式了，不知道您有没有时间能来呢？”

那一刻，我想起了2005年的那个雪夜，他轻声问我：“老师，我的梦想能够实现吗？”

这年的初夏，有一部电影叫作《致青春》，让我又想起了在西海固肆意挥洒青春的那一年。2013年12月的一天，我和霍有季各自从北京和南京出发，终于一起来到了厦门大学。已经是大四学生，同时也是一家文化传播公司总经理的他和我彻夜长谈，畅聊产业发展，如同置身于西海固高原上那一间被呼呼北方吹破的黄土屋里，壮怀激烈。这就是梦想的神奇，时间不知道都去了哪儿，我们却已经一起飞过了茫茫戈壁滩。

第二天，在厦大颂恩楼，我又见到了许多支教的伙伴，杨振斌老师再次用热情的话语激励我们志愿者，新一批的西部支教队又将启程。我似乎又听到2005年开往西北的列车在呼啸，我相信这雄壮的声音从未停止。此时，我身边的霍有季，和我当年相仿的年纪，已经有了近四年志愿者工作的经历。

我们一起漫步在厦大芙蓉湖畔，向每一个迎面而来的陌生人点头微笑。霍有季特意到厦大图书馆门前留影，当走到一尊铜像下时，霍有季问我："老师，这位先生是——"

我满怀虔诚地说："厦门大学创始人，陈嘉庚先生。"霍有季静静仰视着，我缓声道："大约100年前，嘉庚先生从南洋创业成功回乡时，厦门还是一个各方面都很落后的小渔村。先生决心倾资创学，即使在自己的企业遭受世界经济危机重创时，他仍然抱定'一息尚存，此志不减'的精神，为兴学而不惜破产。厦大有'四种精神'之说，其中首推嘉庚先生的爱国精神。"

霍有季沉吟了很久。

2014年春天，霍有季告诉我，他和伙伴们创办的江宁青少年公益发展中心即将获得批准，这应该是南京地区首家面向志愿组织和青少年服务团体的社会组织孵化中心。接电话的时候，我正走在天安门广场，这里红旗飘扬，人们轻快地自由穿梭。

回望西北，当年躬耕于大西北的温世仁先生业已仙去，但他的梦想却不再孤独。生活还在继续，脚步从不停止，霍有季继续在创业路上踏实笃行，张梅已经收到了IBM的邀请，张明洁在宁夏接过了西部大开发的接力棒，我也已经在教育与体育行业的工作岗位上奋斗了5年。作为13亿人中的普通一员，我能感受到13亿人有13亿个梦想，这梦想盛在早餐的豆浆里，这梦想载入拥挤的公交车中，这梦想随着每次键盘敲打而唱起歌来，这梦想浮现在每一张淳朴的笑脸上。大时代，就是让亿万个小我有能力实现大梦想。在时代洪流之下，对一切奇迹，我们或许都不应该讶异。一路追寻，唯梦与爱。梦是方向，爱是力量。

善德薪火路

游　磊

引　子

一个从偏远乡村走出来的普通农民工，他的一举一动却最能牵动家乡近800名鳏寡孤独老人们的心：

他凭借什么能耐，带领着家乡1万多名农民工兄弟每年挣取2亿元的劳务收入？

他心怀什么信念，先后获得“全国优秀共产党员”“全国道德模范”“全国劳动模范”“全国五一劳动奖章”等荣誉称号？

他究竟做了什么，被选为党的十八大、十九大代表和中华全国总工会执行委员会委员？

他身上有着怎样的动人事迹，曾先后七次受到习近平总书记的亲切接见，还被李克强总理赞誉为“中国农民工的杰出代表”？

……

他，就是中建七局一公司项目经理、信阳市潢川县双柳树镇驻郑州农民工党支部书记黄久生。

为解读他人生奋斗的历程，探寻其善德薪火之路，今年盛夏时节，我冒酷暑、顶烈日，从郑州到信阳，去潢川、赴双柳、转晏岗，辗转千余里，走访数十人。所到之处，所见所闻，令人震撼。那些鲜为人知的故事终于浮出水面。

上　篇

苦并温暖的人生经历，使他心中萌发一个念想

时间回溯到1971年的隆冬时节，这一年似乎比往年更加的寒冷，河南信阳潢川县双柳树镇晏岗村周围的大地一片灰黄，风呼啸着，夹杂着雪花，卷起贴附在坑洼而阴湿的沟底的残叶，把残叶一阵高过一阵地抛向空中。风声和着声声凄厉的哀号，让人肝肠寸断，哀恸不已。

村中一位中年农妇带着遗憾和不舍，撒手人寰。

乡亲们眼泪汪汪地为她料理完后事，又无不为她撇下的三个年幼的孩子感到难以言状的揪心和不安。

去世的中年妇女，就是黄久生的母亲。那年黄久生才刚满6岁，身边还有一个4岁的妹妹和年仅2岁嗷嗷待哺的弟弟。

由于生活难以为继，父亲接受了乡邻的好言相劝，出于无奈只好把两岁的弟弟送了人。

“弟弟还小，临走的那天他死死地抓住我的手，不愿离去，我和他一起扯着嗓子哭，后来还是大人们硬掰开我的手，把他抱走的。”坐在我对面的黄久生回忆起那天的情景已是泣不成声。

父亲为把两个年幼的孩子养大成人，只好走街串巷，靠给人家补锅镶瓢维持生计，这样一来，就很少能常年待在家中照管他和妹妹俩。家，对于那时的黄久生来说，仅剩下风雨飘摇的两间破草房和一个不谙世事的妹妹。

“母亲临终前把我和弟弟妹妹托付给了邻居吕中秀大娘，吕大娘只说了句：‘你放心吧，以后只要有我家孩子吃的，就不会让你的孩子饿着。’”黄久生擦了擦心酸的泪花哽咽着。

那些年，吕中秀老人没有辜负这句看似简单的承诺，艰难的生活面

前，她没有委屈久生兄妹俩。

黄久生清楚地记得，母亲离世后第一个春节的除夕之夜，是吕中秀大妈把家里仅有的20个过年吃的白面饺子，偷偷给他兄妹俩端来了5个。

那5个白菜肉馅饺子，是迄今为止他和妹妹认为所吃到的最香、最有味的饺子。

1976年的冬天，兄妹俩没有棉鞋过冬，冰天雪地里，兄妹俩脚上的单鞋都张开着嘴巴露着脚趾头。是邻居叶先珍大婶连续熬了两个通宵，为兄妹俩赶做了两双厚实的棉鞋。

今年6月28日上午，在黄久生老家的院子里，当我问及乡邻照管久生兄妹俩的往事时，留存在年逾八旬的吕中秀老人记忆里的，依旧是阵阵的心疼。我见到这位已被黄久生改称为“妈妈”的淳朴老人，她眼里噙满泪花：“我9岁没了爹妈，见不得没了娘的孩子受苦。”

苦难中，是心地善良的乡亲们伸出了一双双温暖的手，拉扯、帮衬着兄妹俩度过了人生最为艰辛的岁月。

其实，帮衬他们兄妹的又何止是知名知姓的街坊邻居，那年月，十里八乡的好心人知道他们兄妹所处的困境时，都曾明里暗里接济过他们。

黄久生清晰地记得上初中一年级时，每个学生需要交1.8元学费。求学若渴的他只好上山捡柴火，走十几公里的山路挑到镇上卖给炸油条的。炸油条的老乡见他肩膀上磨得尽是血印子，二话不说就收下了。其实他知道，那点柴火在那个年代根本不值那么多钱，人家这是在可怜他、帮助他。

就这样，东家一碗稀米饭，西家一块窝窝头，这家一碟腌咸菜，那家一条旧棉衣，不言不语中传递的温暖之情，默默无声中给予的滴水之恩，使他自小就感受到了人世的温暖，这些也成为这个苦命孩子童年生活中永恒的记忆。

来自乡亲们的这份温暖、这份温情，一点一滴都在他幼小的心里播下了仁义、良善的种子。虽然他小时候自卑得很，不肯吭声，见了人一句话都没有。但每个帮衬过他的人，他都清晰地记得，心里暗暗发誓：将来一定要想方设法回报乡亲！

十来岁的孩子，又能有怎样的能力回报自己的恩人们呢？但他却尽力去做。

上学的路上，看到猪跑进张大爷家菜地了，赶紧帮忙赶出去；

放学回来，他总是背个粪筐，把捡来的猪粪堆到赵奶奶的菜地头；

帮他最多的李小姑奶奶，每次打水都要踮着小脚到村边那口水井处，来回一里地。

久生心里有了主意。

夜深了，劳累一天的人们都睡了，他带着绳子，挑着扁担来到水井旁。把绳子系在水桶上，顺着井沿把桶放下去。然后弯着腰，双手拽着绳头，提着桶在井里使劲晃。劲小，一满桶提不上来，就分几次把一个水桶装满。再把一桶水分成两个半桶，挑上肩往李奶奶家赶。

小路崎岖坎坷，走起来摇摇晃晃。水溅在身上，洒在路上。右肩压疼了，就把扁担换到左肩上……他挑着水，小心翼翼地走进李奶奶家低矮的厨房，不敢弄出一点儿声响。挑第二趟、第三趟……挑完第四趟，已筋疲力尽。

“挑了这桶歇一会儿”，他这样想着。不料一分神，脚下一滑，连人带桶掉进了路旁的塘里。他顾不上浑身湿冷，一把抓住要沉下去的水桶，费了很大的劲，爬上岸。穿着湿衣裳，坐在地上，不知为什么，他忍不住哭了起来。哭罢，擦擦眼睛，双手撑着地重新站起来。他从地上捡起扁担，又朝水井走去。

一趟又一趟，挑到13趟，李小姑奶奶家水缸里的水终于溢出来了。

从李小姑奶奶家院子出来，天已经快亮了。那一年，黄久生才13岁。

上初中的时候，老师让同学们写一篇作文《我的理想》。理想，对于农家的孩子们来说，是多么富有诱惑的话题，科学家、飞行员、工程师……小伙伴们一个个尽情想象着自己的未来……

他在作文中写下的却是："我的理想是当一个大货车司机，我要多拉货，多挣钱，回报那些给我饭吃、给我衣穿的人！"

老师看了他的作文很感动。她让久生把作文读给全班同学听，还把作文抄到教室后面的黑板上。他的老师在村里逢人就说："久生这孩子知道感恩，是个有志气的人！"

众乡亲对他和妹妹的体贴和爱抚，深深印记在懵懂年幼的黄久生心中，从此，一个无论走到哪里都要像乡亲们一样为人从善，做一辈子好人、干一辈子好事的理念逐步在他幼小的心里形成。

他坚信，只要敢于拼打，总会有实现念想的那天

到了1982年，已经17岁的黄久生，怀揣着"当大货车司机、多拉货、多挣钱、回报自己恩人"的梦想，背着一捆破旧的铺盖卷告别了乡亲，从贫瘠的大山中走出，开始了他的打工生涯。

初出茅庐的黄久生，置身繁华的省会郑州时，面对周围陌生的一切，他迷惘了。自己既没有什么技术，也没有亲友可以依靠，就连自己在这个大都市里能干点什么都不清楚。后来，还是在一位老乡的帮助下，他借了一辆破旧的自行车，走街串巷卖起了大米。腿跑疼了，脚磨破了，嗓子喊哑了，他咬紧牙关挺住。常暗暗地告诉自己：出来就不要怕吃苦，怕吃苦就不要出来。不出来在老家又能做些什么，又怎么会有能力回报父老乡亲？

1983年7月，一个偶然的机会，他被介绍到郑州航天建筑公司打零工。这一去，连他自己都没有想到，会在这条路上走得那么远。

工地上，一开始干的是挖土方的活。那时他营养不良，体重还不到100斤。用手推车运土，一到下坡时，瘦弱的身子骨轻飘飘地被撅起来，悬在半空中。后来好心的工友怕他出事，不让他掌把推车，只让他负责上土。他心想，推车推不好，上土咱一定得比别人快，不然对不起人家！

接着，他做起了工地上搬砖提灰的小工。很快，他就成为偌大工地上大工师傅们最喜欢的小工。搬砖，总是随着师傅砌墙的进度，把砖及时地递到师傅的手中；提灰，总是观察师傅干活时不同的习惯，把灰放在师傅最顺手的地方。收工了，总是把师傅们使用的工具擦拭得明光闪亮，把工地拾掇得干干净净。

就这样，从支模、摆线、砌砖到看图纸，他一一认真学习着，尝试着，熟练着。后来，终于能像师傅一样独立了，活儿一点儿也不比师傅差。渐渐地，就从小工做到了大工，从徒弟摇身一变为师傅了。

漫漫艰辛苦，悠悠打工路，所有这些，既磨炼了他吃苦耐劳的意志，又让他掌握了一定的建筑技能。但是，要想做更大的事情，仅靠这些还远远不够。于是，一个向上拼搏的念头在黄久生的心中升腾：用知识提高自己，用知识改变命运!

接下来，他把省吃俭用节约下来的钱买来许多建筑方面的书籍。动手用工地上的下脚料钉了个方方正正的桌子，一有时间就趴在工棚里属于自己的桌子上看书学习。夜里，工地上的领班不让开灯，他就点根蜡烛看书。因过于专注，一次蜡烛灯芯烧着了旁边的胶合板，火苗蹿起，把他的头发都给烧焦了。

凭着坚韧的毅力，他硬是系统地学完了建筑专业的全部函授课程并取得了河南城建学院的学位证书。随后又取得了北京大学光华管理学院EMBA硕士学位。

他从打工行列中脱颖而出，所承建的项目屡获殊荣

伴随着黄久生对技术的熟练掌握和对建筑知识的了解，他所从事的工种也在慢慢地发生着变化，职位也在一步步提升，从小工到大师傅，从组长、班长、队长，一直到成为中建七局第一建筑公司的项目经理……在这个过程中他也带出了一支素质好、技术强、本领高、善打硬仗的队伍。

黄久生的老家潢川地处大别山区，地少人多，交通闭塞，农民没有致富门路。1986年他第一次回乡，就决定带村里人出来一起干建筑。那年春节过后，他带出了40多名村民到郑州，做起了建筑工人。一到郑州，他就先给这些乡里乡亲们传授经验，并约法三章，什么能干，什么不能干，讲得一清二楚。白天领着这些老乡干一天活，晚上还要做总结。他用自己的切身体会教大伙儿："干活要长眼色，既然出来了，就要好好干，干出个名堂！"

干活上他要求严格是出了名的。一次，绑钢筋的工友没有严格按照技术规范规定的距离做，每根细钢筋的距离都大了那么一点点。被他看见了，毫无商量、毫不犹豫地要求全部返工重做；一个工友打的水泥柱子有蜂窝面，但对工程质量影响不大，他却让大伙砸掉重打。"咱干活靠的是'诚信'二字。没诚信，没活干，咱们就没饭吃！"

他要求工程必须是过程精品。每一个环节、每一个过程都要追求精致。每个细节都不会放过，一个细节有瑕疵，哪怕表面上看不出来，他心里都会觉得对不住人家，必须推倒重来。他告诉这些弟兄们，要想在城市里立住脚，有发展，只能靠"诚信"这两个字。在质量要求上，他带头干。自己干的活不规范，他同样会砸掉重新干，给手下的弟兄们起示范作用，队伍就这样硬是给带了起来。

他不仅教大伙儿怎么干活，他更看重的是教大伙怎么做人，怎样做一个文明人。他经常对投奔他的工友说："咱们从农村出来，一看就和城里人不一样。怎么才能跟城里人看齐呢？靠勤奋、靠技术、靠真本事、靠好口碑。再者就是要注意自己的形象，衣服可以旧一些，但要干干净净的。"

黄久生的名声在老家越来越大，来找他要活干的人，已从村里扩展到镇里、县里，直到周围几个县的农民都来找他，其中还有一些是残疾人。早些年前，他在郑州西耿河租房办公，经常会有残疾老乡去找，房东就很奇怪，老是问他是不是残疾人协会的。现在他手下的20多名残疾员工，他都会根据他们各自的身体条件，尽力帮他们找活干，适合干啥就干啥。迄今为止，他已经在老家带出了一万多名农民工兄弟。

温暖的力量让他的队伍“能征善战”。1997年，他带领400多人的建筑队参与中建七局承建的新郑卷烟厂主体部分工程，该工程荣获了1999年度国家最高建筑质量奖——鲁班奖；

1999年，他带领工友参与中建七局承建的合肥市王小郢污水处理厂一期工程，再次摘得鲁班奖桂冠；

2010年，河南获得了3个国家优质工程，他的队伍承建的郑州光彩大厦就是其中之一，他本人还到人民大会堂领了奖！

不仅如此，这些年来，他的队伍还接连获得60余项省、市优质工程奖。这支建筑队伍已被行内赞誉为“河南建筑业的一只铁鸟”。

用行动实现自己的人生目标

1986年的春节，当年一心想“挣钱回报恩人”的黄久生，终于在离别家乡几年后，又重新踏上了晏岗村这生养他的地方。那一年，他拼了命地干活，为的就是赶在年底能攒够3000块钱。

离过年还有些日子，黄久生就在心里琢磨着，回去给乡亲们都买点啥。那时候的农村还很穷，大家穿的都是土布衣，城里也刚流行涤纶。他就给乡亲们扯了长长几卷涤纶，让他们做衣服穿；乡下人没见过南方的水果长啥样，他就购买了几箱黄澄澄的香蕉，让乡亲们尝尝鲜；去特产店买来核桃大枣，到水产摊置办了鱼虾。

当风尘仆仆的黄久生满载着一手扶拖拉机的年货回到村口时，全村街坊邻居老老少少都拥上了村头，“久生回来了！”乡亲们争相和他打着招呼，那一天，全村家家户户都收到了他精心购置的礼物。

李小姑奶奶扯着一块涤纶布，在身上比画来比画去，激动地说：“没想到这辈子还能穿上这样好的花布！”

黄传讯爷爷一辈子就没见过什么是香蕉，更不知道它是剥了皮后才能吃，急着拿着一根香蕉正要往嘴里塞，被一旁的黄久生拦住了，惹得大家好一场畅怀大笑!

“久生真有出息了！”乡亲们都以为他在外面赚了大钱了，其实那年回去，东西一买，他自己身上也不剩下啥了。虽然说钱花光了，但久生心里很高兴。乡亲们私下里的一句“没有白疼这个娃”，更让久生激动不已，他也为自己终于有点能力回报自己的恩人感到欣慰。

也就是从那以后，每逢过年过节，他都要回晏岗村看望乡亲街邻。谁家有困难，谁家遇事了，他心里都有一本账。什么时候该给哪位老人做什么，他也都记得清清楚楚。

1996年春节前，黄久生再次带足礼物回到家乡。双柳树镇的领导带他去看其他村的一些孤寡老人、五保户、特困户。寒冬季节，有的老人身上没有棉衣；眼看过年了，有的家庭没有买肉的钱。镇领导和他统计出了全镇的困难家庭户数，他为全镇700户孤寡老人买了肉、买了米、买了衣服，这样的做法此后成了他每年的惯例。20年来，从未间断。

2008年久生又出资45万元建起了双柳树镇久生光荣敬老院。一共花了多少钱，他也没算过，但是全镇700多位孤寡老人的养老送终，他却全包了。老人们去世，他还要回家张罗，尽管有一半老人他以前并不认识。

这一做，就是21年。21年来，他从来没有忘记履行自己的诺言。21年来，双柳树镇每一户困难家庭的生计、每一个孤寡老人的冷暖都成为他永远的牵挂!

他在双柳树镇捐建敬老院，并把镇上的孤寡老人都接了过来，为这些孤寡老人养老送终的事很快传开了，双柳树镇的人也因此都知道了黄久生，人们无不称道：“亲生儿子也没这么孝顺呐！”

多年的赡养照顾和牵挂，使久生和这些老人们已情同亲人，虽然他们之间没有任何血缘关系，但是胜似亲人般的相亲相爱。

2009年4月16日，正在工地上忙碌的黄久生突然接到双柳树镇打来的电话，老家两位已是癌病晚期的五保户，非要和久生见上一面。他放下电话就急匆匆从郑州工地上赶往潢川。

在晏岗村李鸿金老人床前，老人拉住黄久生急得出汗的手泣不成声：“柱儿（黄久生的乳名），活着你养我，病了又花你那么多钱，你给买的衣服，我到死也穿不完，临走能见你一面，我死了也能闭眼了。”

黄久生望向墙上挂着的崭新鸭绒袄，心里一阵发酸。他心里清楚，老人这哪里是穿不完啊，是他们压根就一直没舍得穿啊！

他紧紧地握着老人的手：“您放心，我再忙也要回来送你老上山。”临走，他又把买寿木的钱交给老人的亲戚，嘱咐他们给老人办后事时一定要告诉他一声。

从晏岗村出来，他又赶往郑岗村，看望了胃癌晚期的涂先良。

回郑后的第12天，李鸿金老人去世了。久生接到电话，又立即从郑州赶回老家，亲自把老人送上山下葬……

他这样做，总认为是自己小时候欠乡亲们的情太多了，现在无论怎样回报都觉得不够。于是他在村口修建了一座感恩亭，表示他将永远铭记着乡亲们的恩情。

为家乡父老做事，有多大力气就使多大力气，能做十分的绝不做九分。

2003年抗击“非典”，他捐资13万元，为乡亲们购买防护设施；

2007年，为夏楼村民组每家每户安装自来水，又将水泥路修到家门口；

双柳树镇搞“村村通”、隆古乡修大路、潢川金秋助学、慈善总会捐款，造福乡亲的事他一次也不缺席，前前后后总计花了好几百万元。

赡养孤寡老人，每年大概也需要几十万元，这个重担，他一天也没有卸下过。

20年的路，单靠简单的“责任”二字是走不下来的。说实话，他内心深处也有过纠结与退缩。了解情况的人知道，其实他并不是很有钱，甚至有时是拿着在朋友处贷来的款去做善事的。工地也并不总是一切顺利，困难的时候，被人追过债。有一年回家很晚，快到年根了，民政所所长余辉给他打电话问咋还不回，说老人想他了。他骗余辉说工地忙，其实是没钱拿回去，这边要不来钱，那边还欠着别人钱。心急如焚，怕对不起家乡的老人们，又忍受着债主们每时每刻的“陪伴”，走哪儿他们跟哪儿，吃饭、上厕所都跟着，没钱不让走，那会儿跳楼的心都有。腊月二十八，终于借到钱了，终于回去了，终于回到老人们的面前了，那一年那一次去看老人们时，为讨老人们开心，他硬是强颜欢笑地压抑着内心的一切。

没钱的时候，腰板硬不起来，心里难受，可更让他痛苦的，是来自家乡的闲言碎语。一个跟他还算要好的老乡，说他这是不务正业，还有人说他打肿脸充胖子，没钱还要管那么多老人。尽管他心里委屈，但他全然不顾这些，还是继续走自己的路。跟着他干的农民工回村盖起了白墙红柱的三层小洋楼，可与此形成鲜明对比的，他的办公室是一套在郑州市建业路租来的民房。书桌、床铺和几个书柜的资料，填满了小小的房间，这样的办公环境也曾让他丢了生意，他却觉得“值”，因为他是把钱用在了老人们的身上。

父亲去世后，他看待每个照顾的孤寡老人都像自己的父母一样。

去年8月份，他安排一些孤寡老人去信阳南湾湖旅游，一名70多岁的老人拉着他的手说，自己这辈子没出过潢川，听说能到南湾湖，头天直到夜里3点都睡不着。“久生啊，我托你的福，这次游玩是我这辈子最高兴的事。”这让黄久生又一次禁不住热泪盈眶……

平日里也有朋友对他说：你现在又不是很有钱，非要硬挺着干啥？真是钱挣得多了，再做也不迟啊！

面对着这样的话语，他则一笑置之。他向笔者坦言：“我和他们想的不一样，在我眼里，钱什么时候都能挣，而老人们却一年一年地老去，孝心不能等，知恩报恩，是我一辈子的义务，一辈子的责任！”

不但报乡亲们的养育之恩，更要报党的培养之恩

黄久生是改革开放后党组织发展的农民工党员。他的人生道路，孕育了他朴素的政治信仰，也铸造了他坚定的政治信念：只有跟着共产党，才能够一步一步实现个人的理想，实现民族的梦想。

2004年春天，在潢川县委及双柳树镇党委的支持下，中共双柳树镇驻郑州农民工支部在郑州成立了。作为双柳树镇驻郑州农民工党支部书记，黄久生给自己规定了两项任务：一是带领大伙跟党走，走正路；二是带领大家共同致富，维护大家的合法权益。

他把建立党支部看作凝聚人心、凝聚大伙正能量的有效手段。因此，他把农民工的政治学习、政策学习抓得很紧。学党章、学党的方针政策、订阅党报、看新闻联播、发手机短信、在施工现场开工前小会等，这一切都是他向工友兄弟们宣传党的精神的好方法。

国家遇到困难，他总是毫不犹豫地站出来，带领工友冲在前面：2008年汶川大地震发生后，他随即召开全体党员及班组长会议，号召大家献上自己的一份爱心。自己先带头捐款2万元，在他带动下，不到一个小时就募得款项共计30285元。5月22日，党号召交纳“特殊党费”。他再次召开支部会议，组织党员积极参与。首先拿出5万元作为自己交纳的“特殊党费”，所在支部的5.5万元“特殊党费”，当天下午4时就汇入了中央组织部党费专用账户，这笔“特殊党费”，是支援抗震救灾的河南省农民工党员所交纳的第一笔“特殊党费”。

作为一名党员，不管什么地方，不管什么时候，只要发现有对党不利的事情，他总是自觉地站出来想方设法维护党的利益。拖欠农民工工资曾经是一个老大难问题。无奈之下，不少农民工为了讨工资，常常采取堵门、跳楼等过激手段。这不仅给社会增加了不安定因素，而且还会给农民工自身造成危害。他下决心从身边抓起，要彻底改变这种现象。为此，他

所在的党支部专门聘请了专业律师、法院退休法官等，组成农民工法律顾问团。遇到拖欠农民工工资、农民工讨工资困难等情况，均由双柳树镇驻郑州农民工党支部委托这些法律专业人士出面和用工方进行协调。

在帮助农民工维权的过程中，他充分发挥党支部的作用，为大伙解决了一个又一个难题。2007年，开发商欠了李万军等300多位民工600多万元工钱，民工多次催要，非但没有要到钱，还被开发商停水、停电，强行驱赶。李万军恼怒之中，拿起一把刀要找开发商拼命。黄久生接到电话后火速赶到现场，首先制止了李万军的鲁莽行为，同时，以党支部的名义把李万军等民工们的遭遇向有关方面做了详细的陈述，几经周折，最终600多万元的工钱全部给要了回来。

潢川农民工陈树贤，2007年在林州工地干活时发生了事故，腰脊椎骨折，昏迷不醒。包工头跑了，家属求救无门。黄久生赶了过去后，先垫付了手术费，又通过法律途径，为陈树贤取得了赔偿。

多年来，双柳树镇驻郑州农民工党支部已先后为在郑州、洛阳等地打工的5000多农民工弟兄，依法讨回工资3000多万元。

现在，各工地的民工们遇到难处，不再莽撞行事，而是主动找党支部帮助协调解决，甚至连外地的务工人员遇到棘手问题也慕名找到党支部。“有困难，找支部”，成了农民工兄弟的口头禅。

是党员，就要听党的话，跟着党走，时时刻刻为党分忧，这是一个共产党员的本分。黄久生认为：知恩报恩，不仅是要报乡亲们的养育之恩，更要报党的培养之恩。做一个听党话跟党走的忠诚党员，做一个有社会责任感的现代公民。

中　篇

人生只有不断努力，不断追求，生命才能焕发荣光

生活就是这样，有苦也有甜，哪怕是一点点的甜味，也值得我们回味；有磨难就有关心，哪怕那关心只给你带来过一丝丝的温暖，也值得我们拥有。如果我们只记得自己的苦难，只记得自己的悲伤，只是一味地抱怨命运对自己的所谓不公，那除了积累不满，除了给你带来失望，还能有什么结果?

相反，如果我们在痛苦和困难中，多想想生活中美好的东西，多想想别人给你的帮助，多想想那些积极的带给我们希望和愉悦的东西，我们就会用感恩的目光看待这个社会，用感恩的心来对待我们生活中的每一天。

用感恩的心去对待生活，用感恩的心去对待一切。这是黄久生的生活哲学。他常常在想，自己只不过是做了一点点好事，党和国家、人民就给了他这么高的荣誉。最让他难忘的是，正是他这个农民工，竟然7次得到习近平、李克强等党和国家领导人的接见，受到他们亲切的鼓励。

2014年9月28日，中国第一个“烈士纪念日”。黄久生作为河南省唯一的劳模，与党和国家领导人同各界代表一起，在天安门广场人民英雄纪念碑前，向人民英雄敬献花篮；

2015年9月3日到北京参加抗日战争胜利70周年大阅兵，又一次见到了习主席等党和国家领导人；

2016年7月1日，当选为全国优秀共产党员的黄久生，在人民大会堂和习总书记一起观看了“纪念永恒”音乐会；

2017年8月的一天，我正精心梳理着采访黄久生的相关素材时，欣喜地获悉他当选党的十九大代表，又要进京参加在人民大会堂隆重召开的党的十九届全国代表大会，并受到习近平等党和国家领导人的亲切接见。

一个来自基层的普通农民工，能多次受到习近平、李克强等中央领导的接见，你说，心里能不激动吗?

一个来自基层的普通农民工，能得到党和国家给予的这么多荣誉，无论如何都拥有了可炫耀的资本。可当我和黄久生交谈时，他却微微一笑说："这有什么可值得炫耀的呢？越是这样，我越是感到肩头上需要承担的社会责任更大了，今后，我还能有什么理由不更加努力、更加奋进，争取多做出些有益于社会的事情呢？"

下　　篇

抱怨只能带来失望与沮丧，感恩才是战胜一切的力量

有人曾经这样问黄久生，你的童年这么苦，你生活的环境那么差，你不觉得命运对自己很不公平吗？你就从来没有抱怨过这个家，抱怨过这样的生活，抱怨过这个社会吗？

的确，他的童年生活很苦，他的打工生涯历经艰难，他这大半辈子经历过太多的磨难和坎坷。而他却认为：他辛酸的童年生活里并不缺少爱，艰辛的打工生涯里也并不缺少关怀。

这爱，来自父老乡亲；这关怀，来自社会各界，来自各地各级政府，来自四面八方。

黄久生是个苦孩子。小时候因为家穷，连高中都没能读完。但读书求知却是他永远的追求，其实，他也从来没有停下学习、进步的步伐。

2009年在朋友的推荐下，他开始申请北大EMBA。

第一次申请，没有成功；

第二次申请又被拒绝；

直到2013年第三次申请，他才最终被北大录取。

北京大学百周年纪念讲堂，是中国当代政经学界精英竞相活跃的舞台。2013年9月1日下午，一个来自河南吃百家饭长大、赤着脚上学、提灰搬砖干活打拼出来的农民工，登上了开学典礼的讲台。那一天是北京大学光华管理学院开学典礼，台下本科、硕士、博士、MBA、EMBA，1000多

名精英济济一堂。说实话，在这里发表演讲，他当时心里没底。一个农民工出身的人能讲啥，真的不知道讲什么好。

台上，黄久生就那样娓娓讲述贫寒的过往、纯朴的乡亲、打工的日子、拼搏中的成长……

他讲给大家，当年在山上背柴挣学费时，做梦也想不到能踏进燕园，成为北京大学的学生；

他说，这个遥不可及的梦，没想到居然能梦想成真；在九泉之下的母亲如能知道，一定会为儿子的今天感到骄傲和自豪！

他讲到，农民工同样可以有人生梦想，虽然出身不如他人，但这个社会并没有向处在基层的农民工关闭这扇大门，就怕你自己没有梦想，你不敢去追求自己的梦想！

没想到，就是这些平凡得不能再平凡的倾诉竟然引来了台下师生们的共鸣。那些苦难的经历，那些报恩的努力，感动了北大，感动了光华学院，感动了EMBA的同学们。

演讲结束后，一位同学紧紧握住他的手说："久生，你是苦孩子出身，从事的又是劳动密集型的建筑行业，获利并不丰厚，还一直赡养700多位老人，这不是一般人可以做到的。你的同情心、爱心，真的让人感动。你，了不起！"

善举，是一个地方最美的风景，也定会使群星闪耀

双柳树镇，一个充满诗意的乡镇，这个地处大别山北麓的古镇，黛色青山环抱着一泓湖水，清新的雾气缭绕在湖面与青山之间。一条蜿蜒的山路，直通黄久生的家乡。

一路上，青翠的稻田、池塘中绽放的莲花、叽叽嘎嘎叫着的群鸭，这一切的一切，使这个古老的村庄宛如一幅美丽的田园风景画。

但造物主仿佛故意要磨炼这一方百姓。他们必须忍耐、克服人多地少

的矛盾，以至于他们的躯体中都会流淌着“改变命运”的热血。

从20世纪80年代开始，以黄久生为代表的双柳树镇人陆续出外闯荡，且多汇聚在郑州，正是在他的感召下，如今很多人已成就斐然。

黄久生因为20余载持续坚持照顾孤寡老人，声名远播。其他人，也在以多种方式反哺故土。

黄久生、汪成泉、杨先忠、汪成江、张道库、郑良金、高兴源、高兴中……他们一个个都开始回报家乡。

全镇14个行政村的道路，全部由当地走出去的人士无偿修建。街角的太阳能路灯、横跨白露河的桥梁、沿河而建的水冲式公厕、学校的崭新课桌等，莫不如是。

而来自家乡人由衷的感谢，不正是他们一个又一个继续奋进的动力吗！

和黄久生一样，他们不管在外多么成功，都还在家乡保留住老家的房子，这是对“根”的坚守，对故土的眷顾，对乡村文明的敬畏和向往，更是他们对家乡仁爱、质朴、善良的传承。

“德润光州，善泽乡梓。”这或许就是一股不可抗拒的力量，在善德薪火相传的潢川大地上，必将会迎来清晨最璀璨的阳光。

尾　声

巍巍大别山，绵延百公里；悠悠淮河水，奔流上千年。大别腹地、淮河之滨的红色革命老区信阳，在这片神奇的土地上，孕育着一代又一代质朴而善良的人民。

大别山，英雄山。战争年代，这里走出了无数先烈，他们前仆后继，用生命和鲜血锻造出“坚守信念、胸怀全局、团结一心、勇当前锋”的大别山精神。

静静的淮河支流小潢河，蜿蜒缠绕在广袤的豫东南大地上，犹如一位敦厚慈爱的母亲哺育着这块古老而凝重的1600多平方公里的黄土地。千百年来，古黄国、大光州源远流长的文化积淀，已深深植入世代繁衍生息在这里的人们的身心和骨子里，质朴民风、人心向善的道德风尚，和着老区人民特有的薪火相传的大别山精神，犹如一股强大的磁场，辐射着这方炙热的沃土。

我坚信，一个有信仰的地方，必定有生生不息的力量源泉。他们用坚定的信念和执着的坚守，延续了一代又一代老区人的光荣与梦想。由此也造就了新时期的道德楷模群体。

无论是惊心动魄的见义勇为，还是生活点滴中体现出的真善美；无论是持之以恒表现出对人格、对党性的坚守，还是坚持不懈以行动诠释的平凡人物的高尚情操，一个又一个的信阳人都一次又一次出现在大众的视野中，是他们将正能量的火种广播中原、传遍全国。在历届全国道德模范评选中，信阳人从未缺席。

这个模范群体，聚是一团火，散是满天星。

又见康桥水上花

马立伟

第一章 相逢意气为君饮

深秋时节的兴华紫塞绵延，层峦叠嶂，有如明代吴国伦在《燕京篇》中描绘的“风云森剑佩，雨露足桑麻。紫陌新丰酒，红楼宛洛花。轻尘飞白练，旭日丽青绢”。天上的白云在赭色的青山上柔美地飘浮摇曳着，无忧无虑，似乎真的“白云生处有人家”。巍峨峻峭的长城蜿蜒盘桓，透过鳞次栉比的垛口、烽燧和挡马墙，依稀可见那金戈铁马时代的烽火狼烟、那迎风招展的旌旒纛旗、那威震倭寇的“戚家军”；奔腾不息的中鸾河水缓缓流淌，曾养育过两岸古老的鲜卑民族，又见证了一代将星常遇春的赫赫战功。我不禁被这沧桑厚重而又如诗如画的美景深深地吸引了，不由得对鸿雁赞叹起这里的景色，鸿雁自豪地说：“我们这儿空气好，景色好，人也好，特别是我们的志愿者更好！你们看见旁边儿这座山上的陵园了吗？”鸿雁指着右手的一座低矮的小山上露出的陵园，“这是因我们‘联盟’的缘故建起来的。前些年铁道兵在我们这儿修铁道，对了，铁道兵的概念已经成为历史了。有一个广东的姓张的铁道兵，在修路的时候牺牲了，可是他的头部在牺牲时找不到了，他家人很难过，最后是我们‘联盟’发动志愿者找回了烈士的头部，他家人激动得不得了，专门来我们这儿感谢我们，看我们对烈士这么好，说就葬在我们这儿了，不迁坟了。我们县政府本来想把这个山平了，可知道这事儿后，就把这儿修成铁道兵烈士陵园了……可惜我们县现在还是国家级贫困县。”“你们简直太了不起了！”邱霞博士和我异口同声地称赞着。

邱霞是我的旧相识，她是河南某大学的老师。2014年12月5日国际志愿者日，在北京宏图志愿者联合会开展有关博物馆志愿服务课题调研时，邱霞曾对我进行了访谈，后来便接触得比较频繁了。2016年10月22日到23日，我应邀参加“中国志愿服务联合会秘书长培训班”，不想我们竟然在会上不期而遇。久别重逢，分外亲切，更令我惊讶的是她还身怀六甲了！在会议的间歇期，我兴奋地和邱霞打趣说道：“没想到邱博士身体不便还不忘志愿服务，在下佩服！”邱霞下意识地摸着自己隆起的腹部，幸福地微笑着说：“我也是让我们家老二在娘胎里就接受志愿服务的熏陶啊！”我听罢咯咯地笑起来。当时鸿雁就坐在我身边，在她座位的名牌上写着：“C省鸿雁”。听着我们的交谈，她不时地望一望我们。她有着一张非常可爱的娃娃脸，短发齐眉，眼睛不大不小，目光单纯而和善。在会议的第二个间歇时段，这个C省姑娘落落大方地向我伸出手来自我介绍道：“您好！我是C省清庄众志联盟志愿者协会的负责人鸿雁，我们最近准备开展一项公益马拉松比赛，计划让我们的选手从清庄跑到鸟巢。我看到您是从北京来的，所以想请您帮个忙，看咱们能不能两地一起联合组织这次活动？”我连忙礼貌性地握住她的手说：“哦，幸会幸会！您的这个想法很不错啊！只是我是志愿服务的研究人员，对这种项目没接触过，不过我可以给您引荐一下北京宏图志愿者联合会的陈部长，他应该能够帮到您。”鸿雁听了笑盈盈地露出了嘴角的两个小酒窝，感激地说：“那太好了！谢谢您！”我接着她的话立刻表态说：“不客气！哦，我倒是也很感兴趣您的协会有多少志愿者啊？一般有多少项目？”鸿雁自豪地说：“哦，我们有注册志愿者15000多人，公益项目2000多个。我是我们县的人大代表。”我睁大了眼睛赞叹道：“你可真了不起啊！巾帼不让须眉，佩服佩服！那你们都有什么类型的项目呢？”鸿雁摆弄了一下手里的手机，让我看了他们协会和项目的界面，我看到那上面有他们协会的介绍、一个表格中密密麻麻的项目名称和概况，但是发现文化类的项目不是太多，于是便问道：“那你们有没有什么传统文化类的项目？”“我们一般是去学校给学生送《弟子规》，发放书包，请一些专家开讲座，比如我们曾经请过一位云门的老师到我们那儿讲传统文化，可那次因为我们没有经验给办砸了，那个老师没按照县政府的要求讲，效果不太好，所以后来就没再办。目前这块儿还很欠缺，因为我们县是国家级贫困县，老百姓的文化水平不高，我们当地真正能做公益文化培训的专家几乎没有。”我略一沉吟，对鸿雁说：“如果我这里有成熟的传统文化项目可以带给你们，不知道你们是不是有兴趣？”“那就太感谢您了！这可是意外收获啊！”鸿雁的双眸放射出喜悦的光芒。“其实我们协会还建了一个公益养老院，收费是全县最低的，有82个老人住在养老院；我们还有1000多亩的蛋白桑产业基地，这项技术是从北京农科院引进的，正准备申请扶贫项目。”说着，她又把手机的页面翻到几幅图片上，向我介绍着他们的养老院和蛋白桑基地，我被眼前的这个女孩子震惊了，嘴里不停地对她表示钦佩！随后，我把鸿雁介绍给北京宏图志愿者联合会的陈云涛，让他们对接马拉松公益项目，而我与这位素不相识的C省姑娘之间的因缘就此结下，只不过我没有想到这个姑娘会改写我的人生轨迹……

当天会后，我把与鸿雁之间达成要去他们那儿做传统文化项目的信息传递给邱霞，没想到她也很迫切地要加入，因为她刚刚注册了一家体育文化公司，也准备引进公益文化项目，于是我们三人便一拍即合，刚一开完会就立刻坐着鸿雁的车赶赴兴华，去亲身感受鸿雁的“风水宝地”，鸿雁一路开着车，我们一路领略着沿途的旖旎风光，她爽快地说：“等明年春暖花开了，我开车带你们好好转转我们兴华的景点。”邱霞开心地说：“好啊好啊！那会儿我已经生完孩子了，咱们到时候约上哈！”

兴华县是一处群山环绕的山城，村镇街市井然有序，街上的景象同北京车水马龙、人潮涌动的壮观场面形成了鲜明的对比，几乎没有太多的行人和车辆，一阵阵麻辣火锅的香气扑鼻而来，掺杂着浓烈的泥土的清香，我感受到了一种充满乡土气息的生活的味道，随口问道："咱们县城有多少人口？""大概40多万吧。"鸿雁边开车边答道，坐在副驾上的邱博士托着肚子说："这个数字是北京人口的零头啊！难怪街上这么清静。""你们瞧，前面就到我们的地界儿啦！"鸿雁微笑着说。车子绕过一片瓦砾和小路后，开进了一扇黑漆大门，映入眼帘的是一处十分开阔的场地，一排排整齐的平房连成一片，院子中央是宣传窗栏，旁边放着一个乒乓球台子。下车后鸿雁带我们在各处转了转，在她的办公室墙上悬挂着几块展板，介绍他们协会的组织，还有满墙的奖状和锦旗，有"第十一届C省青年志愿服务项目优秀奖""C省共青团关爱农民工子女志愿服务集体荣誉奖""清庄市2015年优秀志愿服务组织""清庄市道德模范群体"等。我和邱霞不由得肃然起敬：一个民间公益组织能取得这样多的成绩，得到国家和社会的认可实是不易！鸿雁似乎看出了我们的心思，不无骄傲地说："我们协会是2008年5月12日汶川地震的时候成立的，开始就是想给灾区人民捐钱捐物，可没想到我们的这个小小的倡议，竟然得到了那么多人的响应，所以后来就决定建立起一个长期为老百姓服务的公益组织。从最初开始创立协会的三五个人、一个QQ群到现在，经历了很多磨难，这个中的滋味儿只有我们自己知道！"我们深深地点点头，对面前的这位C省姑娘真是高山仰止了！过了一会儿，我们来到养老基地，鸿雁说："我们养老院的这些老人有的是县里的贫困户，有的是家里没有养老的能力，有的是老人不能自理，他们在我们这儿生活得很幸福，我们每月收取的费用是全县最低的价格——600元成本费，我们请了专人照顾老人们，还定期给老人们体检、做保健活动和讲座，所以我们是公益养老院。将来我们如果资金能有保障的话，还想把这儿改造成一所高端养老院，为老人们创造更好的生活条件。"正说着，迎面一瘸一拐地走来一位老人，手里提着一个暖壶，鸿雁立刻跑过去帮老人把暖壶送到屋里，老人笑着道谢，鸿雁像亲人一样地对老人嘘寒问暖，看来这已经成为一种常态了。走出养老院，有几位老人安逸地在院中晒着太阳，或是聊着闲天儿，或是手里做着针线活儿，不时地发出阵阵笑声，午后和煦而温暖的阳光照着他们脸上深浅不一的皱纹和残缺不全的牙齿，这幅画面让人感到一片祥和与安宁……“当时，我们这个养老院差点儿办不下去了，是我们又筹资几百万才最终保住的。哦，我们还有1500多亩的蛋白桑产业基地，是我们从农科院引进的科学育种方法，也是我们的一个志愿者提供的渠道。”鸿雁的话打破了院中的静谧，我如同听天书一样感叹不已！她随即面向我说道：“如果您能把我们的文化项目撑起来，那我们就……怎么说呢……”“如虎添翼！”我补充道。“哦，对，你们文化人就是词儿多。”鸿雁回答。我忍俊不禁地笑了，然后对鸿雁强调说：“其实扶贫不仅要从经济上、物质上和生活上帮助老百姓，更重要的是要从文化教育上提高他们的素养，就像国家提倡的‘扶贫、扶智和扶志’。”鸿雁满脸洋溢着笑意表示赞同，邱霞也支持说：“对啊！这可是国家的大政方针啊！那我们也‘撸起袖子加油干’吧！”鸿雁不由自主地拉着我的胳膊说：“好啊好啊！咱说干就干，先培训志愿者，您把项目方案给我，咱把前期工作做好以后，明年年初就开始，怎么样？”我已经感觉出鸿雁是个快人快语的姑娘，在心里对她萌生了几分敬意和喜爱，于是信心十足地回答道：“没问题！”邱霞也不落空说：“别忘了还有我呢！”我和鸿雁都会意地对她说：“放心吧！”“不但忘不了你，还有你们家老二呢！哈哈哈……”

夕阳的余晖洒满了青山和田野，坐在回京飞驰的火车上，我的内心充满了喜悦和期待，希望能在未来的岁月里，通过自己的努力让公益文化在兴华的这片沃土上绽放出更加耀眼的光彩。

第二章　小荷才露尖尖角

许久没有见过这样的鹅毛大雪了，纷纷扬扬的雪花宛如五彩斑斓的音符飘落到人间，为大地和山岭披上了洁净的霓裳，这洁净的“霓裳”把塞外装扮成“山舞银蛇，原驰蜡象”的寰宇。我的心情如雪花一般，飘洒而飞扬。望着这美妙的精灵世界，我激动地对穆珍说：“好一派北国风光啊！”穆珍还是像从前一样，声音不高不低地附和着：“这景儿在北京也好几年没见过了，咱俩赶的这时候不错。”她是我的发小，我们两家是世交，从孩提时代就玩儿在一处，彼此间的默契和缘分似乎是与生俱来的，不必有什么客套和虚饰，只需要一个眼神便可以互相心领神会，这种关系给双方带来的愉悦和骨子里的舒心是难以用言语描述的！上次从兴华回京后，我第一个找到了穆珍，把我准备去兴华做项目的消息告诉了她，然后还把鸿雁送给我的《最美C省人》里介绍她的专访和她这个志愿组织的资料拿给穆珍看，只见那上面是这样描写鸿雁的：

> 她不是上天的宠儿，却帮助了很多不幸者改变命运。她不是博学的才女，却感召更多的同行者奉献爱心，她就是鸿雁。鸿雁出生于C省兴华县，幼年丧父，初中没毕业，她就辍学自谋生路，现实让这个刚刚踏入社会的小姑娘过早地感受到了人间冷暖。
>
> 2008年汶川地震，鸿雁尝试着成立了QQ群，号召更多爱心人士一起给灾区捐款。让鸿雁没有想到的是，这一举动得到了全国各地网友的积极响应，他们以“爱心好友团”的名义向灾区捐款2500多元。这次捐赠，让鸿雁感受到了网友的爱心和网络的力量。她开始思考着利用网络，聚集更多的正能量来做更多的爱心活动。2009年，鸿雁创建“众志联盟”。爱心志愿者们来自不同地域、不同岗位，网络将他们紧紧地联系在一起，实现传递爱心、帮助弱势群体的愿望。
>
> “众志联盟”因爱心而凝聚、壮大，随着善举赢得越来越多的认可，不断有新的爱心人士加入。目前，“众志联盟”已经拥有8个QQ群，成员多达1400人。5年的时间里，鸿雁带领“众志联盟”成员们自掏腰包救助了400多个失学儿童，定期看望孤寡老人，帮助弱势群体。

鸿雁说，每天的忙碌让她感到很踏实、很快乐。

“这是2014年新华网报道的。怎么样？咱们至少能初步了解鸿雁的为人了吧？”我在潜意识里已经在试图通过传递有关鸿雁的正面信息来说服穆珍，希望得到穆珍的支持。随后，为了进一步强化我的意图，我又把鸿雁创办的清庄众志联盟志愿者协会的资料拿给她看：清庄众志联盟志愿者协会发起于2008年，2012年以团体会员名义加入兴华县慈善总会；2014年3月正式注册成立，是由清庄市青年联合会主管，经清庄市民政局注册登记的社会团体。“众志联盟”定位于社会公益服务，范围涉及助残济困、助医助学、社区服务、安老扶幼、环境保护、传统文化宣传等公益活动。秉承“有爱就有希望”的宗旨，提倡“公益无大小，行动最重要”，自成立以来，队伍快速壮大，足迹遍布清庄，爱心传递全国，无偿为社会提供时间、技术、智力、体力等服务，取得了可喜的成绩，先后获得C省“优秀志愿服务品牌”、清庄市“道德模范群体”等荣誉；发起人鸿雁先后获得清庄市道德模范、“中国网事”感动C省年度人物、全国妇代会代表、全国助残阳光使者等荣誉称号；在党和国家政策的正确指引下，在各级领导的大力支持下，在社会各界爱心人士的热情帮助下，目前，清庄“众志联盟”志愿者协会在全国共有十家分会组织，使志愿服务呈星火燎原之势，愈加朝气蓬勃、方兴未艾，向世人倾情展示了一幅志愿工作的美丽画卷！

穆珍看罢，还是有些犹豫，理性和善意地提醒我：“现在有的媒体和文字不一定靠谱。不过看起来这个鸿雁应该没什么问题。”我又谈论起和鸿雁见面与交流的感受，告诉穆珍要打消顾虑。“她是当地的人大代表，这重身份至少能增加咱们对她的信任，而且通过上次和她以及她周围人的接触，我觉得她的人品应该没什么问题。”不过，为了万无一失，确保双方团队的权益，我和穆珍商量了一下，提议与鸿雁签订一个合同，将各自的责任、权利和义务用文字加以说明。当我用微信把我们的诉求和写好的合同书发给鸿雁时，鸿雁在语音留言中笑着说："一看你们就正规，专家级的水平！我们这儿都是山沟儿里的农民，就是搭把手一起干公益，从来没和别人签订过什么合同，我没意见，咱们就抓紧时间干活儿吧！"于是我们双方的合作正式开始了。而穆珍也与我达成"君子协议"，会以我团队高参的身份和我一起去兴华，没想到这次刚到兴华，就赶上了这场难得一见的瑞雪！

我们俩正说着，鸿雁走了过来，身后站着一位身穿浅灰色夹克衫的年轻人，我心想：这年轻人可真禁冻，这么冷的天儿才穿一个夹克衫。鸿雁介绍道："这是我们县团委吴书记。"随即又转身向吴书记介绍说"这是北京志愿服务的专家魏老师，给咱们志愿者做文化培训的。"我连忙同吴书记握手，相互问候，吴书记微笑着说："感谢您来我们兴华进行指导，魏老师！"我不好意思地回答道："哪里哪里！应该的！"

培训开始了，在鸿雁介绍我们之后，我也做了开场白。我首先引用了清代李汝珍在《镜花缘》里以义让利的"君子国"为例，表达了对在座的志愿者的敬意，然后指出京冀两地进行志愿服务合作的意义，并与国家的政策相结合，简述国家的"一带一路"倡议、"京津冀协同发展"战略、C省的运河文化、长城文化与志愿服务的文化性之间的关系，强调了志愿者加强自身文化素质在志愿服务中的重要性。这次培训是关于中国传统服饰的内容，我在备课时，考虑到志愿者的教育结构和综合素质有限的问题，就特意捡取了比较通俗易懂而又有趣味性的内容进行讲述，从中华民族的来历、传统服饰的历史发展脉络入手，并结合C省和兴华的历史事件和历史人物，从上古时期的"黄帝制衣""嫘祖养蚕"、汉代的丝绸之路，一直讲到当前的"一带一路"和文化自信，又从C省的非物质文化遗产讲到文化遗产保护，大家都听得聚精会神，津津有味，不时地还会呼应我的提问。为了提高志愿者的兴趣，我事先选取了几位口齿清楚、具有一定表演能力的志愿者，排练了历史剧"齐桓伐山戎"。在培训的尾声阶段，我安排了这个历史剧。当身穿传统服饰的志愿者在悠扬的古琴乐曲的伴奏下，用文言文表演历史剧、展现中华民族传统服饰的风采时，现场的气氛达到了高潮，人们的欢声笑语不断，喝彩声不断，媒体的镜头也赶紧对准了这一场面，及时地记录下来。领导和与会嘉宾在活动结束之后分享了培训的经验和成果，对此次培训的特色与成功之处予以肯定，培训收到了良好的效果。鸿雁的笑容愈发灿烂了，她微笑着对我说："您以后一定要常来给我们培训啊，我们从现在开始就长期合作了。"我拍着鸿雁的肩头，颇有成就感地点头说："太好了！放心吧！我一定会常来的。咱们这些志愿者老师真是又敬业又淳朴啊！他们虽然只有高中水平，但我在给他们排练时，他们每个人都非常认真，甚至在网上搜索这段文言文台词的朗诵音频资料，以便把每个音都读得准确到位，然后反复进行朗读、背诵和排练，整整花了两周时间才排练就绪，实在是让人敬佩和感动啊！"鸿雁自豪地说："有您的耐心指导，有我们这么有责任感的志愿者，我们一定能把志愿服务做好！"我们心心相印地彼此握住了双手——此时无声胜有声了！不久，兴华的报纸和电台都报道了这次培训，就此开启了我们与兴华公益之路的"征帆"。

次日，又是一个艳阳高照的晴朗天气，朗朗的读书声在耳畔响起。这是兴华县的一座贫困小学，校园非常整洁、干净，红绿相间的塑胶跑道在阳光下显得格外耀眼，一切都显得井井有条。鸿雁说，这所学校是新建的，在水泥地的操场旁边矗立着一座雕像，主人公是正手捧图书专心学习的学生，鸿雁告诉我这是他们"众志联盟"赠送给学校的。这里的孩子和北京学校里的孩子是无法相比的，每个孩子都穿着朴素，没有统一的校服。从孩子们充满童稚和期待的目光里，我读懂了他们的渴望。在领导和鸿雁讲话完毕后，我很投入地开始给他们讲中国的历史和他们家乡的历史，孩子们一个个睁着天真无邪的眼睛好奇地听着，非常踊跃地回答我提出的问题，我能感受到他们对于知识的索求和渴望是十分强烈的，真希望这些祖国的"花朵"能像大城市的孩子们一样，享受到教育的公平和更加丰富的教育资源，接受良好的教育，走出文化的困境，走向更加美好的人生！

从学校回到“众志联盟”后，鸿雁说还要到几个村子里走访和推广蛋白桑，我好奇地询问：“蛋白桑不是已经通过农业部审批，把咱们兴华作为扶贫基地了吗？为什么还要靠你来推广？难道不是政府相关部门去负责管理吗？”她笑了笑说：“您不知道，我们这里的农民主要靠种植玉米为生，蛋白桑是个新兴产业，我们需要去村里和村干部对接，再向农民进行宣传推广。我还得贴宣传广告呢。”我会意地点了点头，和她一同去村子里走访。

车子开到了一个小村庄，不远处，一个骑着半新不旧自行车的中年男子在村口儿停下来，手扶着自行车等候我们，后来知道这是萧村主任。我随着他们走进村子。前一天的冰雪尚未消融，阳光照射到的地方已经化为泥泞不堪的沟坎儿,身边的田野有些萧索，庄稼地一片光秃秃的。我们深一脚浅一脚地走到一户人家，这是他们要走访的一家贫困户。然而当我们走进这家大门时，映入眼帘的却是几间高大、整齐的瓦房，院子内还种植了花草，几只悠闲的鸡正在地上漫不经心地啄食，一只大黑狗在柱子上拴着，听到陌生人的脚步声便狂吠起来。我在心里纳闷儿：这居住条件似乎不像是贫困户啊！这时从最前面的大屋里走出一位妇女，她身体微胖、脸色黝黑，身穿一件薄棉袄，外面罩着绿色的毛坎肩儿。看到我们后，立刻和我们打了招呼，把我们让到屋里面。屋内依然很整洁，左侧是沙发和茶几，墙上悬挂着一幅色彩艳丽的大型山水画，右手是一张大炕，烧着火炕，炕上躺着一个男子，腿上缠着白色的绷带，腿肚子下面垫着枕头，看上去有五六十岁的样子，脸色蜡黄，双目紧闭。那妇人的脸上泛起愁云，对我们说：“这是我们家那口子。他已经摔成植物人了。我们交不起住院费了，就给他接回来养着了。”鸿雁听罢，从包里拿出一个笔记本和签字笔，询问伤者的姓名、年龄、职业和地址等基本信息，记在本子上。随即掏出500元钱递给妇人，说：“这是我们‘众志联盟’的一点儿心意，您先拿着，给大哥买点儿补品吧。治病的事儿我们再帮您联系，看能不能让您少花点儿钱，让大哥住进医院治疗。我们还有事儿就先走了。”那妇人接过钱，紧紧地握着鸿雁的手连声道谢。走出院门后，村主任告诉我们，这家原本是他们村里的富户，男人很能干，是个瓦匠，可后来在一次施工的时候，不慎从房上掉下来摔坏了脑子，摔断了腿，一夜之间就成了植物人和贫困户。我一时哑然无语，心中深感人生无常，造化弄人！

绕过一道山岗，我们来到一座比较大的院子里，村主任径直走向南头儿的一间大房子，我们紧随其后。屋里烟雾缭绕，空气中散发着一阵阵土烟的味道。屋里黑压压地挤满了人，在座的大多是庄稼汉，只有零星的一两个农妇，手里抱着孩子，坐在长条的凳子上，逗弄着咿呀学语的村娃。屋子里摆放着一圈儿桌子，中间是一个空场。在正对着门的两张桌子后面坐着两个人，见到村主任进来后就站起身来打招呼，村主任介绍说这两位是村支书和村民小组组长。我在大城市待久了，感觉好像是在小说里才能接触到的人竟然活生生地出现在面前，心里充满了穿越感，仿佛回到了赵树理创作的《小二黑结婚》的年代。鸿雁今天穿了一件白色的羽绒服，脖子上系着一条红色的围脖，配上白皙的娃娃脸，看上去很有活力，同满屋的农民在一起，显得十分惹眼。村支书操着一口兴华口音，介绍了鸿雁和“众志联盟”的蛋白桑公益项目，鸿雁又就此进一步加以说明，指出蛋白桑是国家和农业部精准扶贫的项目，蛋白桑浑身都是宝，不仅容易种植，而且回报率也很高，未来前景十分看好。有些农民对此提出质疑，问她：“为啥俺们非要种这个，能比老玉米种植强到哪儿去？”鸿雁将蛋白桑的种植方法、优势和兴华的土壤结构进行了分析，悉心解释，俨然就是一个农业专家，而我却听得一头雾水，只能从逻辑上尽量理解。我也接触过农村和农民，但对种地这件事完全是个门外汉，也正因为如此，才格外对鸿雁敬佩不已！

第三章　报答春光知有处

2006年11月，我的一位师弟向我传递了故宫招募志愿者的信息，当时我尚不知道志愿者的内涵，但想到能近距离地与故宫接触，甚至能有机会参观故宫的未开放区，我便按捺不住好奇与激动，很快将简历发送出去，为了能够增加胜算，我先后报考了英文和中文志愿者，两周后，我收到故宫参加面试的通知，我高兴得抑制不住内心的喜悦，马不停蹄地去书店买了几本故宫的中英文读物恶补。首先面试的是英文志愿者，面试时，考官除了让我自我介绍外，还要求讲述故宫的一处景观或文物。我信心满满地选择了太和殿。在令人煎熬的等待后，幸运之门向我打开了！我终于如愿以偿地踏进了红墙碧瓦、雕梁画栋的“太虚幻境”。

然而，接下来的日子却让我始料未及，没想到故宫对于我们这些编外人员的培训和筛选会如此严格，要求我们对故宫的每一处建筑、文物及其背后的轶事和典故都要熟稔于心，“指哪儿打哪儿”。经过了一段时间的艰苦培训，我最终成为故宫第二批正式的英文志愿者，挂牌上岗，当时的兴奋与自豪充溢在心里！那段时间，我与来自北京八中的英语老师、同为杏林大学历史系的校友谢昭萱相识了。她中等身材，戴着一副黑边儿眼镜，目光单纯，身体微胖，不施任何脂粉，却自有一股书卷气和亲和力。我们一见如故，在故宫的志愿生活中结下了深厚的友谊。自2007年6月起，我们12个人的英文志愿者小分队便开始活跃在故宫的中轴线和专馆里，为来自五湖四海的外国政要、博物馆同行和亲朋好友讲述中华民族的优秀传统历史文化，传播故宫文化，推广博物馆知识，宣传文物保护的重要性。我们的队伍里有北大光华学院的莘莘学子，有仪表堂堂的外事翻译，也有潇洒随性的自由工作者。

2007年夏末秋初的北京是七月流火、天气渐凉的时节，故宫外办处给我分派了任务——在未开放区的漱芳斋，为联合国教科文组织的副秘书长李薇莉讲解重华宫和漱芳斋，故宫副院长李季先生将接待贵宾。意识到自己不仅仅是一名普通的志愿者，还代表了一个国家的形象，我便加倍认真地准备解说词，练习接待礼仪，又加之第一次服务就如愿以偿地能进入未开放区，那种心情着实难以名状！中国文化的博大精深、源远流长在故宫中皆有体现，仅是“重华宫”这一宫殿的命名就可见一斑。重华宫始建于明代，它使用的是尧、舜、禹时期“舜”的字，即“重华”，出自《尚书·舜典》，取隋唐时期孔子后人、大儒孔颖达的“此舜能继尧，重其文德之光华”的含义。清朝时由大学士张廷玉和鄂尔泰拟定宫名，因此处曾是乾隆皇帝的肇祥之地，所以这些臣子意在颂扬乾隆皇帝有舜之德，乾隆统治时期为太平盛世，当然这也彰显了清帝要效仿先贤的为政之道，不得不令人对我们祖先的智慧之深邃肃然起敬！

那天，我早早地就到重华宫里等候着领导和贵宾的光临。站在悄然耸立的重华宫前，我简直被她的美妙深深地折服了！那雕梁画栋的厅堂抱厦，那龙云幻化的和玺彩绘，那做工精美的棂花槅扇，那翰墨缥缈的“长春书屋”，还有那婀娜多姿的“金昭玉粹”殿，处处透露着神话般的风致和古拙，令我如同刘姥姥进大观园一样地看得瞠目结舌！而漱芳斋里还时时地散发着沁人心脾的楠木香气，芬芳馥郁。我着实已经恍若飘飘欲仙了，不觉一缕缕神思陶醉其中，“错把杭州作汴州”了，要不是被来客的寒暄话语所惊醒，我险些忘记了自己的使命！最初见到“李薇莉”的名字时，还以为她是个韩国人，未料到是个举止优雅的法国女士，她上身穿浅蓝色西服，下身着灰色短裙，高跟儿凉鞋，虽然头发已经花白，脸上也有不少皱纹，却依然风姿绰约，谈吐典雅，而李季副院长也是一副谦谦君子的儒雅之风。宾主双方谈论了关于世界遗产保护和故宫作为博物馆与世界四大名馆，即卢浮宫、大英博物馆、美国大都会博物馆和艾尔米塔什博物馆等长期保持合作关系等问题，李薇莉建议故宫也应同拉美和非洲等地建立联系，而2007年10月也将在巴黎召开拉美博物馆的会议，他们这些国家和地区的博物馆事业的发展也是蔚为可观的，李院长表示赞同。我当时负责为他们做翻译，并奉命带李女士参观“风雅存”戏台、“芝兰室”和“漱芳斋”。只见“风雅存”戏台上题有乾隆御书的匾额，古琴形的斑竹双柱上，镌刻着一副乾隆御题的楹联：“自喜轩窗无俗韵，聊将山水寄清音。”戏台后边的蓝轩雅室正应了“绿绮琴弹白雪引”的诗句和意境，李薇莉女士也被这里的优雅所吸引，口中时不时地赞叹不已；当我向她介绍芝兰室的名字与中国儒家学派代表人物孔子有关时，她告诉我她很佩服孔子，但是不知道芝兰室这个名字竟然与孔子有关系。我自豪地解释道，因为儒家的学说主要是仁学，而这个名字就是出自一本记录孔子言行的叫作《孔子家语》的书，书中有“与善人居，如入芝兰之室，久而不闻其香，即与之化矣”的句子，比喻这是善人贤士居住的地方；她点点头，然后又问我为什么要选择兰花来命名，我答道：“因为中国人把花中的梅、兰、竹、菊视为四君子，有品行高洁之意。”她听罢双眼放出光芒，莞尔一笑地说道：“我在巴黎的办公室，整个一个楼层都摆放了兰花，因为我非常喜欢兰花！”我随即回敬她道：“这说明您有君子之品啊！”她高兴地点头示谢。临行前，李院长在多宝阁前向她赠送了一本故宫珍藏的画册，并合影留念。李薇莉还微笑着和我道别，说希望有朝一日还会来故宫，如果还是我陪同她，她将会非常高兴。这一天在我的记忆里，充满了温馨芳香的味道……

这一年的6月12日，烈日炎炎，酷暑难耐。我接待了美国总统文化基金委员会的42位国际知名建筑专家。首先在故宫数字馆观看了故宫的虚拟现实（VR）纪录片“三希堂”。李季副院长在现场向国际友人们介绍了故宫诸项业务所取得的成就，包括博物馆青少年教育、对农民打工子弟的关爱和志愿者队伍的建设等，赢得了贵宾们的热烈掌声。当贵宾们坐在舒适的靠椅上，身临其境地品味着中国乾隆皇帝“三希堂”书房内拙朴雅致的陈列，玩味着王羲之《快雪时晴帖》、王献之《中秋帖》和王珣《伯远帖》的留香翰墨、慨叹着“三希”在近代颠沛流离的坎坷经历时，不禁被故宫先进的展陈理念、高科技的展陈手段所折服，而我也为自己是故宫的志愿者而深感自豪！随后我和另外一位英文志愿者——来自首都机场的韩燕，把来宾分成两拨，各带一队“人马”参观中轴线和重华宫。其间，有一位国际颇有名气的美籍建筑学家满头白发，在迈过乾清门的门槛时，显得很吃力，我于是下意识地过去搀扶她，却被她一把甩开了，她在嘴里嘟哝着：“别碰我！我有那么老吗！”我被她的这一突如其来的举动弄得非常尴尬，涨红了脸，傻傻地站在原地没动，心里觉得有些委屈！不过，考虑到还有二十多名专家需要我的服务，我便放下了包袱，继续讲解。不一会儿，那个老太太不露声色地凑到我的近前，询问我是否能帮她搞到朱漆的梅瓶。我建议她到旧物市场上去看看，并把地址告诉她。然后她又问及景山的用途，我告诉她那是故宫外的另一个景区，还没等我说完，她就打断我，认为景山和故宫是一体的，虽然它在故宫外。我真诚地夸赞她了不起，并告诉她景山原来是元、明、清三代的皇家御苑。在明代兴建紫禁城时，曾在此堆放煤炭，故有“煤山”的俗称，它又叫“万岁山”，是故宫的“镇山”，它和故宫都是北京中轴线上重要的古代建筑，有故宫专家根据堪舆学的理论提出，景山之于故宫相当于一个巨大的影壁。老太太点点头，满眼沧桑地对我说：“难怪尼克松说，中国是个伟大的、生气勃勃的民族！”我会心地向她笑了笑说：“美国也很伟大！”和她的接触，让我体会到由于文化背景的不同带给人们的心理差异，但人类的感情是可以通过不同的方式表达和沟通的，在这个过程中，我们需要秉持求同存异的精神。

2007年11月13日，荷兰音乐艺术博物馆的馆长库珀先生及其夫人，以及外办主任到故宫访问，李季副院长在神武门前会见了他们一行三人并赠送了礼物。我被安排带他们参观故宫的钟表馆和中轴线，他们对中国的钟表很了解，而且故宫也与他们有业务往来。当我们一行人来到御花园时，我告诉他们御花园的鹅卵石路是用九百多个中国古代故事和典故的图案连缀而成的，比如桃园三结义、赵延拜寿等，还有蝙蝠口衔半块银钱的图案，代表“眼下有钱”的含义，甚至还有近代的小火车图案，那位金发碧眼、个头高大、面貌英俊的馆长听罢，忽然在鹅卵石铺就的甬道上驻足凝望，然后竟然俯身趴在地上仔细而专注地端详起这些图案来，嘴里不停地称赞着，引得许多游人都围观过来，不知发生了什么事，而我也被他的文化热情和求知精神所感动。在交谈过程中，他还告诉我，他们那里每年的新年，都会有许多准备踏入婚姻殿堂的新人去博物馆里敲钟，表示对新年的期盼，我高兴地介绍说，北京有个大钟寺，新年的时候，人们也会敲钟祈福。他惊讶地睁大眼睛说，没想到中西方文化竟然有很多相通之处。临别前，他邀请我将来有机会去荷兰艺术博物馆参观考察，库珀先生还送给我他的名片和一盘李斯特的钢琴曲光盘，我感谢他的友好相赠并欣然答应了他的邀请。

第四章　而今迈步从头越

2009年是我真正意义上的接触故宫中文志愿者工作。刚刚加入中文志愿者队伍时，我感到自己被这些或是白发苍苍，或是练达沉稳，或是朝气蓬勃的志愿者的知识积淀震慑住了，方知自己的浅薄与渺小，同时也产生了一种危机感，原来自认为对故宫很了解，而在他们面前则显得班门弄斧、小巫见大巫了。我和昭萱已经成为无话不谈的莫逆之交，而新结识的几位中老年志愿者，也让我倍感亲切，十分投缘。老秦是一位心灵手巧、快人快语、风趣幽默的花甲之年的志愿者，她个头不高，面色黝黑，眼睛虽小却很有神采，总是能道出令人意想不到的话语，可谓“语不惊人死不休”，淳朴而率真，是故宫青少年手工活动的重要指导人物，她也在“首博”做志愿者。白小婉虽然和老秦岁数相仿，但面白如玉，颇有“福相”，大耳垂轮，慈眉善目，温婉平和，一看便知是位仁厚长者，一副憨态可掬、大智若愚的样子。她对于任何知识和信息都不会轻易放过，总是精益求精。她经常会随身携带一个袖珍的小本子，将遇到的问题和知识点记录在册，那上面密密麻麻的娟秀的字，与她肥胖的身体似乎不太协调。她对北京的王府如数家珍，这当然是得益于她在恭王府做志愿者的经历。由于一次去湖北曾侯乙墓的趣闻轶事，我们戏称她为“白大坑”。当时老秦、郑伟和我一起去湖北寻访荆楚文化。郑伟是新华社记者的孩子，父亲曾经常驻外，她原来是做审计工作的，后来因丈夫开公司，家境殷实，就辞职在家，做起全职太太。我们在一个周日到了随州的一家宾馆入住，准备次日去看曾侯乙墓的遗址，但不知遗址的具体情况，于是发送短信给小婉，希望这个“过来人”能够给一些建议，而她却短信回复说：“那儿就有几个大坑，东西都在湖北省博，你们愿意看也行，不看也行。”我们一看短信内容，鼻子差点儿没气歪了，这不是等于什么都没说嘛，于是便给她起了个“白大坑”的“美称”。李淑梅是一位颇有特点的北京土著老妪，身材消瘦，但身体柔韧度极高。她一笑眼睛眯成一条缝儿，皱纹也爬上了眼角，她自称五服之内都是地道的北京人，深谙老北京的民俗和歇后语，张口就是俏皮话儿——当有人夸奖她身体健硕时，她就会眯着眼睛说：“我啊，不行喽，挑水回头儿……”于是对方对她后半句要说的话表示出好奇，她便卖个关子说：“您想想，过去老北京没有自来水儿的时候，这人得到井里头挑水，等他挑着水一回头儿，说明怎么着啊？”待对方皱起眉头不解其意时，她又点到字眼儿上，揭开谜底：“过井儿了呗。”这一谐音就是说，我啊，过了景儿了，老了。一般这老北京的歇后语要是给点透了就没劲了，要的就是尽在不言中的感觉。而当又有人敬佩她多知多懂的时候，她又诙谐地说：“嗨！我就是背心儿上贴膏药……”“您待怎么讲？”“假装兵马俑啊！”周围的人听罢已经笑得前仰后合了，可她老人家却依然故我，真是典型的乐天派，天生的幽默大师！我们都称她是活脱脱的一部老北京民俗“活字典”。而这些各具特色的志愿者老师们也成了我生活中的良师益友。

经过一段时间的实践，我才悟出了中文志愿服务与英文志愿服务还是有很大差别的。由于东西方文化传统的差异和文化语境的不同，在做英文讲解时，不需要说得太深，将故宫的大致轮廓和基础信息讲清楚即可，相关的知识点与文化信息基本上是点到为止。而中文讲解则需要与不同层次和教育背景的观众进行交流，更重要的是做好文化遗产保护工作，提高观众的文物保护意识，提升他们对中外历史文化的兴趣，进一步促进博物馆文化的传播。

记得我在做中文服务的初期就遇到了不少意想不到的事情。那是一个周二的下午，我和老秦在珍宝馆服务，当我们刚刚跨过养性门的时候，我突然听到老秦大喊一声：“那个观众不要碰日晷！出来出来！”她声如洪钟，引得周围的一些观众回头侧目。只见一个男青年已越过了日晷周围的护栏，正在用手掰日晷的指针。见老秦一脸怒气，赶忙收了手，跳出围栏，逃之夭夭。我笑着对老秦说：“行啊老伙计！大有刘寄奴‘气吞万里如虎’的架势啊！”她气愤地说：“有的观众素质就是差，不把国宝当回事儿！这要是我儿子，我上去就给他一巴掌！”我附和道：“没错！什么观众都有，那天我给几个穿得挺讲究的观众讲完后，其中一个贵妇人模样的观众就把我拉到殿外，非要塞给我二百块钱不可，我告诉她，我们是志愿者，是义务服务，不能收观众的钱，这是故宫的规定，推辞了半天她才走了。”老秦点点头说：“我也碰见过这种事儿，好几次了，咱哪儿能违反规定啊！”“你们俩说什么呢这么热闹！”正说话间，突然响起了一个熟悉的声音，回头一看，原来是我们的明星志愿者张仪老师，她是故宫和国博的金牌志愿者，知识储备非常丰富，讲解绘声绘色，引人入胜，是许多“故宫粉丝”的偶像。我一见是她，立刻抓住机会，向她请教了不少知识。我听得十分认真，准备回去进一步查阅相关资料。这种不断汲取知识、聆听长者和尊者教诲的感觉令我感觉受益匪浅，这也是在故宫做志愿者的一个重要收获。

第五章　春风化雨润无声

2011年的春天，故宫的武英殿前开满了鲜花——桃花、二月兰和梨花争奇斗艳，竞相开放，那桃红柳绿、紫殿流光的景象令人流连忘返。我和昭萱相约一起去服务。因为箭亭要重新修缮，工作站被转移到了南三所这边，我们迈进了新工作站的小门，然后与焦、史二位老师互道问候后，便取了墙上挂的专馆工作证就进馆服务了。

当我在珍宝馆里看到这些闪耀着古人智慧之光的奇珍异宝时，心中就会涌起一阵阵克制不住的欢畅与静谧相交融的感觉，我仿佛是在与这些先贤巨匠对话和碰撞，他们之于我，正如同苍穹中耀眼的星辰一般，使我不由得驻足凝眸，潜心仰望，仔细默察他们在寰宇间发出的丝丝细语，透露出的缕缕灵光！而当观众心满意足地听完我对文物及其背后故事的诠释后，也同样表现出对古代工匠精湛的技艺与鬼斧神工之美的赞叹、对工匠精神的敬畏，甚至能和我深入沟通时，我便像是找到知音似的开怀不已。这次也不例外，我在讲解古代君王的治国之道时，最喜欢用“青玉十二雕”作为范例。那是在珍宝馆第二展室里的一件文物——一个安详地端坐在一个紫檀盒子里的十二个青玉生肖摆件。“大家看到的这件文物叫作‘万年甲子盒’，是十二角形，玉盒四侧盒盖面中间是阳文篆书‘万年甲子’，外围有一周篆书‘子丑寅卯辰巳午未申酉戌亥’，再外围是两圈各种篆体组成的九十六个‘寿’字。盒盖内为填金隶书‘用十二辰本事题四库全书’，末尾有‘乾隆乙未夏御制’的款儿，并阴刻‘几暇怡情’四字篆书，盒盖内的题诗是隐尾诗，用十二地支作为诗的尾字，描写了乾隆让纪晓岚在摛藻堂编辑四库全书的过程。盒外侧十二面有隶书填金乾隆御制藏头诗，分别用十二生肖作为诗的字头，描写了乾隆平定西南土司大小金川战役的情景。这件文物是乾隆的私人印盒。在盒子的中央是十二生肖，每一个动物都是兽首人身，它们身穿交领长衫，有的手里拿着书卷，有的挥着羽扇，有的提着花篮，有的捧着宝珠，有的拿着弓箭，有的攥着棍棒……它们的底部打磨平整，是用来制作玉印的。坐像下都配有紫檀木座，并且采用了“落窝”工艺。在盒内，十二生肖围成一圈，中间有青玉雕十二章方形玉盒。玉盒盖面谷纹锦地上凸雕四螭，正中琢了一个‘丨’字纹。盒子的顶端是八卦中的乾卦纹饰——三个横纹，被一个雕有四螭的圆形图案所包围。《说卦传》里说：‘乾为天之环也。’这是乾隆的标志性题跋和款识。盒子的每个侧面都雕刻着三幅图案，一共是十二幅图案，是从周代开始在君王朝服上所绣的十二章纹，象征着君王应该具备的十二种品德。木盒的底座是镂空雕花十二面围栏，还有十二个云形足。所以大家看，这么小的一件文物却包含了很多历史和文化信息。”观众们听得很安静，一个南方口音、知识分子模样的中年妇女感叹道：“哎呀！如果您不讲，我们就白白地错过去了……”她旁边的同伴连声附和道；“就是啊！”我笑着说：“故宫里的文物没有赝品和复制品，都是实物，货真价实不说，还有很高的历史文化价值、艺术价值和考古价值。您花40块钱，旺季的时候也不过60块钱，就能领略到这么多的奇珍异宝，这可是比有些景区让游客花高昂的门票费，也只能看一些人工的假景色或仿制文物的性价比要高得多啊！”

2011年9月20日，故宫博物院举办了年度大展“兰亭特展”的揭幕仪式，开幕式在故宫博物院午门展厅举行。这次“兰亭特展”是关于兰亭文化的综合性展览，共展出展品110件，其中故宫博物院94件，还有来自日本东京国立博物馆、香港中文大学文物馆等其他机构的展品16件。在开展之前，宣教部给我们开了会，安排讲解、接待和问卷调查等工作。我们的问卷调查为本次展览中的观众调查研究提供了一手材料，我们的志愿讲解服务也受到观众的喜爱和好评，故宫对志愿者不辞辛苦的敬业精神和较高的专业讲解水平给予了肯定。

2012年6月9日，建福宫花园繁花似锦，姹紫嫣红，茂林翠叶间，攒动着青丝和银发，无论是娉婷少女，还是皓首老人，都纷纷在万花丛中留影为念。这是故宫为庆祝我国第七个“文化遗产日”而举办的活动，主题是“文化遗产与文化繁荣”。故宫紧密围绕这一遗产日主题，精心组织开展了以观众调查、交流座谈、文化宣讲、倡导文明等一系列丰富多样的活动。我们志愿者组成了故宫文化宣讲团，走进东直门街道所属的东环社区，为社区干部和居民讲述历史、讲解文物、传承文化。通过石鼓背后的传奇故事、紫禁城里的屏风和百年沧桑的珍妃井等几个方面的讲解，从不同侧面介绍了故宫作为世界文化遗产的文化内涵。故宫博物院的领导和工作人员，加上我们60多位志愿者，在建福宫花园敬胜斋欢聚一堂，举行座谈，围绕文化遗产日“用真心保护，用行动传承”“文化遗产人人爱，有你参与更精彩”“今天多一点责任，明天少一点遗憾”的活动口号为主线，共同讨论志愿者在文化遗产传承中的作用，促进文化繁荣和志愿服务精神的价值体现。

敬胜斋里，领导、嘉宾、志愿者和媒体已经就位，博物院的领导开始讲话，他对文化遗产日表示祝贺，然后又诚挚地表达了对志愿者老师辛勤付出的赞赏、对他们守护国家和民族的文化遗产表示了崇高的敬意和真心的感谢！随后，他与大家亲切交流，就文化遗产保护问题，请大家踊跃发言，谈论自己的感想和体会。志愿者代表争相发言，乔利民老师还朗诵了自己为这次活动创作的诗词，博得了在场领导和志愿同人的热烈掌声，大家尽情抒发着自己对祖国文化遗产的热爱、对故宫的热爱和对志愿者工作的热爱。媒体的摄像头对准了每一个人，拍下了一个个感人的画面，敬胜斋里洋溢着热烈祥和的气氛。

第六章　十年磨砺出青峰

2012年的一个阴雨连绵的早晨，我正在办公室里看文件，手机铃声突然响起，我见是个陌生号码便挂断了，但对方依然续打，我接听后，电话中传来了一个女声："请问您是魏兰老师吗？"我称是。她继续说："我是北京航远志愿服务研究会的罗新，您近期出版的《志愿者》已经被我们研究会收藏了。我们也向会员单位推荐了这本书，包括恭王府、中国妇女和儿童博物馆、辽宁省博物馆。"我深感意外，连忙道谢，罗新又诚恳地说："我们准备吸纳您为专家会员，想征求一下您的意见。"我询问她入会需要什么条件和手续，她一一告诉了我，并说入会后可以参加研究会组织的学术活动和会议等。我高兴地接受了这个选择，也正是因为这个选择，我在今后的生活道路上，与公益事业结下了不解之缘。

不久后，我应邀到北京航远志愿服务研究会去面见他们的领导雷川红。初次见到雷川红时，便有一见如故、似曾相识的感觉，我也被她精明干练和爽快的性格所吸引。这是位面目清秀、颇具川妹子风格的中年知识分子，鼻梁上架了一副眼镜，眉眼在顾盼中透露出灵动和果敢，身材保持得很好，身上喜欢佩戴银饰，她自陈这是由于她是土家族的原因，土家族最喜欢这样的装饰物。她的办公室里摆放着几盆绿植，开放得很茂盛，正犹如她所迸发出来的朝气一样。见到我后，她很热情地伸出手来紧紧握住，清脆悦耳的声音让人十分舒服和愉快。她简单介绍了一下北京航远志愿服务研究会是如何从最初的一间十分寒酸的小屋、寥寥无几的几个人而发展壮大至今的，现在隶属于北京市团委，已经发展得非常成熟了，拥有许多各行各业的注册专家志愿者。由于了解到我是专门研究博物馆志愿服务的，她说国内志愿服务的研究在这方面还是空白，希望我今后能够继续深入研究下去，积极参加研究会的各项活动。我真诚地表示非常愿意参加研究会的活动，她说希望我能在近期有时间去采访一个叫王鹏的志愿者，他是博物馆的志愿讲解员，也是全国十佳志愿者，最近成立了一个叫作“众人公益”的组织，研究会希望以此为案例开展相关的调研和案例研究工作。我欣然领命。正说话间，一位中年男子走进屋来，他个子很高，身体微胖，天生的自来卷儿，眼睛很大，鼻梁高高的，雷川红见了连忙叫了声：“刘主任！”刘主任坐下来，雷老师向他介绍了我，并说我是在故宫做志愿者，刘主任一听“故宫”二字，话匣子立刻打开了：“我小时候，家就住在皇城根儿附近，没事儿就往故宫跑，对故宫很熟悉。”我也来了兴致，便和他聊起了故宫的一些逸闻趣事。临别时，刘主任很自然地对我说：“有空常回家看看。”我听了后怔了一下，随即反应过来，也报之以一笑说：“一定！一定！”心想：他们已经把这里当作自己的家了，一个温暖的大家庭！他们送我到门口，就此言别。在我去往电梯、途经一个写字间的时候，一位白发苍苍的老妪引起了我的关注，老人身材瘦小，身穿志愿者的天蓝色坎肩儿，虽然满脸皱纹，但双眼放射出的是慈祥与和善的光芒，她见我注视着她，便友好地向我笑着，我于是礼貌性地冲她点了点头，便好奇地上前询问她：“请问您也是这里的志愿者吗？”这时，一个瘦高个子、戴着黑边眼镜的文质彬彬的年轻人走过来，操着一口南方普通话对我笑着说：“这是我们的周奶奶，我们的知心奶奶！”年轻人见我一脸疑惑，便自我介绍说：“我是北京宏图志愿者联合会的陈云涛。”老人听罢，随声附和道："这是我们秘书部的陈部长……"她声音不大，细声细气地接着对我说："我是志愿者，今年79岁了，我原来是军人，退休以后发现有乳腺癌，我本来都万念俱灰了，可是一个朋友介绍我说这里需要志愿者，让我散散心，我就来了，结果没想到的是志愿工作让我得到了重生，我在这里工作了八年了，竟然把癌症治好了！"老人说话时流露出满脸幸福的样子。我惊讶地反问老人："您的癌症好了？太不可思议了！"老人两眼笑得眯成了一条缝儿，用力地点点头，并说："这里是个温暖的大家庭，欢迎你也常回家看看！"我感慨地连连说："好的！好的！"

四月的一个温暖的春日，我与王鹏相约在朝阳区望京的一个咖啡厅里见面了。王鹏到得很早，并为我准备了一杯咖啡。这是个面色白皙、清秀的年轻人，瘦高的个子，英俊中还带有一丝腼腆。他是一家国企的办公室主任，是法律专业的高才生，他介绍了自己创办"众人公益"的发起原因、创办经过和已经取得的成就，我根据访谈提纲，对他的组织的基本架构、人员情况、发展中遇到的困难和成功经验等一一做了记录，由于都是博物馆的志愿者，我们彼此之间的距离似乎被拉近了，访谈很轻松自然。我回去后撰写了访谈报告，并递交给雷川红。这是我在研究会开展的第一项工作。其后，我又相继参加了研究会组织的国际与国内的学术会议和论坛，没想到志愿服务也是一个学术领域，我为自己的孤陋寡闻感到惭愧，也被这个新的事业和领域深深地吸引了。

2014年的盛夏季节，北京的街头犹如火龙盘踞，热得令人难耐！不过不知道为什么，我只要一踏进故宫，就很快觉得清凉惬意起来！这天，我照例在珍宝馆里讲完后准备回家。当我从皇极门迈出来时，正巧遇到三位特殊观众。一位白发苍苍的老者，戴着一副眼镜，颇有邓稼先的神韵。老人坐在轮椅上，一个30岁出头的美丽的少妇正在推着他，一位老妇人在旁边帮衬着。要跨过皇极门时，这个少妇把轮椅的前面翘了起来，正准备抬轮椅，我一见，连忙过去帮助他们。他们见我挂着工作牌儿，就感激地向我道谢。我摆摆手说："先把老人搬过去再说。"可是我们几个人的力气还是不够。这时，那少妇走到老人面前，俯下身去，将老人的双臂放到她自己的肩头，然后半搀半抱地用力将老人立起来，我赶紧借机把轮椅抬了过去。但他们如何走过这珍宝馆的台阶和门槛呢？于是我决定一直帮助他们参观完珍宝馆，他们得知后连连道谢。在参观过程中，我了解到他们来自上海，老人是复旦大学数学系的教授，希望晚年能看看故宫，了却自己的一桩夙愿。于是老伴儿和女儿就一起陪同他来北京。这期间，只要有门坎和台阶的地方，女儿都会不遗余力地将父亲抱起来，她满脸汗水，衣服的前襟和后背也被汗水打湿，累得呼呼地直喘。我望着她诚恳地赞美说：“您可真是父亲的好女儿啊！”那少妇自豪地说：“我老爸就放心我抱着他！”当我送走他们时，太阳还高高地挂在琉璃瓦上，我虽然有些劳累，但心中却充满了快意，而这件事儿也促使我要对故宫的残障设施进行深入的调研。我于是请昭萱帮忙，找了一个周末的时间开始调研。我们对精心挑选过的线路和设施进行登记和丈量，然后给专业刊物发去相关论文，希望能够引起学界对博物馆和文化场馆残障观众的关爱和重视。对以古建筑原貌为基础建设的博物馆的残障设施的布置，既要考虑到文物的完整性，又要方便残障观众参观。此文最终被中国博物馆协会收录在其年会论文集中，我也应邀参加了其在合肥召开的年会，与同行交流学术成果，受益匪浅。

雷川红这天上午给我打来电话，说故宫面向社会志愿者打造了志愿者免费开放日活动，北京宏图志愿者联合会准备组织注册志愿者和大栅栏社区志愿者于次日参观故宫，请我去做讲解，我当即爽快地答应了，因为这是一个由志愿者为志愿者服务的特殊的旅程，具有一定社会意义，既能体现出志愿服务已经在当今社会深入人心，又反映出故宫作为世界顶级的博物馆之一的人文情怀！

这是一个风和日丽的上午，一群身穿蓝色志愿者服装的志愿者齐聚午门。我首先对志愿同人们表示欢迎，然后给他们讲紫禁城的由来：“大家知道宋代著名诗人苏轼有一首词叫作《水调歌头·明月几时有》，这首词中的第一句就是‘明月几时有，把酒问青天。不知天上宫阙，今夕是何年’，其实紫禁城就是天上的宫阙。为什么这么说呢？为什么它被称作‘紫禁城’而不是‘蓝禁城’或‘绿禁城’呢？”看到大家都在聚精会神地听我讲，我便进一步启发说：“古人相信天上有十五颗星宿拱卫着一颗叫紫微星的帝王星，皇帝在人间的宫殿都和这颗帝王星有关。比如唐朝中期的安禄山、史思明叛乱的时候，他们占据了蓟城，就是咱们北京，在皇城内建了紫微殿；而故宫是明成祖朱棣让工匠参照《考工记》，耗时14年才筑成的宫城，所以被称为‘紫禁城’。紫禁城共有四个门，代表古人观念中的“四象”。所谓“四象”就是根据二十八星宿的位置，将东西南北每方的七个星宿组成的四个形状，用四种动物代表，这四个动物被称为‘四灵’，就是朱雀、玄武、青龙和白虎。在战国时期的曾侯乙墓中就出土了一个二十八星宿图案的漆箱，反映了咱们先民早期的天文成就。紫禁城南北长961米，东西长753米，分为前朝和后寝，前朝包括太和殿——也就是老百姓常说的金銮殿，及中和殿和保和殿，共三大殿，这三大殿被皇帝看作是‘国’，而后寝包括乾清宫、交泰殿和坤宁宫，这后三宫被看作是‘家’，所以这拱卫帝王星的十五个星宿，在故宫就体现为后寝的三宫加上东西十二宫，拱卫前朝的三大殿。”大家听罢都不约而同地点点头，一位年纪稍微大些的妇女说：“没想到故宫还有这么多门道呢！”我笑着说：“故宫现在都成了一门学问了，叫‘故宫学’，已经招收硕士生和博士生了！咱们后面还有很多有意思的东西要给大家讲呢！”我们走到金水桥桥头上，我告诉大家这五座汉白玉的石桥也是分等级的，中间的这座桥只有皇帝、皇后大婚当天才可以走，而平民里只有状元、榜眼和探花能走，他们那天会骑着高头大马，身披彩缎，从午门出去后向右转到长安街上的长安右门。“原来长安街就是取长治久安的意思，有长安右门和长安左门。”我补充道，“然后走过沿途欢迎和祝贺他们的百姓，这也说明咱们国家自古以来对教育的重视。”就这样，我用最通俗的语言，为他们讲述了老北京门钉肉饼和紫禁城门钉的渊源、金编钟的传奇、珍妃井的故事、太和殿檐兽的趣闻逸事等，大家都对故宫的文化叹为观止，对中华民族源远流长的历史充满自豪，待到讲解结束已经是中午了。第二天早上，我收到了研究会的短信，告知我昨天的活动已经上了当天的《人民日报》，他们会把报纸寄送给我，我喜出望外，赶紧上街买了十份当天的人民日报，分发给亲朋好友，一起分享我的收获与喜悦！

第七章　游云一别流水间

这是我第三次来到兴华，天气虽然寒冷，但是我却丝毫不觉得。这次，我要在社区里为志愿者们讲述避暑山庄文化，并结合相关历史故事开展穿朝珠活动。这是个周末，这片社区叫作皇姑屯，其得名与雍正皇帝的姑母有关。鸿雁早早地就在那里等候我了，我告诉她要事先帮我连接好设备，她告诉我应该没问题。可是问题还是来了，而且很严重，我当时根本就无法将电脑与屏幕连接上，后来我又去了附近鸿雁弟弟的电脑公司想办法，还是没能成功，我急得一身一身地出汗，最后只好打印了几十份文档，分发给志愿者，我在前面手举着文档为大家讲解，有的志愿者看我满脸都是汗水，便悄悄地给我递上来纸巾让我擦汗，有的志愿者则小声地对我说："魏老师，您别着急，慢慢讲。"我也平复了一下急躁的情绪，如数家珍地讲述起国宝的前世今生。由于讲课结束后要进行穿朝珠的活动，我重点讲述了朝珠的历史和文化。

接下来的环节，就是让志愿者穿朝珠。只见大家个个兴致勃勃地按照图片穿起来，我耐心地指导大家说："一串朝珠由四个珠子分成均匀的四段，代表四季，中间有三串珠子，一串上有十颗珠子，代表一个月的三旬，一旬十天。正中间有一串珠子，下面又有一个坠珠，这串珠子叫作'背云'，是帝后佩戴的时候，背到后背起平衡衣服的作用。"大家听完后，便认真地操作起来，最后，一个中年女性志愿者最先穿完了一串蓝色和白色相间的朝珠，在场的清庄电视台的记者立刻给她拍了照片，并采访了她。她举着穿好的作品激动地说："我长这么大第一次知道，咱们老祖宗留下的东西这么好！这么小的一个物件里面还有这么多的文化！下次我还要参加这样的活动！"

经过几次愉快的合作后，我和鸿雁建立起高度的信任关系和纯洁的友谊，我们几乎每天都在谈论公益，创新公益，为公益而奔波忙碌。用她的话说："咱俩一个有学问，一个懂农业；一个大都市，一个山沟里；一个天上，一个地下。简直就像演电影似的。真有意思！"我笑着说："人生本来就如戏嘛！是公益心和志愿服务把我们联系在一起。"在彼此的磨合中，我们不断地碰撞出火花。比如"众志联盟"在广东发展了分会，而我也满怀激情地提议由我在北京成立"众志联盟"的分会，聘请各路精英来助阵。鸿雁喜滋滋地说："我简直都觉得有点儿不真实了！好像在做梦！"很快的，2017年3月，我聘请了我的老师刘青松教授，好友余世襄及其夫人潘继饶，共同研究会的赵会成，大学同学钟卫红、穆珍、昭萱，我的女儿和穆珍的儿子等组建了北京分会，同时特别邀请了我的老朋友道索和新朋友丽萨加入了团队，并创建了分会的微信群，在群里我对各位师长和亲朋好友们的热情相助和鼎力支持表示衷心的感谢，并分别介绍了各位顾问和专家的简历，从知识结构和年龄结构方面肯定了分会的优势所在，并提出了分会的宗旨是要"以己所能，扶助弱困，传播文化，天下为公"，今后开展工作的方向主要是在北京和C省两地组织和参与各种公益活动。鸿雁得知北京分会成立的消息后，声音颤抖地说："我们一下子成了国际性的公益组织了，北京是首都，志愿服务也是全国数一数二的，我简直是太幸福了！"我在电话里高兴地回应她说："看来我们前生有缘！"我要求鸿雁给这几位顾问下聘书，鸿雁自信地说："没问题！您等我消息吧！"没过几天，我收到了鸿雁的微信，提及C省的巾帼志愿者项目准备在"众志联盟"启动首场培训项目，省主管部门聘请了C省某大学的几位学者为志愿者讲课，而且是线上直播，线下将有许多人会关注此次培训。在第一天培训的当晚，"众志联盟"北京分会成立仪式将举办，这几位专家将被请到主席台上接受联盟的聘书。我抑制不住内心的喜悦，很快将这一喜讯在分会的微信群里推送出去，惹得大家连连点赞。然后发布了C省主管部门的活动，希望大家踊跃报名参加。最后，刘青松、余世襄和潘继饶夫妇、赵会成等几位老师报名前往。

刘青松、余世襄和赵会成是同龄人——老三届人生经历丰富。刘青松虽然是银发飘然，但精神矍铄，意气风发，英俊洒脱，鼻梁上架着一副眼镜，颇有学者风度，声音浑厚而有磁性，身材高大挺拔，被我们的同门称为“魔鬼身材”，私下里大家都议论老爷子年轻时一定是众多女性青睐的对象！他常常会在节假日召集他所有的门生聚会，海阔天空地谈论时事、专业、人情世故，然后到KTV唱个够，根本没有导师的架子，和学生打成一片，深受大家的爱戴。

赵会成是我在北京航远志愿服务研究会的年会上认识的一位领导干部，主要从事标准化的工作。操着浓重的东北口音，声音有些沙哑，额头宽阔，眼睛有些浑浊，我一见他就有一种“老乡见老乡，两眼泪汪汪”的感觉，我们都评价他说话是“景德镇的瓷器，一套一套的”，能够在极短的时间内编出与当事人相关的顺口溜，而且总是能够切中要害。在我们刚刚成立分会的微信群时，他就很快地出炉了一连串与马年相关的成语：一马当先、小马过河、老马识途、万马奔腾、马到成功、马踏飞燕，等等。然后就开始总结：“咱们的团队有师徒档、党派档、母女档、母子档、夫妻档、中外档、老中青三结合档。”引来群里的赞扬不断，特别是世襄，秉承他当记者的习惯，回应得最频繁。

丽萨是我在一次国际学术研讨会上结识的，她在广州华侨学校任美国文化教师，有着典型的美国知识分子的温文尔雅的气质。她戴着一副金丝眼镜，蔚蓝的眼睛里透露着友善与谦逊。我去广州参加博览会时，抽空到华侨学校去听了她的一堂课，当时她在讲美国的“五月花”号和美利坚合众国的建立，她从一枚邮票上的牧师和相关的风景，导出“五月花”号登陆北美的背景，这种教法很新颖特别，给我留下了深刻的印象。

2017年2月16日，天气格外寒冷，北风呼号，而这一天也是我和鸿雁第一次在北京相见。她是专程去农业部联系蛋白桑的扶贫项目。我们见面主要是为了准备C省的巾帼志愿培训项目，鸿雁希望我们分会能够前往参加培训。另外，也准备就这一年要在兴华开展的各项助教、助学、扶贫和志愿者的培训、公益展和创建博物馆等工作进行规划。我们中午时在农业部附近的一家餐馆共进午餐。她穿了一件红色的外套，和嘴上的口红很搭配，只是面色略显疲惫。在餐馆落座后，她急急忙忙地说："我一会儿就得回去开会，去领志愿服务优秀奖。"我高兴地说："恭喜恭喜啊！这可真是个好消息！"她淡淡地说："还说呢，昨天早上接了个拉票公司的电话，说如果我出钱，他们就可以帮我拉到这个奖的选票，保证我能入选。气得我当时就在电话里骂他们说：'我宁可不要这个奖，也不能让你们得逞！'您说说，现在的人怎么什么钱都赚啊！"我被这个小姑娘的一身正气所感染，点头赞叹道："哎呀，佩服佩服！你真是一身的正气啊！我很欣赏你的做法，就是不能给这些赚钱不择手段的恶徒以可乘之机！"她连忙摆了摆手说："嗨！咱们不谈这个，说咱们的事儿吧，您准备怎么搞活动，尽管跟我说，我的执行力很强，一定全力以赴地和您一起做事儿！"我闻听后，从书包里掏出了两张纸，然后说："这是咱们今年要培训志愿者和助教助学的计划书，你看看有什么问题，提出来咱们再修改。另外，我已经在我们分会的群里发布了省主管部门这次培训的公告，我会把参加的老师名单和身份证号发送给你，你注意查收一下。"她激动地说："您可真是才华横溢啊！这么快就写完这么多东西！我回去后一定认真学习，尽快办！"就这样，她如同一阵风一样匆匆地走了。

4月27日，我在北京航远志愿服务研究会的专家群里看到了一则启事，提到北京某特殊教育学院中医针灸系志愿服务队的几位视力有障碍的学生，有着多年在敬老院义诊的志愿服务经验，如果群里有专家从事相关志愿服务，可以联系他们，并提供了负责人李华荣的联系电话。我看罢不禁心动，想起了兴华敬老院的那些老人，于是我联系了鸿雁，希望组织这个大学生志愿服务队，和我们一同前往兴华，为老人们义诊，鸿雁当然是乐不可支。我便拨通了那个大学生志愿服务队负责人的电话，对方是一个男生，得知我的想法后，千恩万谢，但是告诉我因为是去外地，所以需要“众志联盟”出示此次活动的介绍信给他们院里，我将诸项事宜安排妥当后，就准备组织我们北京分会的第一次志愿活动。

虽然已经是春风四月，兴华仍然是春寒料峭。我们一行七人先后乘车抵达兴华时，已是黄昏。天色幽暗，暮云凝重。我们在当地的一家商务酒店入住，鸿雁向我们介绍了当地主管部门的石琳琳部长，她梳个马尾辫，高挑儿的个头儿，一副宽边儿眼镜遮住了她的一双黑白分明的大眼睛，皮肤白皙，看上去有三十多岁，非常具有亲和力，没有丝毫的官架子。我也第一次见到了特殊教育学院的李华荣和他的同学贺力，他们的视力有障碍，但是听力非常好——那天我在地铁里给李华荣打电话联系去兴华的具体情况时，他在电话里说：“魏老师，您坐的是四号线吧？”我惊讶地问他是如何知晓的，他回答说，因为他们视力有障碍，出门坐地铁时，对每条线路地铁的关门声十分敏感，能够识别不同线路地铁的关门声。这让我的心里很不是滋味——正值风华正茂的年龄就这样了，实在令人惋惜，同时也对他们由衷敬佩，在这样的条件下，还能坚持做志愿服务，真是不同寻常的年轻人啊！贺力的症状要比李华荣更重一些，但是当我要帮助他时，他总是非常自信地强烈要求自己来，可以看出他是个非常要强和上进的孩子。

这次培训由石琳琳部长主持，参加培训的有二百多名志愿者。在几位主管部门领导讲话之后，培训进入主题。在会上，我们接受了C省某大学的几位专家的授课。其中的一位娇小秀丽的老师引起了我的注意，这位老师的授课方法十分引人入胜——她让志愿者即兴表演自己曾经接触和走访过的贫困家庭留守儿童的生活状况，由于是真情实感的流露，几位志愿者表演得很投入，引得在座的不少志愿者触景生情，流下了热泪，他们对留守儿童的境遇深表同情，对志愿者的仁爱精神报以热烈的掌声，这堂课收到了良好的效果。而另外一堂课是由一位留学美国的学院派老师讲述志愿服务的心理问题，他提出了一个问题：参加公益和志愿服务的人是否存在着自我救赎的心理？这个问题提得十分尖锐，引发了大家的热议。其实关于志愿者的心理动机已经有不少研究者深入研究，也有不少志愿者提出了自己的看法：有人认为志愿者参与志愿服务的动机中不排除某些自我救赎的因素，有人则坚决否认这种心理的存在，还有的态度中立。从我所接触到的志愿者来看，动机是多种多样的，有随意的、功利的、拓展社交范围为目的的、寻求别样的平台施展才华的、提高自身综合素质和技能的，林林总总，但应该肯定的是，大多数志愿者参与志愿服务还是出于无私奉献的精神和利他主义，做一时的好事不难，难在坚持做好事。

在后来的日子里，我通过各种方式与鸿雁进行沟通和交流，也加深了对“众志联盟”的了解。我建议她将“众志联盟”以往的经历、项目和活动做成一个“众志联盟成立九周年”的公益展览。她听罢兴奋地在电话那边儿叫了起来：“太好啦！太好啦！我们县委领导都在提议让我把‘联盟’的成果拔高，可我没文化，总是找不到人帮我做这事儿，现在有您在，我就能实现理想了！”“那我要是告诉你这个公益展览只是我们的第一步，你想知道第二步我还有什么想法吗？”她没有耐住性子：“您快说吧，我是火命，您急死我了！”我停顿了一下，说：“我提议咱们应该建造C省第一家、也是全国第二家公益慈善博物馆。”“建博物馆干什么用呢？”她不解地问。我解释道：“咱们C省的塞外文化、长城文化和运河文化是国家的发展战略。2012年，党的十八大的召开，国家出台了第一部《慈善法》，志愿服务同样也被纳入国家的发展战略，如果我们把公益文化和地方文化遗产结合起来，把我们的公益成果保存下来，这样我们的后人也就能够传承和保护我们的公益文化遗产了。咱们C省公益事业的群众基础很好，如果能够向你们地方政府建议，创办这样一个博物馆，是造福百姓的善举。而我们的公益展览就是迈向博物馆的第一步，你觉得这个建议怎么样？”鸿雁静静地在电话那边儿倾听着，随后真诚地说：“魏老师，认识您真是我这辈子的福气啊！我太幸运了！兴华的老百姓将来都得念您的好！”我没想到她会这么快就领会了我的意图，高兴地回应她：“你能理解我真是太好了！我们不是为了让百姓念我们的好，而是让百姓从善如流，摆脱贫困和愚昧的状态，缩小你们和北京之间的文化差异，使文化教育资源能够共享！”

在一种高山流水遇知音的情绪作用下，我开始连夜作战。我请“众志联盟”的工作人员、网名为“铁扇公主”的大姐把“联盟”以前的所有项目资料和档案都发送给我，包括照片在内。“铁扇公主”的面貌有些可怖，因十年前家中煤气爆炸而烧伤了脸部，她在北京治疗了三年，回家后始终不愿意走出家门，后来是“众志联盟”让她获得了勇气和新生，让她负责联盟的事务性工作，我也亲切地称她为“王大姐”。在王大姐的热情帮助下，我获取了一手材料。鸿雁还向我推荐了那位曾在皇姑屯社区培训会上第一个分享成果的韩泰，他是联盟志愿服务队的队长。初次见到韩泰时，我就对这个身材敦厚结实，一脸憨厚，看上去历经沧桑的中年汉子产生了好感。他的声音很洪亮，头发已经花白，我也因此在饭桌上寒暄时，谨慎地问他是否有60岁。当时同桌的人笑得不行了，最终我才知道他只有40岁出头，闹得我也很尴尬。他没有什么城府，喜欢实话实说，直来直去，有人找鸿雁的麻烦时，他总会挺身而出，行侠仗义。他成立这个志愿服务队一是希望通过自己的力量改变家乡的面貌，发扬志愿精神；二也是被鸿雁的光荣事迹所感动，对这个弱女子表示支持、敬佩和精神上的爱护，鸿雁说她把他视为兄长一样，有事儿就愿意和他商量，而且韩泰的文笔也很不错，又年富力强，所以他是帮助我策划和编辑展览内容的最佳人选。经过几天几夜的“奋战”，我终于整理出了眉目，而“联盟”点点滴滴的收获与成果也令我叹为观止，并激励我把这个展览策划好，让更多的人了解民间志愿组织不屈不挠的志愿精神，了解他们在这几年中付出的艰辛、经历的种种磨难和坎坷，珍惜他们的志愿服务成果，将这种人间大爱世世代代传承下去!

最终，我把这个民间草根组织的艰辛发展历程梳理了一番，将这次展览主题定为“大爱无疆话联盟——清庄众志联盟志愿者协会九周年公益展览”，展览内容分为六大部分，包括“众志联盟”从初创阶段到发展阶段的掠影，政府、领导和社会各界对“众志联盟”的关怀，人才队伍的建设，扶贫助残、日行一善、养老敬老、蛋白桑种植、援肾行动、爱心书包、爱心储蓄、爱心超市、爱心云帆、保护环境和弘扬优秀传统文化等项目的情况，以及对今后规范化、标准化建设的设想与展望。当我把展览大纲和展览内容发给鸿雁时，她在电话中表现出难以抑制的亢奋情绪：“魏老师，这么多年也没人帮我们整理我们的成果，让您这么一写，我觉得我们真是太好了，太不容易了！您辛苦了！”我也颇有成就感地说：“能让咱们‘联盟’的成果大放光彩是我的最大心愿！”

第八章　日月倏然惨光晶

2017年5月，赵老师转发给我一个中央财政支持社会组织开展社会服务的微信，我一看离申请截止只有一周了，就赶紧打电话告诉鸿雁，我准备帮她申请，她听了高兴不已，我告诉她不知道结果会如何，她说无论结果如何都感谢我。为此，我整整忙了五夜，终于按照民政部的要求提交了申请。眼看着公布结果的时间到了，我迫不及待地寻找着“众志联盟”的名字，可是最终没有找到，我好不失望啊！鸿雁安慰我说：“魏老师，没申请上很正常，因为我们是草根组织，很多地方还得规范化。这几天您太辛苦了！您也好好歇歇吧！我们感谢您！”我无可奈何地摇了摇头，想起了段老师曾经说到的：“鸿雁他们遇到的困难是常人无法想象的！一个农村的小姑娘，没有任何根基和背景，就靠着一片爱心，自己打拼出今天的‘众志联盟’，了不起啊！”

2017年5月24日，鸿雁发来微信，告知我清庄市委宣传部准备购买“众志联盟”的三次培训志愿者的项目，因项目所产生的培训费和食宿费用，由清庄市委宣传部负责，这也给予了我们很大的鼓励。按照我事先向“众志联盟”提交的2017年志愿文化培训的计划，首先由赵老师和我分别培训志愿者关于志愿服务标准化和志愿文化的内容，时间最终定在2017年6月3日。这个日子将是我终生难忘的日子，因为它彻底改变了我们北京分会几位老师的人生轨迹和命运！

我在收到鸿雁的通知后，照例与兴华的于师傅联系，准备届时请他开车过来接我们。而当我把消息发到微信群里时，世襄很快就自告奋勇地说，他要开着他的那辆新买来的桑塔纳带我们去。由于考虑到他刚做完白内障手术不久，所以我一再询问他手术是否会影响他的驾驶，他满口答应我：“您放心吧，魏老师！我最近已经带着你嫂子开车出去玩儿了好几次了，没问题！咱们明天在大院门口见面，然后去杏林大学接刘教授就齐活儿了！”“但您从没开车去过兴华啊！”我又不放心地补充了一句，他信心十足地说：“我有导航仪啊！您就擎好儿吧！”由于赵老师在6月1日到2日在寻仙岛开会，所以他就让他们的组委会直接把他送到了兴华，被安排在当天上午讲课，我们几个计划中午到，饭后我来讲。

那天的北京天空很晴朗，早晨的阳光很温暖，令人神清气爽！我一大早儿就赶到世襄家，在他们大院门口见到了戴着墨镜的余世襄和潘老师。当时我们的座次是潘老师坐在世襄驾驶座位的后面，我坐在副驾后面，因为刘青松的个子比较高，年龄又最大，所以我们特意给刘老师预留出副驾的位置，以便他能坐得舒服一些。

我们到杏林大学西门接上了刘老师，当刘老师的一条腿已经迈进副驾驶座时，潘继饶突然想起什么似的说：“哦，刘教授，您坐我这儿吧，我刚想起来，我得给世襄导航。”为了让我导师少走一点儿路，我连忙说：“刘老师您别绕过去了，坐在这边儿吧。”于是我顺势移到了驾驶座后面，而就是这样的一个简单的排序，上天最终让我们几个人体味到了不同的命运！一路上，潘继饶一直在摆弄导航仪，因为是新车，她还不太会操作这个“新式武器”，我更是个门外汉了，连世襄也不太会使用，可是谁也没有想到，导航仪的失效竟然是我们此行不幸的开端。当我们从鞍平下了高速路时，鸿雁的电话打了过来，询问我们到了哪里，我告诉她已经下了鞍平高速，估计还有一个小时左右能到兴华。然而，当我们的车进入了一个漆黑的隧道时，我突然感到眼前一片漆黑，仿佛整个人被放置在一个黑色的大罩子里，伸手不见五指，随后我便失去了知觉。

这一切来得太突然了，我感觉自己的右腿被巨大的力撞击到胸前，眼前一片模糊，嘴唇、牙齿、肋骨和胸骨不时地袭来阵阵剧痛。警察询问了我的姓名、家人的手机号以及车上人员的姓名和电话之后，便拨通了我家人的电话，但是警察很无奈地将手机递给我说：“您自己和他说吧，他以为我们是诈骗。”我接过手机来，有气无力地告诉了爱人我出了车祸，他听了后半晌没说出话来，然后好像是大梦方醒一样地安慰我说：“我马上过去，你一定要坚持住！”很快地，我们就被送往鞍平县医院，我看到了鸿雁，她脸色煞白，声音微弱地叫着我，我的眼睛半睁半闭地询问她那几位老师的情况怎么样了，她安慰我说：“他们都没啥事儿，您好好治病吧。”我能感觉到她是在强撑着说话。这时大夫走到我的病床前告诉我说：“你需要在我们医院先手术，因为你的腿被撞得蜷上去了，所以我们需要把你的腿先抻开了，再送你回北京做手术，这个过程需要做全麻。随后，我们会派救护车和一个大夫把你送到北京。”我点点头表示同意。就这样，我在鞍平做完手术后，被送往北京积水潭医院，那时应该是晚上十点多了。在急诊室里，我与潘继饶“相遇了”。因为大夫在问病时，她知道我也在，于是小声地叫我：“魏老师！”我既兴奋又焦急地问她：“嫂子！您也来这儿了？您怎么样了？余老师怎么样了？”而我听到的声音里却夹杂了很多情绪：“快别提他了……”我当时感觉自己要窒息了，知道后果不会太好，于是保持了缄默。这时，大夫走到她那里开始询问她的情况：“我的手在你的肛门这儿，你有感觉吗？”“没有……”我仿佛听到了一声炸雷一般，从头凉到了脚，原来她比我伤得要厉害得多，而不是像鸿雁所说的那么轻描淡写，我的心沉入了谷底，对余世襄的惦念有增无减，这种生死未卜的不祥之兆侵袭了我的全部神经，那天晚上，我因白天在身体和精神上的痛楚而发起高烧，恍惚间，好像听到邓丽君的那首《梦向何处寻》。忽然，我大梦醒来，出了一身的透汗，感觉已经不那么头晕目眩了，睁开眼睛看到了正在为我换药的护士。

我在第二天住进病房后，就焦急地询问爱人，方得知刘老师已经住进北医三院的重症监护室，而他对余世襄的状况只是说不清楚，没顾上我再细问就用别的话题岔开了，敷衍搪塞我。我觉得肉体的痛苦是可以忍受的，但我却无法超越此时此刻心理的折磨！在病房里苦苦煎熬了四天，终于在第四天的下午收到了导师的短信："我已从重症出来了，一切安好，勿念！"我的泪水忍不住夺眶而出。住院后的第五天，爱人带着世襄的儿子余杰来到我的病床前，我险些以为自己出现了幻觉，他的音容笑貌实在太像世襄了！他手里提着一兜子水果，问候我的病况。我答道："我可能需要人工置换股骨头和互助献血，还得再等几天。余老师和潘老师怎么样了？"他平静而狐疑地望着我说："怎么，您还不知道啊，我父亲已经去世了。我母亲的胸骨、肋骨、腰椎、双腿都骨折得很厉害，肺部感染，双腿要靠大量激素冲击才可能不至于瘫痪，胸骨骨折的地方只差半寸就扎到心脏了，也算命大吧。"我愣愣地看着他，半天没说出话来，只觉得大脑一片空白，仿佛已经感觉不出外面的世界一样。我稳定了一下因得知世襄不幸罹难而涌上来的悲怆之情，告诉了余杰我们前往兴华的目的。他听了以后点点头，随后又问我："那你们坐在后排系安全带了吗？"我摇摇头，他起身说了些安慰我的话便走了。我的心绪已经被世襄的死讯完全占据了，眼前都是和世襄共度的那些美好时光。他在接受我邀请他参加公益组织和活动时，非常积极热情地投入其中，不仅为我们出谋划策，还把他的一项发明——一个光滑的铜球带给"众志联盟"，准备参加即将举办的九周年公益展。就在遇难前的一个月，潘老师还通过她同学的关系，组织我们分会参加了一家著名公益组织的十周年庆典活动。当时，几位顾问、穆珍和我都去参加了那次活动，记得在那天的烛光晚宴上，世襄就用他的三寸不烂之舌和特有的儒雅幽默，把一位做手指画策划的女孩子“征服”了，以至于把我们几个人都甩到了一边儿，与那个女孩子眉飞色舞地畅聊起来。引得赵老师又和他开起玩笑来：“世襄偶尔发慈悲，红颜粉丝一大堆。”我们听了以后笑得连连称赞赵老师才思敏捷！世襄微笑着回应着赵老师：“我就是跟人家小姑娘学习手指画的技术呢，我是人家的粉丝。”潘老师也习惯性地巧笑着望着世襄，刘老师则边喝着啤酒边说：“主要是这种烛光晚宴的气氛太浪漫了……”“没错，还是刘教授一语中的！”

赵老师似乎是发现了同盟军一样地立刻将刘老师拉到了自己的战壕中。我也补上了“一刀”：“今夜无眠了。”那时候的我们是如此喜悦、如此健康，那晚的时光是如此美好，而如今却物是人非了……可这一切的始作俑者是我呀！如果我不组织他们去兴华，也就不会发生这么惨痛的悲剧了！我抑制不住内心的痛楚和自责，默默地流着泪。

6月13日，大夫通知我第二天第一台手术。我联系了雷川红，希望能够得到北京宏图志愿者联合会的帮助，她说，她刚从云南开展志愿服务回来，在回来的路上，他们一行四人遇上了泥石流，车子被压在泥石流下面，被困了整整四个多小时，如果不是司机经验丰富，奋力从泥石流里把车子开出来，他们恐怕也凶多吉少了。幸好他们在去云南之前，在官网上发布了项目信息。她对我们的遭遇深表同情，但由于我们事发地点不是在北京，所以保险公司不一定会赔偿，不过她会努力协调和沟通的，我一方面祝贺她化险为夷，另一方面也表示感谢。我感慨地想，看来志愿组织也常常会遇到险情，就像可可西里的志愿者一样，人生真是无常啊！后来，她联系我说虽然我们是北京宏图志愿者联合会的注册志愿者，但是保险公司的赔付条款里明确指出，异地事故是不在赔付范围之内的。我于是在电话里无奈地说：“是我没了解清楚就冒昧地询问您，不好意思！那就顺其自然吧！”

手术如期而至，积水潭医院在术前给我的处理是：为了避免骨肉粘连而影响手术效果，我的膝盖部分被穿上了一条水晶棒，在两边挂上了沉重的铁砂袋子，在钻孔的地方塞上了纱布以免感染，这种疗法让我感觉好受了许多。主治医生看了我的片子后，告诉我骨折的病况太复杂，如果通过打钢板和穿钉的方法，用我自己的骨头手术，两年之后股骨头会坏死，所以就直接用人工置换股骨头的方案，这样如果术后磨损得不是太厉害的话，应该可以保证二十年的使用寿命。一般在六十岁以上的患者才会采用这种治疗，在我这个年龄采用这样的治疗也是无奈之举。我的想法是：只要能让我早点儿从炎热、喧闹的病房出去，让我不再忍受这样钻心的疼痛，怎么治疗都行，所以和家人商量后就准备“拆除老旧房屋，放入新家具”。

在手术室里，大夫告诉我由于一会儿手术中我的失血会很多，所以他们会用仪器回收过滤我的血，然后让四百毫升的血再回流到我的体内，此外再加上互助献血，一共是八百毫升的血，之后他们会给我注射止痛针，让我把身体侧过来，将头部深埋在胸前，身体呈弓字形，以便注射麻药。我点点头，表示听清楚了大夫的话，然后就是戴着口罩、穿着手术衣的一位男大夫和一位女大夫，各持一个粗大的针向我走来，在我的大腿根儿开始注射，我疼得冒了一身的热汗，咬牙忍住疼痛。随后我只能感觉到似乎有人在我的患处划来划去，后来就失去了知觉。

熬过了最痛苦的肉体折磨后，我终于盼到了出院！我的心情就像一只囚禁在笼中，即将被放飞的鸽子那样欢畅自由！从6月3日到16日，我在这里度过了一段难熬的日子。出院当天，爱人叫来了一辆救护车，让他的7个学生加他本人，用“八抬大轿”把我抬上了车。当车子发动起来时，我的心开始缩紧了，右手死死地抓住身边的扶手，紧闭双眼，他的一个学生似乎看出了我的恐惧，连忙对开车的司机说道：“您稍微开得慢一点儿、稳当点儿。”我睁开眼，不好意思地向他表示感谢。我在心里想着：这种心理后遗症可能要伴随我一段时间了。

车子开到家门口了，几个人花尽力气把我抬到了楼上，可是由于家里的过道狭窄，救护床拐不过去，我于是提出自己在他们的搀扶下走到屋里，没想到我一站起来才发现，这腿肿得像个水桶，竟然如千把刀扎一般地疼，我忍着剧痛，终于把腿拖进了屋里，然后躺在病榻上，开始了漫长而艰难的康复过程。

出院后的第二天，窗外下起了雨，雨中苍翠的松柏与葱茏的绿树焕发出生命的光彩，清新的空气使人忘却了忧愁，两只喜鹊正在登枝觅食，外面的世界依然故我，仿佛什么都没发生过一样，还是那么美好、动人！我在病床上写下了对这次劫难的感受："劫后余生已经使我彻悟了许多，世间的繁芜似乎都沉寂下来，一切伤痛也终将随风而去。只有心灵的内痛还依然在黑暗中鸣响。世襄的离去让我感到了一种沉重的愧疚与自责，潘继饶的苦难煎熬和导师在痛苦中给我的安慰，对我而言，都是难以弥合的创伤和酸楚，希望我能在有生之年，以最大限度的帮扶来救赎，以使他们能够感受到些许的幸福吧！"

写完后，我用手机打开了邮箱，出乎我意料的是，我看到了鸿雁在我们出事后的第二天夜里发给我的一封邮件，她写道："魏老师，唉！我都心疼死了，看您这么受罪，我宁愿躺在床上的是我。你们出事的那天上午，就在赵老师讲课的时候，我突然感到心里很难过，坐在我旁边的文静姐问我怎么了，我告诉她，不知道什么原因，我觉得不应该举办这次培训。她让我出去走走，分散一下注意力，可是我一走出教室，就想打您的电话，结果怎么也打不通了。我当时就预感到不好，于是就给我们这儿其他地方的志愿服务队的队长打电话，让他们联系当地医院，看有没有你们的消息，可就是没想到是在鞍平出的事儿，都到了下午了，我才收到他们的反馈说没有医院收留你们，我不甘心，就又打了您的电话，可没想到是个医生接的电话，他告诉我你们出车祸了，在鞍平县医院抢救呢，我当时听了以后，简直就像五雷轰顶，腿都软了。进了医院，看到大家变成这样，我自己找了个没有人的地方瘫坐在地上，眼泪止不住地往下掉。我多希望受伤害的是我呀，我多想代替你们啊！愧疚、自责、心疼、害怕等各种情绪，让我不知道该怎么办。后来，我还是坚持守着你们，眼前的场景跟做了一场噩梦一样！我觉得整个世界都黑了，我心疼大家，却又不能代替这种伤痛！”我看罢泪流满面，立刻给她写了回信：“小燕子（对鸿雁的昵称），你千万别再难过了，我已经出院了，刘老师和潘老师也脱离了危险，正在治疗，估计刘老师不久后也会出院了。没有人愿意看到悲剧的发生，而这个悲剧和你无关，你不要自责！既然发生了，我们就要面对，而且还要积极地面对！我们后面要做的是继续我们的公益事业，继续我们的志愿服务，如果我们就此萎靡不振，那么我们几个就等于是白白地死伤了！在战争年代，我们的革命先烈会为全中国人民的幸福抛头颅、洒热血，献出自己宝贵的生命。在和平年代，为了大多数人的幸福和利益，同样会有牺牲，会有灾难。正如宋代诗人苏轼所说的那样：‘人有悲欢离合，月有阴晴圆缺，此事古难全。’人生本来就充满了各种各样的变数，所以出现意外也是正常的。你们兴华是英雄的故乡！我相信，你是兴华的儿女，一定会继承英雄的传统和革命精神，坚持走下去的！”

第九章　笑将逆境付天公

2017年7月8日是火化余世襄的日子，由于事故定责的缘故，他的遗体一直在鞍平冷冻着，我在想：如此热情而有温度的一个人就这样一直孤零零地躺在那个冰冷的地方，又即将粉身碎骨在一个与此反差极大的高温炉里，再让家人和朋友验取和收集那抔稀碎的白骨，装殓在骨灰盒里，让后人供奉和祭拜，这难道就是人生吗？我感到有些透不过气来。我事先已经在我们分会的微信群里发布了公告，请各位“家人”届时为世襄送行。当我联系潘继饶时，她回复我的是：“我现在不再关注任何群，特别是与

‘余’有关的信息，更不忍看。”我已经从这短短的一行字里参透了她的悲哀和无助——“哀大莫于心死”啊！

随着时光的流转，我已经能够慢慢地走出家门了。记得那天在小区内幼儿园的门前，看到了一只蚯蚓，它已经被汽车压得奄奄一息了，我不禁有一种“兔死狐悲”的感伤，一个生命就要离去了，是超然解脱还是意犹未尽……走着走着，我又嗅到了盛开的丁香花沁人心脾的香气，我凑过去尽情地感受着那生命的鲜活与四溢的芬芳，发自肺腑地感叹着世间不同生命的脆弱与坚强！

教师节前，我和刘青松老师联系准备教师节当天去看他。他发来了微信，说要和我视频！我非常意外，用文字告诉他，我害怕看到他受苦的样子，结果他主动给我发来了视频邀请，我不好不接了，我闭着眼睛不敢看刘老师，刘老师在视频那边说：“我很好，比你想象的要好！”我听后慢慢睁开了眼睛，没想到刘老师看上去还很不错。我们说了有四十多分钟，我知道，刘老师是在安慰我，我的心里除了内疚就是内疚！

第十章　燕歌未断塞鸿飞

2017年10月，党的十九大在北京召开。这是一次振奋人心的盛会，特别是习总书记的报告，为全国人民实现中华民族伟大复兴梦，吹响了社会主义新时代的号角！在这一精神感召下，鸿雁在“十九大”闭幕的当晚，召开了网络电话会议，率领各个分会的负责人学习十九大报告，并展开了热烈的讨论。韩泰当仁不让地先发表了自己的感想：“我印象最深刻的就是党的十九大报告提出‘中国特色社会主义进入了新时代’，要‘把人民对美好生活的向往作为奋斗目标’，总书记提到了203次人民，说明党和人民是永远在一起的。”鞍平志愿服务队的队长陈忠岩说：“总书记都已经是60多岁的老人了，竟然整整站了三个多小时，真让我感动！”蓝天农业学校的杨校长沉稳地说：“我觉得这次‘十九大’报告里和我们志愿服务有关系的内容主要是要‘推进诚信建设和志愿服务制度化，强化社会责任意识、规则意识、奉献意识’，这是对咱们志愿服务发展提出来的新要求、新期望。所以咱们要用实际行动践行党的十九大精神。”广东分会的会长陈宇立刻响应道：“我同意杨校长说的，咱们民间组织需要进一步规范化发展。”

2017年12月1日，我买了两天后去往兴华的车票，并写信告知鸿雁：

“小燕子，我昨天因新定制的书柜到了，就昏天黑地地收拾了一通书籍，没顾上给你发展板内容的资料，抱歉！现在把一法、一条例和一标准发送给你，标准部分我粘贴完了格式怎么也调不好，等明天见面再说吧。

“我们经历了一场生离死别后，就要重逢并重整旗鼓了，我此刻的心情五味杂陈，不知道你能否理解？当然还是兴奋居多，我感觉好像一切都恍如隔世，我们有一个世纪没有见面了！身体和心灵的伤痛似乎也因此而平复了许多，啊，明天叙话吧，真高兴能再见到兴华和你们！”

鸿雁回复我说：“魏老师，我也一样呀！昨天晚上都没有睡好，等您的心情不知道怎么表达。设计已经完稿，我还没让他们制作，等您来了后，亲自指导后马上就可以动工了！兴华的天气非常寒冷，您要多穿衣服。”

2017年12月3日上午九点半，动车缓缓启动。伴随着列车里舒缓悠扬的乐声，我踏上了北上兴华的征程，那乐声分明是“再别康桥”的背景配乐，而这之于我则是“又见康桥”！

火车停靠在兴华站的那一瞬间，我似乎又回到了从前！这里的空气还是那么澄澈空灵，清新宜人！没想到鸿雁手捧着一大簇鲜花在车站迎接我！我激动地上前和她紧紧拥抱，高兴地注视着她，说：“没想到你还来接我，还这么隆重啊！”她那两个小酒窝又显现出来说：“那必须的！”说着把鲜花送了上来，只见在那花间有一张小卡片，上面有鸿雁的笔迹：“鸿雁欢迎魏老师回家！”我激动得不知说什么好，虽然寒风瑟瑟，但内心却暖意融融！

入住宾馆后，我们马不停蹄地到养老基地去踏勘展览场地，并和广告公司的人共同规划和设计“联盟”十周年公益成果展览的情况。鸿雁说过几天在云门会有一个巾帼社会组织发展交流展会，她已经把“众志联盟”的公益展发给主办方，届时会展出，听到这个好消息后，我兴奋地拉着鸿雁的手说：“太好了！这是展示我们的大好时机，不容错过，我报名参加展会！”鸿雁关心地问我：“您的小身体能吃得消吗？”我爽快地说：“没问题！”就这样，一切安排妥当后，鸿雁说第二天她要去县里向领导汇报蛋白桑扶贫立项的事宜，我预祝她马到成功！当天晚上，我辗转反侧，夜不能寐，激动不已，这种感觉正如陈云涛所说的：“做公益有瘾！”我已经深刻体会到了这一点。

第十一章　犹记相见语依依

2017年9月15日至12月14日，故宫博物院“千里江山——历代青绿山水画特展”在午门开展，共展出文物86件（套），故宫特别为志愿者开设了专场。我没有经得起“诱惑”，和昭萱、穆珍约好先去看赵孟頫的书画展，再去看“千里江山”展。

这是我病愈后第一次看到故宫。那久违了的飞昂斗拱、雕梁画栋、琼台玉宇让我留恋不已！那骑凤的仙人满眼微笑，似乎与那些精美绝伦的檐兽们一起在昂首欢迎着我的回归，我在心里轻轻地呼唤着：“故宫啊！我回来了！”泪水不经意间竟然涌出眼眶，我轻轻地擦拭掉泪水，走进武英殿，和昭萱一起观看画展。马素珍老师看到了我，她惊讶之余，大大的眼睛温柔地向我送来一丝暖意，嘴里说着：“咱们拥抱一下吧！”我顺势和她拥抱在一起，她小声说：“我听说了你的事儿，你受苦了！今后要好好保重身体了！”我感激地望着她点点头，表示了谢意。这次赵孟頫的画展她做讲解，我们认真地听着她的讲解，心里有说不出的满足感和获得感！

这种志愿者的生活已经成为我们的一种潜移默化的生活方式，成为我们生活中不可或缺的一个重要组成部分，实在是难以割舍了！

高高的午门城楼再次向我挑战，那长龙般的队伍都在渴望着文化盛宴的馈赠。这不禁让我想起那年故宫展出《石渠宝笈》时的盛况，那时也是这般人潮如水。观众对博物馆文化的关注，说明我们社会文明程度的进步和国民素质的提高，这是我们国家文化繁荣的一个重要体现。当我看到如此壮观的场面，内心已经决定“更上一层楼”了！我忍受住腿部的肿痛，也要一饱眼福！王诜的《烟江叠嶂图卷》、传为赵伯驹所作的《江山秋色图》、展子虔的《游春图》和题名李昭道的《明皇幸蜀图》等，这些传世佳作让人目不暇接，流连忘返。虽然回家后，我的腿已经肿得很厉害，但内心却洋溢着对祖国大好河山的热爱和对古代画家们高超技艺的景仰！

2017年12月，央视开始热播《国家宝藏》节目，故宫博物院请志愿者作为国宝“守护人”，代表故宫登上了中央电视台的舞台，受到全国亿万观众的瞩目。节目播出后，很多观众对故宫志愿者这个岗位充满了敬仰。我在节目中看到了几位熟悉的身影，他们是老中青三结合的结构，象征着我们中华民族优秀的文化遗产正在通过志愿者队伍不断传承和发扬光大，我们的民族文化后继有人了！

第十二章　尾声

兴华的春天悄然映入眼帘，满目葱茏，山花遍野。在被当地人称作“饺子山”的大山的怀抱里，一座高大而略有西式风格的别墅显得格外扎眼，这里就是我和鸿雁日思夜想、梦寐以求的公益书院所在地，是当地的一位搞建材生意的企业家提供的，让我们先免费使用一年。我们创办这座书院的初衷就是面向当地留守儿童和贫困家庭子女，让他们在业余时间里，能够有一个轻松而又温馨的文化空间，以分担家里老人和父母的负担，尽可能地保障孩子们的人身安全，开展文化扶贫工作。因为鸿雁经常在朋友圈里发送寻找孩子的启示，这些留守儿童家庭因家境贫寒，父母到外地打工，只留下了体弱多病的老人。老人没有能力监管和教育孩子，所以常常会发生孩子走失甚至受到意外伤害的事情。比如鸿雁曾告诉过我一个令我极为震撼的案例：他们当地有一个留守儿童贫困户家庭，老人耳背，每天要开着自制的小车接送孙女儿上下学，而老伴儿怕孙女儿冷，专门在车后面缝了一床棉被，孙女儿只要钻进去就会很暖和。那是一个冬天的下午，在接孩子放学回家的路上，因老人抽烟后将未燃尽的烟头儿扔到后面，结果棉被着了，孩子拼命地哭喊，可老人就是听不见，最终孩子被重度烧伤。我当时就下决心要和鸿雁一起建立书院，为留守儿童和贫困家庭排忧解难。

记得当我得知鸿雁租借到这么大的一幢别墅作为书院时，激动得声音都有些颤抖了，因为我们的书院最初准备开办在一个50平方米的空间里，我专程去燕郊买了一千册书，就是按照这个面积定的数量，而今一个800多平方米的高档别墅横空出世，“教我如何不想她”啊……那天鸿雁在电话那边笑逐颜开地说：“我也没想到这个老板这么有品位，他说早就想把这块儿搞点儿有文化、上档次的东西，我这一提出办书院的事，他第二天就拍板了，我自已都不敢相信！而且我们县委领导和乡镇政府也特别支持咱们，团县委吴书记和咱们‘联盟’开展了一个‘温暖书桌’的扶贫活动，因为我们县有2000多家贫困户，他们的孩子们回家没有桌子写作业，所以吴书记就前期自己垫付六万块钱启动活动，我们已经捐赠给20家贫困户的孩子们一人一个写字台，一会儿我把照片发给您。”我也抑制不住内心的喜悦，连声称道他们县委领导的高风亮节和体恤民心，夸赞她是巾帼英雄。她谦虚地说：“我就是有执行力，您遥控我就行！现在您就给咱们的书院起个名字吧！”我满口答应着说：“那当然啊！这是咱们的‘孩子’，我一定得起个好名字！”回家后，我苦思冥想了几个名字，定下来3个名字，后经过广泛征集意见，最终决定使用“博闻公益书院”的名字，取义“见多识广、博闻知识、提高修养”。

5月8日，启动仪式缓缓地拉开帷幕，虽然已经是季春时节，羲和女神却藏在厚重的云层后面，不肯让世人一睹她的“芳容”，山间的凉风阵阵，松涛声隐隐，但这些云儿、风儿在我们看来已经吹得满园的花儿沉醉了，我们的心里更是充满了阳光和温暖，我深刻地感受到，此时此刻，语言已经是赘物了……作为此次活动的总策划，我和鸿雁请C省国家级“非遗”和省级“非遗”与北京市非遗项目进行联袂展演，还请当地知名书画家现场创作并捐赠给“温暖书桌”受捐代表。在活动开始时，兴华县委领导和书院所在镇领导在讲话中充分肯定了“众志联盟”十年来的公益成果，并对我们给予厚望，鸿雁也饱含深情地简要概括了这十年来“联盟”所经历的艰辛与坎坷，偶尔能感觉到她的声音有些哽咽，我完全能够理解这个农村姑娘的内心世界，“众志联盟”太不容易了！

轮到我讲话时，我用“感慨万千”四个字形容了我的心情，动情地说：“南宋的理学大家朱熹曾经在《观书有感》诗里写道：‘半亩方塘一鉴开，天光云影共徘徊。问渠那得清如许？为有源头活水来。’在诗中，朱熹将他读书的南溪书院的池塘比作一本书，虽然不大，但里面的‘天光云影’美不胜收，而这一切的源头就是知识，后来朱熹创办了四所书院，宣传儒家思想。这就是古人留给我们的珍贵的文化遗产。目前，咱们兴华的文化教育和一些大城市还有很大差距，为了响应党的十九大的号召，进一步开展文化扶贫和关爱青少年成长，我们创办了这座公益书院，它应该是兼具书院、博物馆、培训基地等功能，融合传统文化、非遗传承、展览展示活动于一体的文化教育场所，希望将来能把这里打造成兴华县的文化地标，为咱们的百姓提供学习的机会和平台，让更多的孩子走出困境！相信我们的明天会更好！”

当台下的掌声响起时，我仿佛听到远处传来那首美妙动听的内蒙古民歌——《天上的风》：

天上没有不散的云霞，地上没有不朽的年华，岁月不会地久天长，我们要珍惜美好的时光，我们要珍惜美好的时光。星光使夜空灿烂辉煌，智慧染绿了生命的荒凉，让我们的希望展翅飞翔，我们用双手拥抱理想……

支教“格格”

郑吉平

我的青春没有烦恼。在大方四年，我失去两粒门牙，但收获了两份快乐：一份是学生的，一份是我的。跟山区孩子在一起，我才知道了什么叫幸福。

——孙影

她是个“不吃狗肉”的女孩

我一见到孙影，马上想起我小说里那个从深圳来黔西北支教并且在《民族文学》上为我挣了一笔稿费的女孩——我把她写得太美了——但眼前这个真实的女孩根本就不用虚构，比想象的还美。而且小说里的女孩是有些忧郁的，但孙影的每一根睫毛都显得快乐，浑身上下充满阳光。

孙影也是从深圳来我们大方的，但她是吉林辽源市人，浓厚的东北口音，不时冒出一句道地的大方话，比如“拐喽”（糟啦）。她的妈妈是满族，据说祖上有人在宫廷当过御医。我以为，医和师有一点相同，医治病，师治愚，所以吉林理工大学毕业的孙影来黔西北义务教书，也算继承祖业了呗。

一个叫徐本禹的山东青年，因为在大方县支教，成为2004年“感动中国”人物，后来很多到大方支教的青年，就是因为崇拜他而追随他的足迹而来的。但孙影似乎不是，她甚至以为徐本禹叫许本禹。这丫头在家就是个任性的“格格”，母亲对她的评价是“想干什么就干什么”，“不过，也还是有点儿孝顺的”。大学毕业后孙影被分配在老家工作，但她不顾家人反对，毅然到深圳打工；听说国家招募志愿者到贵州支教，她说来就来了，好几万的年薪都不要了，公司非留她不可，她说去去就来，谁知许诺的3个月，到现在都30多个月了还没回公司。“老总大哭一场。”孙影得意地对我们说。男朋友吹了，她毫不惋惜：“我不吃狗肉。别人吃不吃我不管，但你别强迫我跟你一块儿吃。”

自由的“孙悟空”

孙影是2006年8月来大方的，一来就在山村里的鞍山小学教书。她的学生现在有的升入初中，而个别入学晚的，甚至结婚成家了。一天她赶乡场，一个学生的妈妈走过来跟她打了个招呼。

孙影：“您女儿没跟您一块儿赶场吧？”

家长：“来的啊。”

孙影四顾：“那她怎么不来见我？”

家长：“躲起来了。她有点儿不好意思。”

孙影：“啥不好意思的？”

家长指指肚子道：“她都8个月了……”

孙影虽然至今还不打算找人结婚，但她并不觉得她的学生早一点儿成家生子有什么好责备的。生活的需要。只要是生活需要，做什么都可以理解，就跟她一样，因为需要自由，也就追求自由。“到大方支教，在别人看来，或许我很傻，可能我真的也很累，但只要我自己觉得快乐就好。”在孙影看来，第一快意的事莫过于思想上的自由。“但山区农民的观念还是需要一点转变。就从我的学生开始吧。”她对孩子们说：“我不奢望你们人人都能考取大学，但至少要有知识。”

孙影也曾苦恼，她选择到一个国家级贫困县奉献青春，却被人曲解为沽名钓誉。为此她根本不接受记者采访，我能了解到这个固执起来九头水牛也拉不回的丫头一点点情况，全因她的“大哥”——羊场镇年轻漂亮、能说会干的女镇长徐萍——帮了大忙。

孙影这东北丫头有点儿娃脾气，竟然自封“孙悟空”，镇里几个好朋友跟着遭了她的殃，一个她叫“师父”，另两个分别成了“二师弟”和“三师弟”。在镇里，孙影跟徐萍住一个宿舍，徐萍难得回一次县城，每回一次，都把孙影带回家“改善生活”，孙影每一回都“下榻”徐萍家客厅。

走进徐萍的办公室时，孙影正在使用镇长的电脑往深圳发送贫困学生资料。我的兄弟出道未久，一坐下来便掏纸掏笔，孙影一看这是要采访了，扔下电脑就走，两个多小时也没回来。徐萍打电话道：“吃饭了。”这丫头回复说：“正在面馆吃粉条呢！”徐萍摊手：“看，看！就难得叫她到食堂吃顿饭。最怕给我们添麻烦了。”

很多时候，幸福会爬出她的眼眶

往往徐萍出差回来，食堂都会说这几天孙老师自己“开伙”。回宿舍一看，孙影开伙的结果是方便面又空掉一箱。相比最初在村小教书，现在住的是“镇长宿舍”，还可以到小面馆吃碗粉条，孙影觉得这已经比贫嘴张大民幸福得多。

还在村小教书时，天亮孙影一开门，南瓜茄子便会滚进来，不知是谁送的。有一回可稀奇了，一开门竟然有两大块腊肉，孙影揪孩子们审问，问出来是谁的立即让拎回去。为此孙影给自己写了个“支教手册”，其中一条便是：如果非得接受乡亲们馈赠，则必须在下次家访的时候送去等值或超值的礼物。孩子们知道孙影胆小，三人一班轮夜守在孙影隔壁。平常有孩子在她跟前不慎说个“鬼”字，便有其他孩子呵斥：“不晓得孙老师怕鬼吗！”

孙影说：“城里人有城里人的苦恼，山里娃有山里娃的快乐。”山区生活虽然简单，但孩子们看去非常快乐。每当看到孩子们快乐的样子，孙影就倍加幸福。她为孩子们买文具买吃的，“但是，起初他们却不会用软芯铅笔，不知道罐头咋吃。”有的孩子甚至连日光灯管也认不得。有一次，她带一个孩子去贵阳检查耳疾，住在朋友家。孩子看到客厅墙壁上一排开关，当她告诉孩子每个开关分管不同的灯后，孩子竟然将开关开来关去津津有味地玩了半个多小时。“我觉得这些山区孩子给我的，用‘成就感’还不能描述，我认为应该是‘幸福感’。”孙影说。她为孩子们建的图书室，取名就叫“幸福书屋”。她回深圳办事回来，每次都发现孩子们天快黑了还守在进山路口等候着她；她一出现在学校旁边的山路上，正在操场上体育课的孩子喊一声“孙老师回来了”，大家便全都齐刷刷地朝她看来，好半天还在朝她行注目礼——每到这时，幸福便从心底爬到孙影的眼眶，“轰”地涌了出来。

可能出于照顾吧，志愿者组织曾经把孙影调到遵义支教。确实，她去的那所学校比鞍山小学条件好，“有马路进去，比羊场镇的街道差不多少。”校长对她说：“从今天开始，你就是我们的副校长了，任务是和我一起检查工作。”可孙影马上就不干了，立即回到鞍山小学。别说放弃原有的每月500元补助，连爱心人士主动要补助她个人的善款，孙影也一概谢绝。她说：“我不能让自己有受雇佣的感觉，我要做的事，必须是我自己愿意做的！我是来吃苦的——我愿意。”

为支教花光所有积蓄

后来，孙影觉得应该为更多的山区孩子做更多的事情，就放弃教书，改做贫困生调查资助。据徐萍介绍，一年不到，孙影为镇里联系援建了两所希望小学，一所获捐30万元，另一所则还要多3万。只要孙影鼠标一点，就又有一批山区贫困学生的希望被发送了。平时去贫困学生家里搞调查，哪怕路途再远，她决不许镇里给她派车，一则不愿麻烦镇里，二则她认为通车路的地方总会比不通车路的地方富裕一些。住了几年，她知道哪里的孩子更需要她。坪寨村支书对我们说："真想不到，一个大城市来的姑娘，比我们还能走，比我们走得快！"有一次孙影正在一个山寨搞调查，突然听说一个靠帮人背东西挣点小钱的"大背篓"马上就要送他的儿子去上大学，她便立即打一辆"摩的"翻山越岭赶回镇上，把自己的3000块钱送给了他。"这样一来，她所有的余钱就只剩100块了……"那时孙影还没回来接受采访，徐萍抹着眼泪对我们说，"她资助的6名学生，她要让他们一直读完大学。"

可是，问题的严重性在于，没有了工资，没有了补贴，孙影捉襟见肘了！徐萍听见她跟家里打电话，说现在深圳工作很好，一切都很好，这才知道孙影是瞒着家人来大方支教的。后来，父母给她的存折取干净了，她自己的股票也卖完，但孙影不甘心就此终止对贫困孩子的帮助，也就跟父母坦白。孙影只有一个弟弟在念大学，父母都有工资，还好负担不重，父母都支持宝贝女儿的行为，也就时不时给她打钱过来。但孙影还嫌不够。有一次，徐萍无意中看到孙影的账本，除了清楚地记着她为孩子们联系到的每一笔钱物的一来二去，令徐萍惊讶的是，还有一些新账，竟然是孙影向朋友们借钱的备忘录！

孙影何以到了拖钱拉账的地步？是她挥霍无度吗？不。徐萍太知道了，孙影进城住的是她家客厅，平时多数时间吃的是方便面。恐怕除了孙影，任何一个妙龄的城市女孩，都不愿意穿20块钱一件的衣服吧！可是徐萍的母亲陪孙影上街，孙影竟然连件50块钱的衣服都不肯买，却给孩子们整箱整箱地买东西。老人想不通了："这姑娘，前世欠了我们这边？"

孙影对父亲说："爸，今年过年不回来了。"老头子立时便慌："别，别！我给你打机票！"孙影不由得哈哈大笑。母亲心脏不好，她坚持每天给母亲打一个电话。母女俩听见对方声音，均是莫大安慰。这温馨的场面，使徐萍想起来一件事情。有一次孙影接听一个电话，徐萍听出是鞍山小学的孩子给她打的。孙影说："是你呀！最近学习怎样……"可是电话很快挂了。孙影关掉手机，无奈地道："这孩子……"徐萍说："可能孩子为了节省话费吧？"孙影摇摇头："他说，只要听见我的声音，就够了……"

只要快乐，嫦娥也会笑落牙齿

孙影终于回到徐萍身边，坐到了我们对面。"大哥一直忙抓新农村黔西北民居建设，好久没和你聊天了。"徐萍拉她坐下说。我以为这个其实健谈的东北姑娘会跟她的"大哥"倾诉一肚子苦水。至少，烦恼总不少吧？可是你知道孙影聊起在山区吃尽的苦头是怎样一种神色？我想，以我方才的铺垫，你会猜她是"轻描淡写"吧？然而哪里是呢，这丫头简直是眉飞色舞。2008年特大雪灾期间，她在鞍山小学经受了一次严重的煤气中毒，幸好她及时发现了，但也是才开门就一头栽倒在地。当她醒来，只听到一片嘈杂的脚步声、说话声，有人在打电话联系医生，有人在准备担架，她睁开眼睛一看，屋里屋外好些人，都是学校的老师和村民。"奇怪，"她惊奇地问道："这是怎么啦？"哎呀——一说话这才发现打落了两瓣门牙。这丫头敲着镶上去的两瓣假牙，无比快乐地对我道："是不是更白一点儿？"我忍俊不禁，险些就将一口茶喷到她的脸上。

"大哥，你应该送我一块大匾，"丫头张开两臂，将匾的长度比得比长城还长，同时瞪着徐萍撒娇，"你还从没夸奖我呢！"

徐萍道："镇长的表扬算什么？县里不是表彰过你这优秀志愿者么！"

"我不要！"丫头嚷嚷。

我说："好了好了，孙老师，我给你做块匾吧。"

"唔？"

"待会儿你让我给你照张相，我放得大大的，上书四个大字：观音再世。如何？”

丫头想了想，商量道：“不要‘观音再世’。哥哥，‘嫦娥下凡’，要得不？”

“要得不？”——厉害，这可是我们地地道道的大方话呀。

我们全都笑得稀里哗啦。

徐萍由衷地说：“孙影，你有三样好，现在的年轻人可能很少有人做得到。”

孙影作洗耳恭听状：“看来要表扬了。”

徐萍啜了口茶，不紧不慢道：“第一，不惜用一生时间来做一件有意义的事情。”

孙影故作“发表重要讲话”状：“这第二呢？”

“第二，你想自己太少，为别人想得太多。”

丫头很天真地点头。

“第三，你吃的那种苦，”徐萍心有余悸道，“连我都吃不了……”

孙影说：“你能当镇长，我不也当不了吗？”

真把人乐翻了。

其实不想走

孙影把她的人生分为两个阶段，第一阶段是30岁前，第二阶段是30岁后。“第一阶段做自己想做的事，第二阶段做自己不想做的事。”她这话似乎藏了很深的人生智慧，我一介中专生一时无法理解。还好她马上举例：“比如，我得还朋友钱，所以总有一天还得回深圳挣钱去。挣钱，这是我不愿意的；离开那些孩子，我更不可能愿意。又比如，不孝有三，我还是不得不找个先生……”

徐镇长把脸别开了。孙影真不知道，当她还在面馆吃粉条时，徐萍在办公室里为这就已哭过一回了。当时她对我们说，去年，在朋友们再三劝说下，孙影去北京做了一次检查，结果，查出心脏有问题了。回来后，有天晚上她跟徐萍说，本来已经准备谈恋爱了的，现在决定不谈了。徐萍问她："为什么？"她说："我怕连累了那个最爱我的人……"当着我们的面，女镇长的眼泪弄湿了两张纸巾。

但孙影对我们只字未提她心脏好否。

不提也罢，我情愿她把心脏忘了。

徐萍说，初来乍到，觉得孙影当时多少还是有点儿天真幼稚的。她总不以山里的苦为苦，倒把山野的生活看成是这边人的一种幸福。徐萍心说，走着瞧吧丫头，不出3个月，你会逃掉的。镇村干部和老百姓也曾质疑、迷惑：她为什么来？她来干什么？又能干什么？但孙影一待4年。现在，他们佩服孙影，教育子女要以她为榜样，动辄说："人家孙老师都能吃苦……""姑娘娃又有哪点不好了？你看人家孙老师……"这4年里，孙影和大方一道经受了两次特大自然灾害：2008年的凝冻和去冬今春持续到初夏的干旱。前者意外地让她损失掉两粒门牙，后者则让她从此真正站在山区农民的角度来考量他们是不是真像她想象的那样活得轻松——她不再坚持每天洗澡，而是设法为农民弄去几百吨水。所以在徐萍看来，孙影是越来越成熟了。她的思想、她的行为，绝对为山区上了一课，但是，现在她的身上，也有从山区得到的东西。这便是她何以一说到艰苦反而更加眉飞色舞了。

快乐的"格格"——

如果她早就对痛苦不以为然，我们为什么不祝她更快乐呢？如果还有能够提高她"幸福指数"的事情，哪怕是她多么不情愿，比如去找一份有稳定收入的工作，去找一个可能拖住她一生不放的爱人，就算她不得不因此告别大方，离开贫困山区的孩子，我还是要对这个来自东北的"准大方"丫头说：

去吧！

——请。

爱来了，癌走了

陈 洁

前　言

这是艰难跋涉的串串脚印，这是生命史上的华彩乐章，这里记载着舛命人的抗争，这里镌刻着蓝天下的挚爱。

——摘自无锡癌协网站“活着真好”专栏

1. 旧友

2015年12月，无锡癌症康复学校首期新学员培训班。

张迎春看了看手表，8:30。应癌协领导的邀请，她要给学员们讲半天课，讲什么？怎么讲？不如老办法，让新学员们点菜吧！

……

11:00，新学员们学习热情高涨。

11:30，下不了课啊。

12:00，先吃饭，加油以后再讲。

……

“张迎春！”

张迎春隐约听到有人喊她。

“张迎春！”

又是一声呼喊，正和癌协领导说话的张迎春转过身去，循着声音寻找喊她的人。喊她的是一个50多岁的女人，和张迎春年龄相仿，脸上的神情却显出疲惫和沮丧。

“你好，你是病友，还是病友家属？”

“我，你不记得我了，80年代的纺工系统操作能手的比赛，你是上棉21厂的张迎春吧！我是无锡的。”

张迎春很惊讶，那么多年过去了，已经没有多少人知道她是上棉21厂的人了。她仔细端详着眼前的女人：“你，你是无锡的？”

张迎春的脑子飞快地运转着，忽然露出喜悦的神情：“你是无锡的，你是朱，朱晓萍，不对，不对，你是朱锡萍，朱锡萍，对不对？”

女人笑中带泪：“对，我是朱锡萍，1984年的那次比赛，我输给你了。”

张迎春笑了笑，拍了拍朱锡萍的肩头：“什么输啊赢的，那次比赛我们都进了三甲。这些年，你过得好吗？”

朱锡萍一脸苦笑：“我，我现在是病人家属……”

张迎春拉着朱锡萍的手：“走吧！一起吃饭。边吃边说。也许我这个30多年的老癌可以帮你。”

……

2. 猫有九条命

张迎春拉着朱锡萍的手侃侃而谈：“说我自己的往事之前，我先说一个“猫有九条命”的故事给你听吧！”

……

那一年，江南的夏天，天气预报说会下雨，本来以为早上起来会看到雨，结果拉开窗帘一看什么也没有，只有耳边呼呼的风声，台风来了，很冷。

肿瘤科的加床是从急诊转过来的病人，姓毛，胃癌。病人的精神和脸色都很差，一直在喊难受，张迎春没有看她的脸，但是听起来相当痛苦。

病人孤零零地躺在病床上，她的父母去交住院费了，除了一个还没上学的孩子拉着她的手流泪喊着“妈妈”，没有人来照顾她。实习的小护士小声地议论，张迎春断断续续地听到，病人的老公有婚外恋，正在和病人闹离婚。张迎春知道这种反复接受打击的心情，渣男！渣男！渣男！张迎春在心里默默地骂着。隐隐约约听见实习的小护士也在骂着渣男！这么做就是在消耗病人的寿命啊！

又是一个夏日的早晨，张迎春从床上坐了起来，走到窗边，拉开窗帘一看，室外到处都是积水，昨夜下了一夜的暴雨，有几个小孩子很开心地在玩水。对面的民房屋顶，两只野猫在打架，你冲我呲尖牙，我给你一利爪。乌云压过来了，有鸟儿呼啸着飞过屋檐，带起一阵扑簌声。

毛姓病人，折腾了一夜，病危，抢救，也是一场狂风暴雨。自始至终，她的丈夫都没有出现，只有父母和未成年的孩子在焦急地等待。

她家人的哀号声和医生护士推着抢救器械的奔跑声，在病房走廊里回荡，张迎春听得一清二楚。

脱离危险的病人说：“我不想活了，死了就解脱了，不用忍受痛苦了。”

张迎春劝道：“你不要那样想，你不是还有爸妈，还有孩子吗？你自己要有信心……”

病人哽咽着：“可是，可是我男人不要我了。我死了，往后，世间的一切都与我没关系了。一了百了。”

张迎春继续劝：“你可以死掉，这很容易，你死了，那个更年轻的女人就会虐待你的孩子。所以你更要活得快快乐乐，开开心心。给他看，气死他。你不是姓毛吗？猫有九条命，没那么容易死的。”

整个病房全乐了。不是吗？猫有九条命，没那么容易死的。

毛姓病人也笑了，虽然说免不了还是要伤心，但是她不再胡思乱想了。在张迎春的劝慰下，空洞的眼神不见了，表情也不再茫然，虽然仍有些许怠倦之色，但那都无关紧要了，她要活下来啊。

女人不怕，女人不哭，女人坚强。

……

“啪”一声巨响从隔壁病房传来。

疼痛侵袭着刚刚被确诊患癌的病人，他凄惨地叫着，死亡对他来说反倒是一种解脱！至少那只是一刻的痛，而不是全天候无休止刀割一般的疼。

他扯掉了病号服，砸掉了点滴瓶，还带倒了监护仪器，站在惨白的病床前，手却拽着窗户的把手不放。窗户只能打开一半，病人依旧用力地做着推窗的动作。

围观的几个光头病友箭步蹿上去，紧紧地攥住病人的手臂，一个抱人，一个掰开他拽着窗户的手。

“上有老，下有小，何必呢！”

“醒一醒，不就是个癌吗？治疗啊！”

“怕有什么用，兵来将挡，水来土掩。”

……

病友们七嘴八舌。

原本想着身体和灵魂一块飞去另一个世界的病人，双手软绵绵地垂下，一屁股坐在了地上。他大喊了一声“为什么患癌的是我”，拼命地摇头，一脸的无能为力。

医院的心理科大夫和一群病友陪着他席地而坐。

“治疗并没有那么可怕！”

“我们都是属猫的，猫有九条命，没那么容易死的。知道吧！”病友们都会现学现用。

生命的长短不能由你选择，境遇也不能，那么活得开心点是你唯一可以做的事情。

3. 癌患志愿者

每个人经历不同，苦难也不同。

朱锡萍不可思议地听着张迎春的经历。

1984年，24岁的她，成了上海首例“隆突性恶性淋巴肉瘤”患者。正在谈婚论嫁的男友弃她而去，然后是手术，化疗，植皮坏死，好不容易恢复了，一年以后又复发了，再然后又是无休止的治疗。两年以后，自身状况迫使她从上棉21厂辞职，她又成了上海改革开放以后的第一批个体户。健康没有了，爱情没有了，事业没有了。当年这事被传得尽人皆知。

十年尝遍人生五味，当她不再奢望爱情的时候，那个懂她的人出现了。他不在乎她是某癌的上海首例。出差在外，隔着几千公里，打个长途，叫她注意保暖……

自从患癌了以后，她似乎从未像普通女子一般玩乐欢笑过，就像紧绷的弦，一刻也不曾松懈。10年，她终于露出笑脸，展露出她这个年纪女子该有的样子，10年，让她这个上海首例上演了精彩大逆转。结婚，生子，一切顺理成章。

怀孕生子让她变成了重点保护对象，自己的那点小日子过得不错。回首看到病友，仿佛又回到现实的滚滚洪流中——这才是真实的人间，烟火气息一下子扑面而来。她又想起了志愿者，是的，癌患志愿者，她决定继续她的癌患志愿者生涯。

这些年受老癌们的影响，她也变得越来越稳重了，这正是癌患志愿者所必须具备的。她想她可以总结这些年的经验来帮助更多的新病友了。

这不是心血来潮，更不是骨子里就有的潜质，没有谁生来就有当一名癌患志愿者的天赋。

她愿意去做那些新病友的倾听者，如果他们愿意，她就是那个愿意倾听他们恐惧与迷茫、无助与委屈的忠诚的朋友，她也愿意用她这些年的阅历和感悟帮助他们，给予他们精神上最大的支持！

这么多年来，她越来越体会到，癌症的康复首要是精神心理的康复，癌症不是单纯肉体疾病，社会的压力、家庭的苦闷、生活习惯的改变、工作的困境，等等，张迎春都遇到了。癌患在心理上承受着常人难以理解的诸多问题，只有她这种曾经亲身经历的人才会理解。

当年她借助老癌们的正能量走向康复，现在该是她回报的时候了。这和任何经济利益不挂钩，癌患志愿者，做到纯粹最好。能帮到多少是多少，能起到多大作用是多大作用，给予纯粹的心理上的交流与精神上的帮助，做一个耐心的倾听者，做一个有分寸的指导者，没有任何条件地让一个接一个的病友尽快从迷茫苦闷委屈里走出来，积极乐观地走向康复！如果可能，也可以让临终的病友释怀心事，安详地走完人生最后的路程。

她知道，这是一项极其艰辛的工作，可能她还达不到某些老癌的高度，但她要把这种力量释放出去，去感染更多的新病友。让那些还在黑暗中摸索的病友走向有光的地方，看到光，看到康复的希望，看到风雨后的彩虹！

她想，她做好准备了，选择了就坚持下去。

张迎春感觉自己很幸福。相夫教子的同时，自己还能自食其力地做生意，还能在空闲的时候做癌患志愿者。这是她长期以来的愿望。

2004年，她被上海市长宁区江苏路街道民政科领导选中，聘为居家养老服务社管理人员，这是政府关心老人的一大实事工程。在她的努力下，所有指标和任务提前半年完成。苦尽甘来的张迎春在大家的眼里是一个处处为别人着想的人。

2005年，她被上海市长宁区妇联评为“巾帼建功先进个人”。

2006年，她被评为“上海市推广政府实事工程先进个人”。

2009年，她被评为“全国城市康复义工之星”。

2010年，她被评为“世界百名华人抗癌明星”，多次接受媒体的采访和报道。

面对媒体，张迎春坦言，因为俱乐部好多事她走不开，无法陪同儿子出去拍摄广告和电影，常把儿子交给导演就自己去忙俱乐部的事了。当她去接儿子，特别是赶上拍摄群众戏的时候，儿子总会眼泪汪汪地说：人家小孩都有大人陪着。听孩子说这些话，张迎春心酸的眼泪止不住地流，但这时候她总会给儿子一个温暖的拥抱，夸夸儿子："你是最棒的！你是男子汉！你是最能干的！你是妈妈的骄傲！导演、制片都很喜欢你啊！"现在儿子长大了，她总想和儿子说："在你成长的道路上妈妈没有好好地照顾你，是一个不合格的妈妈，但是在俱乐部里，妈妈对得起每一个癌症患者。"

抗癌20多年，张迎春一直默默无闻地做着一个癌患志愿者。

"别人没有给你奇迹，你就自己去创造奇迹。既然死不了，就好好地活。"尼克·胡哲的人生哲言也是张迎春的座右铭。

2010年的上海世博会，她有了一个"不安分"的想法，她也要去做志愿者。

4. 世博志愿者

2010年世博会要在上海召开了，上海有将近65万人报名参加志愿者，其中大多数是大学生、白领和外企工作的年轻精英，50岁以上的人很少。对于张迎春来说，年龄不是问题，身体和病情才是真正的问题，因为社会对癌患还是有一定的疑虑。

可是张迎春却有信心，大会在65万报名人选中筛选了520名精英人才，她也荣列其中。但当她知道520人里还要再淘汰一半时，就有一点儿紧张了。

面试开始了。

10个考官一排齐坐，为了防止"开后门"，每一个志愿者胸前挂着号码牌，只有1分钟的自我介绍时间。

当轮到张迎春的时候，张迎春很坦然地说：“我来的时候就很困惑，很犹豫，是不是要给你们说实话？如果说实话，你们肯定不会要我的，但不说实话，作为志愿者，心里不踏实，因为做人要实实在在，认认真真。我现在告诉你们，我是一个癌症病人。”

话说完了，张迎春在等待，等待着考官们的反应。

“唰”，所有人的头一下全抬起来了，目不转睛地看着张迎春。

“癌症病人，我们是不要的！我们的工作是很累的，你是癌症病人，你行吗？”

张迎春笑着说：“这就是我犹豫和困惑的事，但是我很高兴地告诉你们，我是一个康复了26年的癌症患者，具体地说是上海首例“隆突性恶性淋巴肉瘤”患者，现在一直在社区做志愿者，我想我一定可以做世博志愿者！我会将我的自信、热情、微笑奉献世博，我可以的！在北京奥运会期间，上海癌协袁会长带领208名癌症患者去参加奥运会开幕式。得知游泳比赛中有个运动员叫爱瑞克，也是癌症病人，并且带病参加比赛，但结果他没有拿到奖牌。我们上海癌协的袁会长知道后，就鼓励他并给他发了一块“抗癌明星”的特殊奖牌。这件事引起世界各国媒体的关注，纷纷进行了报道，说中国的癌症俱乐部就像是民间外交官。奥运会上有民间外交官，为什么在世博会就不可以有民间外交官呢？我想我就是民间外交官的首席‘外交官’。我相信可以用我的自信、热情和微笑为世界各国的游客服务好……”

张迎春侃侃而谈，演讲远远超过了一分钟，前面所有的面试过程，一直是紧张、严肃和安静的，然而她的话一说完，全场就响起了掌声和笑声，考官频频点头。她不知道是否会被选录，心里一直是忐忑不安。

一周后电话来了：“是张迎春吗？你面试合格被选录为首批世博会志愿者，来参加首批志愿者的培训吧。”

张迎春的开心真是无法用语言来表达的。几十万人报名，就选录277

个，而且像她这样年龄的人就没有几个，她还是一个癌症病人。她太幸运了，成为第一个癌患世博会志愿者。

从2009年的年底， 她就开始投入世博会志愿者的工作当中去了，她最后成为首批注册的唯一一个集面试官、督导员和培训员于一身的世博志愿者。她做得非常开心。

1069号是张迎春世博志愿者编码。她一个人有两张证书，一张是园区的，一张是园外的，这可不是什么人都有的待遇！

在张迎春被选为首批志愿者后，她马上就开始了世博会的招聘志愿者和面试志愿者工作，这个工作的工作量相当大。

世博会让她开阔了眼界，增长了知识。她在网上晒出了中国馆的预约票。

世博会正好碰上儿子生日，她带儿子在园区走了一天，花去了她一个月的工资。但是张迎春觉得值。

5. 结婚纪念日

虹桥机场服务站。

“迎春姐，这下又有得忙了，真是能者多劳啊！”新加入的志愿者拿着一叠资料匆匆跑来。

“哪里，大家都是为了世博会啊。”张迎春笑着说，语速不快不慢却铿锵有力。

手机响了，传来丈夫吴坚强憨厚的声音：“迎春，结婚纪念日快乐……”接下来是儿子的声音：“祝老妈老爸结婚纪念日快乐……”听着听着，张迎春忽然笑开了，整个心像是漂浮在云端，一片柔软。

人生路上，磨难是一种修行，错过却是一生所憾。好在她遇到了也抓住了，这个男人十几年如一日地宠着她护着她，一点儿委屈都舍不得让她承受。与她一路前行，知她冷暖，明她喜忧，伴她左右，不离不弃。

结婚纪念日快乐，她觉得心里暖暖的，甜甜的，鼻子酸酸的，有种莫名的感觉，那是什么？幸福！

在上棉21厂，她是操作能手，干个体，她是先进个体户。在癌协，她是抗癌明星，是志愿者。

谢谢当年渣男的离开，成就了现在的张迎春。忙并快乐着。这真是个意义非凡的结婚纪念日。这是张迎春的幸福！

……

184天世博会，她园内园外地跑，享受的是辛苦，换来的是幸福！

张迎春属于那种随遇而安的人。她总是为别人着想。一般来说，和别人在一起，不需要别人说话，只要看到对方的表情，甚至一个眼神，张迎春就知道他在想什么。所以，和她打过交道的人大部分对她的评价还是不错的。

有时候别人看来你是在付出，其实你却是在收获。以快乐的心情去面对所有的一切，你必定会得到好的结果。因为你比别人收获的快乐更多！体内的免疫细胞也会增加得更多。这是她在康复中的体会。

所有的事好像就在昨天，对于张迎春来说，在独一无二的上海世博会上，她是最幸福快乐的！她发誓：要成为最好的志愿者！

世博会以后，张迎春被评为“上海市优秀志愿者”。

6. 淋巴瘤之家

提到淋巴瘤，大多数人都可能眉头一紧。确实，淋巴瘤并不多发，却是一种恶性肿瘤，洪飞就是不幸患上此病的人之一。

洪飞是做互联网的，在病情稳定的情况下，他想到了创立一个病友社群去帮助其他人。

2011年3月29日“淋巴瘤之家”网站正式上线，至2016年，整整5年了，现在PC和移动端同时运营，团队共6个人，除了洪飞还有产品经理、运营支持、患者服务、活动策划及执行等5个网站运营人员，他们也是曾经的淋巴瘤患者。在他们的努力下，一个注册人数超过2.3万人，日活跃用户超过2000人的活跃垂直社区正蒸蒸日上地发展着。

没得过这个病，没经历过化疗放疗，根本理解不了这是怎么回事，心理压力扛不住，治疗过程更扛不住，都是有相似经历的病友，病友才最懂病友，这么多战胜病魔的人一起，才能做出最契合并有需求的产品。

毕竟都是鬼门关走过一遭的人，毕竟都是20多岁就得癌症的。这一切如命运的安排，让张迎春和洪飞成了忘年交。

世博会唯一的癌患志愿者张迎春在“淋巴瘤之家”做起了志愿者，作为“过来人”，作为战胜淋巴瘤的成功案例，第一时间与新病友们交流，让他们重拾希望。

2015年，淋巴瘤之家成功举办了世界淋巴瘤日病友会，邀请了北京最权威的10多位专家到场，上百名病友参加，并拍摄了一部淋巴瘤公益宣传片，获得了近4万人次的观看量，在患者和医生圈内影响很大。这是知识的传播，病友的互动，正能量的传递。

7. 爱来了，癌走了

在当今世界，志愿者已经成为社会生活的一面旗帜、一个符号。

在中国，志愿者群体的壮大，具有更多的人文和生命意义，或许也正是志愿者的参与，唤醒了人们对国家、社会与个人关系更多的思考和感悟。

志愿者，正成为社会的一根道德和价值标杆，人们在更多的参与中分享感动、分享快乐。

对于志愿者活动，张迎春一开始认为是在力所能及的范围内去参与一些公众活动，提供一些帮助。然而，在治疗期间，她感觉到感受并传递情感比帮助更有意义。

身为过来人，在假日里的一次次探访中，她不仅带来了鼓励，让治疗中的患者和家属们看到了希望，并且在言传身教中传递着如何抗癌、如何生活的信息。患癌的经历让癌患明白抗癌是一项需要互动的团体运动。老癌们的故事或多或少地改变了他们的人生观、价值观、社会观。

……

在成为世博会志愿者之前，张迎春已经是台湾慈济基金会的志愿者，还曾去台湾接受专业的志愿者培训。在苏州的慈济门诊部，她每月都要去做两天医疗志工。慈济每年的岁末祝福——把爱洒向人间，都有她专注虔诚的身影。她一直记得慈济上人的静思语：“太阳光大，父母恩大，小人气大，君子量大。”她每天在学习调整，快乐地做自己。

世博会期间，她创建了两个QQ群：“癌友之家”和“血液之友”。

在“癌友之家”群你可以说说你的痛苦烦恼、忧愁劳心的事，群友和你一起分担，你也可以说说你的快乐事与群友一起分享。

在“癌友之家”你能感受到群的温暖、家的感觉，幸福快乐，其乐融融。

“癌友之家”1周岁的时候，她在自己的博客中写道：“希望在我群里的病友和家属们开开心心、快快乐乐，相互切磋，增长抗癌知识，我们一起走向康复，一起走向健康。”

她不是明星，却比明星还要受追捧。她是一位老牌癌症患者，也是一位金牌癌患志愿者。她心系癌患，成了他们不离不弃的天使。用自己的亲身感受鼓励和关心那些新病人：“你们的今天就是我的昨天，我的今天就是你们的明天！”张迎春的目标是凭着爱和善，帮助成千上万人，天南海北，国内国外。

张迎春在口口相传中，成为名副其实的明星。许多病人对她说：“你是我们的偶像！”

2015年，张迎春跑了34个城市，火车票有78张，飞机票有24张，还有数不清的汽车票。平均每个月在家的时间只有四五天。

当张迎春做完公益从外地回到上海的时候，接站的除了病友们口中的坚强哥，还有一个低调而腼腆的小伙子。夕阳拉长了他们的身影，风中飘来他们的笑声和幸福的味道。这是张迎春的幸福!

……

张迎春笑着对朱锡萍说：“ 1984年比赛的时候，你说你请我吃无锡小笼包，今天我请你，怎么样？……我告诉你我这30多年的经历，并不是要你知道我有多可怜，而是希望你和我一样坚持下去，坚持下去总会看到希望的。健康好比数字 1，事业、家庭、地位、钱财是 0，有了 1，后面的 0 越多，就越富有。反之，没有 1，一切都只不过是 0，是空。对于癌者，死神将至。对于不癌者，死神就会不至吗？病人最忌讳的是胡思乱想，病人家属更加要做表率。一朝得癌，终身修行，这条路上就是，不断地遇到坎儿，不断地磨炼人性。爱来了，癌走了。这是我的手机号、QQ号、微信号。我手机全天候开机的。咱们可是30多年的老朋友了，有什么事，告诉我，一切都会好起来的……”

听着这些暖心的话，朱锡萍的眉头舒展开了，笑容又回到了她的脸上。近水楼台先得月，有这么个老癌随时随地地做心理辅导，真好。

……

2016年，元宵过后，张迎春背起行囊，走向浦东机场的候机厅，她又要出发了，她知道，有太多的人在等着她。即使严冬，她也隔雪跨冰为需要的朋友送上玫瑰。天很蓝，风很大，气温很冷，但是她希望能在冬日里给病友带去更多的温暖!

后记：
顺生而行，向死而生

“向死而生”，以前读这句话，总觉得很遥远，很哲学。可是现在却有了真切实在的体会。

当我得知自己患了癌症，便开始想，我的生命倒计时了吗？是读年，读月，还是读分、读秒？面对病友的离世，我真正感悟到“向死而生”的含义。

癌让我们与死亡狭路相逢，根本无法躲避，它让我们起码提早几十年直面死亡。面对死亡，才会自问：“生命是什么？”

其实，人一旦出生，就步步逼近死亡，生命的过程是一道减法，结局归零。视死如归，才能深切体会为何生命是一件礼物，它是上苍的恩惠。向死而生，实实在在。

一直很喜欢白岩松的一句话：“走到生命的哪一个阶段都该喜欢那一段时光，完成那一阶段该完成的职责，顺生而行，不沉迷过去，不狂热地期待未来，生命这样就好。”是呀，生命顺其自然就好，尽力就好，何必强求自己。

一直都固执地认为在合适的时间做合适的事情就是最好的。很相信这句话：性格决定命运。这句话是多么经典和正确。患癌以后，我似乎是强迫自己去面对和适应很多事情。其实，我一直害怕面对那种暮气沉沉的生活，害怕那种没有一点儿期待和梦想支撑的思想状态，所以时不时在博客写写文字，记录心情和生活的痕迹。有时，记录下自己一段时间以来的心情，心里似乎就有了一种成就感。

癌患，能维系生命，就已经很令人欣慰了。这样想着，每天醒来之时，我都告诉自己，今天能活着，真好。其他的，已经不重要了。

人生无常，能每天睁开眼看世界，已经够幸福了。癌症就是让人接受自己的与众不同，接受一个另类的自己。

有病友说，他一直很讨厌“熬”这个词，每当听到“熬过去就好了啊”“再熬熬就解放啦”就很反感。其实他不知癌患的痛苦，癌症的治疗，每一步都是熬过来的。

我一直以为每分每秒都有它特定的意义，虽然有的时候的确是痛苦大于快乐，但也要发现它的价值并认真使用它。看看鼻咽癌患者，人家单侧耳聋，失明，失语，还有吞咽困难，不是还在熬吗？还有癌细胞多处转移的病友，化疗的反应那么大，他对着主治大夫，还能笑，整个病房的病友都被他感染了。

其实每一分正能量都是熬出来的。

癌协姚会长的一句话给了我很大的启发：每个癌患的故事都能写成一部与命运抗争的正能量小说。

顺生而行，向死而生，不管我们正经历着怎样的挣扎和挑战，或许都只有一个选择：虽然痛苦，却依然要快乐，并相信未来的美好。

（注：本故事主人公原型为上海首例“隆突性恶性淋巴肉瘤”患者，2010年上海世博会唯一的癌患志愿者张竞华。）

爱心延伸到的地方

张国庆

说起卢英红及其“爱心无限”志愿者团体，有些人可能感到比较陌生；然而当你走进河北西部的平山、灵寿、行唐、涞源等贫困山区，向那些特困户、残疾孩子、孤寡老人，以及当地的爱心志愿者打听他和他们，就没有不知道的，甚至，因为你的打听，他们还会被感动得热泪盈眶……

一次旅游引出的爱心事业

说来话长。那是2002年的“五一”前夕，长假在即，卢英红及同事们也打算出去旅游。可是去哪里呢，他翻开报纸，寻找旅游信息。也是歪打正着，报纸上一则扶贫活动信息引起他的注意，那是一家慈善协会与其他两个团体联合组织的救助贫困孩子的活动。他想，何不参加这样的活动呢，出去见见世面，还能做些捐助他人的好事。于是，他按照要求，募集了一些衣物等生活用品，会同活动的组织者，来到平山，向那些因病或贫困失学的孩子们，献上自己以及其他志愿者的一片爱心……

从此，他的爱心捐助活动就一发而不可收。是那些孩子们渴求读书的“大眼睛”，是那些孩子们超出想象的贫困生活状况，打动了他，感染了他，他觉得应该继续为他们做些事了。是的，一笔募捐就可以延续一个孩子的求学梦想，一件许久不穿的衣服就可以温暖一个寒冷的人，一个不用的本子就可以让孩子画出美丽的图画，一床被褥就可以温暖他们全家，微不足道的一元钱，对他们来说就是一笔财富……他们是小草，是花朵，给点阳光雨露，就会焕发生机，就会粲然开放。

卢英红的工作单位是河北无极县中医院，他的职责是局域网管理与维护，为医院提供网络技术支持。说出来令人难以置信：当初，他的月工资才区区600余元，显然，只靠他个人的微薄收入，进行这么大规模的捐助是绝对不可能的。十几年来，他自费投入这项爱心事业，自费申请建立了“爱心无限”网站，面向全社会募集捐助物资、善款，至今已收到来自全国各地爱心志愿者的多笔捐助。每一笔善款、每一件物品的来源及去向，他都登记得清清楚楚，并在“爱心无限”网站上公布；唯有他个人投入了多少，却不计在册，也从来没有对人炫耀过，但那肯定是一个非常庞大的数字。不说别的，最近一次到涞源山区，仅租车费用就1400元，竟是他个人掏的腰包。笔者也参加了这次捐助活动，然而毋庸讳言，如果要我支出这1400元，我难以做到。他有妻子，也有孩子，并非不食人间烟火；起初家人也有异议，但他执着于爱心事业，时间一长，感动了家人，也感动了更多的人……

他和“爱心无限”的志愿者们，就这样一路走来，他们的捐助事业，已经坚持了十几年。“一个人做点好事并不难，难的是一辈子只做好事……”十几年的坚持，与“一辈子”相比尚显遥远，但平心而论，已经难能可贵了。

一次爱心捐助活动现场的感动

一个偶然的机会，一个星期六，我们随同卢英红等爱心志愿者，来到河北医科大学西校区，目睹了大学生们的捐助活动现场。这次活动，是

“爱心无限”网站和河北医科大学成教学院团委共同发起、组织的，而且在该校，这样的募捐活动已经开展多次了。我们到来之前，现场已经由许多该校爱心志愿者布置好了，显而易见，本次活动的主题，就是那条鲜红醒目的条幅所表达的：“播撒爱心，让爱无限，为世界添份美丽的色彩。”展牌上张贴了以前捐助活动的图片资料，桌上摆着募捐箱，桌下堆放了同学们捐献的物品。这些物品的捐献者，除了本校的大学生志愿者之外，还有河北科技大学、石家庄学院，以及省、市不同单位的志愿者。他们来自不同的地方，却为了一个共同的目标：为贫困孩子奉献爱心。

看得出来，卢英红和他们很熟，与这些爱心志愿者是名副其实的“志同道合”。我们采访了志愿者王晓聪，她说，她最初对捐助活动感受并不深，然而跟随卢英红到山区，亲眼看到那些孩子、老人们的贫困状况之后，她热泪盈眶了，那情景超出了她的想象。于是，她成了一名坚定的爱心志愿者，并利用业余时间做了大量工作。跟王晓聪一样，所有志愿者都是利用休息日做着奉献爱心的事业。

爱心志愿者们向我们讲述着感人的经历：一次去涞源，租车行进在崎岖不平的山路上，同车还有其他素不相识的旅客。当旅客听他们说起那些贫困孩子的情况，得知他们此行的目的之后，下车时竟主动对司机说，“他们的车费我付了”，边说边掏出钱来。司机也被感动了，对他们说，他的车从现在起只下不上，直到把他们送到目的地。一言既出，说到做到——到达目的地后，司机还自掏腰包，请他们这些志愿者吃了顿饭……

现场捐助过程中，志愿者还散发着宣传单，对每一位前来捐献的大学生真诚地说着“谢谢”，他们的愿望令人感动：“希望能够筹集大量物资与善款，用来捐助那些贫困的人们，也希望能有更多志愿者加入进来，共同奉献——让想学习的孩子有纸笔可以写字，有书可以阅读，让贫困山区的人民生活有着落，冬天可以保暖；让山区的人们感受到，我们，在关注着他们，关怀着他们！”

“爱心无限”网站的宗旨，就是救助特困孩子，关注山区教育，兼济特困老人。许多人无条件地奉献自己的爱心，从省内到省外，几乎都是自掏腰包，把物品用各种方式传递到卢英红的单位或者家里。爱心无限，无处不需要爱，让爱无限延伸，许多人就是通过这样一个平台了解了“爱心无限”这个永恒的主题。而且，网站与网站之间的友谊链接，也让更多人了解了这种爱心活动。最初有人不相信“爱心无限”的动机，河南的网友“李杜”就曾经在网上表示了他的怀疑。但当他从一份杂志上看到卢英红的事迹之后，他居然寄来200元善款，表示了对以前误解的歉意，并参加到奉献爱心的行列中。

许多大学生在现场留言簿上写下自己衷心的祝愿：“让明天亮起来”“笑对生活，就有希望”……是的，他们奉献的不仅是物品，更是一颗颗赤诚的爱心。在这次募捐过程中，不断地有其他大学的学生骑自行车赶来，联系卢英红，询问可不可以到他们学校组织这样的活动。

倾听着他们的讲述，目睹着现场一幕幕感人的情景，我们的眼里不止一次地满含泪水，并由衷生出深深的感慨。用《论语》里的话说，就是“德不孤，必有邻”——有道德的人是不会孤单的，一定会有志同道合的人来和他相伴。卢英红和“爱心无限”的志愿者们，多年来的爱心奉献行动，客观上也印证了这一真理。

一次令人难忘的涞源之旅

2006年的春天。

又一个星期六。

卢英红携带了爱心捐款，租了一辆中巴，载着募捐所得526件衣物、76双鞋，和河北医科大学、河北经贸大学的6名大学生，奔赴涞源山区。同行的还有包括笔者在内的志愿者——对于笔者而言，与其说参加捐助活动，不如说随行采访更为合适；但我首先是被他们的爱心所感动才加入进来的。

山高路远，峰回路转，盘山公路像是挂在山腰的飘带；坡度很大，有的地方足有30度。山峰光秃秃的，没有一丝绿色；山路两旁也很少见到树木，偶尔见到几棵，也是脱不了鹅黄的底色，好像营养不良似的。我们不禁想，假如这山上满是绿色该有多好。然而我们的想象毕竟替代不了现实，山一样沉重而荒凉的现实——这里好像是一个春风吹不到的地方。我们平原地带，桃花早已开过，而这里偶然见到的几棵桃树，桃花才刚刚开放。不禁令人想起“人间四月芳菲尽，山寺桃花始盛开”的诗句，只是这里并非山寺，而是边远山区人们的生活环境。

阜平境内，有人为卖东西而恶意堵车，导致交通近于瘫痪，浪费了我们大约四五个小时；而不经意间，我们又走错了路，误入山西灵丘等县境内。路途大致相当于直角三角形，本来从“弦”上可以过去，我们却错走了“勾”和“股”，白白多绕了100多公里，导致早晨6点出发，到涞源已是晚上8点钟了。想来，我们这些人就像是殉道者一般不辞辛苦。

涞源的爱心志愿者李云峰等人，与卢英红熟悉得像是一家人，这次涞源之旅的第一站，就是李云峰的家，她家已经聚集了十几个孩子以及当地的老师们。卢英红这已经是第7次来访、捐助了。我们稍稍洗了把脸，在李云峰家吃过农家便饭。然后，他们举办了简单而热烈的欢迎仪式，那些孩子们还表演了节目。卢英红代表捐献者，将4200元善款捐献给孩子们以及那些特困老人，每个老人或孩子，多者400元，少的200元。

李云峰等当地志愿者介绍着这些孩子和老人的生活状况，我们不禁潸然泪下。

我们随机采访了几名孩子及其家长。樊玉柱的孩子樊彦云，曾是全省“爱心救助工程”先天性心脏病受助者，还靠了爱心救助而继续上学。说起这些，他父亲樊玉柱感动得无以名状。我们问他，假如先天性心脏病手术自己花钱，得花多少？他说，一次就得12万元，还得做两次。不要说对于山区人家，就是对于我们这些工薪族，这也简直是天文数字。所以，他们深深感谢希望工程、爱心救助工程以及爱心志愿者的无私救助。

那位李云峰，是一位小个子、衣着朴素的50岁上下的女人。她本来已经有两个孩子，孩子也都已经20多岁了，但她还是先后收养了3个弃婴：他们如今分别是15岁、11岁、10个月——我们看见，那10个月的孩子还在襁褓中。而且，这些孩子被丢弃时都有残疾，好多人曾经抱他们回家，发现残疾后又后悔了，放回了原处。园园当年就被丢弃在镇海寺，先后被30多户人家抱走，又抱了回来；吉祥阿宝（小名）被丢弃时才两个月，反复被14户人家抱走，又抱回……后来，李云峰多方奔走，寻求社会救助，为这些孩子做手术，治好了他们的先天性疾病，令人为其大爱而深深感动。我们问她："既然您已经有两个亲生孩子，而且他们已经长大成人，为什么还要收养这些残疾孩子呢？"她说："因为我是一个母亲啊……"说着，她不禁声泪俱下，而我们也不禁被感动得泪如雨下了。是的，母亲那朴素的怀抱，最具人性的温暖啊……

第二天大风，但我们仍然前去探访那些需要救助的贫困孩子和老人。涞源是个极度缺水的地方，打井根本打不出水来，让人疑惑何以取了这样一个水意盎然的名字。人们的饮用水，是靠接一点山泉，或是积存雨水，而庄稼就只好"靠天收"了。风沙扑来，浑身尘土，沙粒打得人脸庞生疼。到处是荒山秃岭，山坡、山谷没有植被，裸露着夹杂着砾石的黄土；一年四季，春、秋、冬三季刮风，恶劣的自然环境，考验着这里人们的生存耐力。

我们去西龙虎村探访了双目失明的辛桐，一个诗意而绿色的名字，一个家徒四壁、拄着拐杖的老人。又去卸甲沟救助对象陈帅家看了其生存状况，恕不在此描述了，你可以尽自己最大的想象力去想象他们贫困的状态，无论怎么想都不会过分……最后，我们来到卸甲沟小学，时已过午，然而校长组织孩子们夹道欢迎我们这些"领导"。坡上好大一棵树，据说已经七八百年了，却因为干旱缺水而垂垂老矣，不知道它还能活多久。我们把带来的衣服等物品送给他们，孩子们一个个捧着衣服，露出天真的笑脸。同去的大学生马红玉能歌善舞，为孩子们唱歌，也引导孩子们唱歌，气氛逐渐活跃了起来。除了《小红帽》《让我们荡起双桨》等儿童歌曲外，孩子们居然还会唱《两只蝴蝶》，尽管他们未必懂得歌词的内涵，却唱得那么圆熟。他们从一定程度上接受了山外的文明，尽管饥不择食，令人心酸。但我们相信，他们怎么可能总是这样下去呢？从希望工程，从爱心救助工程，从爱心志愿者身上，我们看到了人文精神的曙光。此时此刻，还是孩子们唱的那首《小草》最为动人："春风啊春风你把我吹绿，阳光啊阳光你把我照耀……"他们多么渴望春风的抚慰、阳光雨露的滋润啊。

"爱心无限"收到许多受助者的感谢信，透过一封封信件，我们看到了那一颗颗对于捐助者感恩的心：

陈菲阿姨：

你好！

我是你救助的学生马国华。从我记事起，父亲就双脚病残，本来贫穷的家庭没有了支柱和依靠，贫困的魔爪伸向了我这个一心求学的孩子。我多想快快长大，减轻家里的负担，但我不能，现实是如此的残酷，我几乎快崩溃了。这时候，你来了，你带着一颗热乎乎的心来了。当我接到你给我的钱和衣物后，我激动地紧紧抱住它们，我多想这样紧紧地抱住你呀！虽然我不曾见到你，但在我心中，你就是最可爱的人，乐于助人的精神在你的身上显示得淋漓尽致，你是我学习的榜样。此时此刻一颗爱心已在我的心中萌发。我定会加倍努力地学习，长大后帮助更多的苦孩子，把爱心传递下去。今年我以优异的成绩升入涞源县一中的实验班，班里排第10名，但这远远不够，我有信心做到更好，不辜负你对我的期望，长大后报效祖国。我是大山的孩子，有着大山的精神，在你的支持和鼓舞下，我要用学习来征服贫穷，超越贫穷，在生命的长河中扬起希望的风帆。有时候一个"谢"字胜过千言万语，胜过感激的眼泪。此时此刻，我只能用这最普通的话语，来表达我最真诚的心："谢谢！"

此致

敬礼

好人一生平安！
涞源县一中（233）班 马国华
2005年10月2日

像这样的感谢信，只要打开“爱心无限”网站，就能看到好多好多。我们奉献爱心，我们体验崇高，最初还以为，爱心只是救助那些山区老人孩子的贫困生活；然而听了这样的心声，我们感到爱心也延伸到那些受助者的内心深处。让世界充满爱，也许还是美丽而暂时遥远的梦想；但爱心救助不仅仅是援助贫困乡亲，更是培养更多的爱心啊。爱心是最温暖、最感人的，让千言万语凝聚成这样几句话：“奉献你我爱心，共建和谐社会；真情感动世界，爱心成就未来。”

让爱心不断接力

耿巧娟，今年36岁，是河北省无极县张段固中学的 名音乐教师。2006年，耿巧娟口腔发生溃疡，身上出现一片片淤青，前往省二院检查后，被确诊为早幼粒白血病M3。这种白血病最凶险，但治愈率也最高。所谓凶险，就是发病非常快，随时面临死亡。如果早发现，早治疗，用药物维持，定期化疗诊治，就可以延续生命。所以，她遵照医嘱，进行了保守治疗，没有进行造血干细胞移植手术。即便是这样，她依然饱受病痛折磨，身体开始浮肿，面部严重变形，头发一绺一绺地掉落。她已记不清多少次忍受着病痛折磨，辗转在医院与回家的路上。为了给她治病，老公曹永剑把企业股份卖掉，四处借钱举债。同事们获悉情况后，纷纷给她捐助。这些都让耿巧娟非常感动。2008年，她拖着虚弱的身体，开始把生病和治疗期间的种种感悟，写在自己的博客里。劫后余生，她开始不断地叩问自己的灵魂：生命如此脆弱，以怎样的方式活着才会更有意义？

耿巧娟的文章，被一位名叫李征强的网友看到，他被耿巧娟的乐观坚强深深打动。为帮她实现夙愿，李征强向她介绍了一个志愿服务团队——河北“爱心无限”网。在身体状况允许的情况下，耿巧娟开始在网上浏览、了解爱心网站的各种信息。贫困山区失学儿童、鳏寡孤独老人、一个个亟待救助的名字，深深刺痛了她的眼睛，她那颗善良的心开始萌动，她仿佛也看到了自己生命的曙光。

她瞒着老公，偷偷跑回老家，找出父母几年前开贸易货栈积压的库存商品。令她惊喜是，里面有很多绣有各色花朵和小动物的手帕。耿巧娟仔细数了数，竟然有数百条。她迫不及待地联系了“爱心无限”网站站长卢英红，并表达了自己想法：通过爱心志愿者团队，将这些小手帕送到孩子们手中。

从此，耿巧娟成为志愿者，在无极当地搜集衣服、被褥和接受善款，然后捐献给“爱心无限”网。卢英红至今记得：有一次，耿巧娟亲自找到他，把200元钱交给他，委托他捐赠给需要帮助的人。这200元，是耿巧娟从自己医疗费中节省出来的。耿巧娟说：“我能挤出二三百元来，帮助山区孩子一个学期，而这些孩子是怎么省也省不出这些钱来的。”

后来，耿巧娟成为河北“爱心无限”网的一名管理员，每天要梳理、记录一笔笔善款的收支情况，统计衣服、被褥等爱心物资的库存情况，然后传至网站QQ群，以确保公开透明。每次走访慰问回来，大家已经疲惫不堪，而她还要整理走访人员信息，撰写活动总结，并及时发布到网站上。老公曹永剑心疼地说：“歇歇吧，你不要身体，孩子还要妈妈，我还要妻子呢！”可耿巧娟总是笑笑，因为只有她自己才知道，如何让宝贵的生命绽放出青春光华。

2012年，儿子的作文《我的妈妈》发表在《故事作文》上，杂志社寄来了15元稿费。懂事的儿子说：“妈妈，你帮我捐给贫困山区的弟弟妹妹吧！”那一瞬间，耿巧娟紧紧搂住儿子，泪流满面。母子俩把15元凑成100元，并亲手送给了灵寿县北庄村的杜建英。

2013年，在组织策划“爱心无限公益年会”时候，耿巧娟忍着高烧联系场地，并到现场布置舞台。2014年，为录制志愿者群歌，耿巧娟几经周折寻找演唱者，并亲自带队到定州进行现场录音。回来后，她的眼睛感染病毒，充血肿胀了好长时间。如今，只要曹永剑有时间，就会和她一起参加志愿活动。老公之所以如此，除了对她的牵挂，更多是被她投身公益事业的爱心与执着所感动。

“奉献、友爱、帮助、进步”，是“爱心无限”网所倡导的志愿者精神。这些年来，耿巧娟以实际行动，为这种精神做了最生动的诠释。2013年，她荣获“石家庄市优秀志愿者”的荣誉称号。近日，她又被无极县文明办评为“2014年度助人为乐道德模范”，被省会文明办评为“石家庄文明公民标兵”。她用生命呼唤爱，用心灵感悟爱，用行动传递爱。爱，让她的生命绽放如花。

2008年，耿巧娟开始参加公益活动，到贫困山区送温暖，帮助了很多孩子，并从中感受到了生命的价值，这对战胜病魔也有很大好处。如今，耿巧娟老师仍行进在公益之路上。

让爱心继续延伸

我在采访中看到和感受到的，以及所记录的，仅仅是缤纷故事中的“一斑”。据不完全统计，“爱心无限”网的志愿者们，还携手河北医科大学、河北经贸大学、河北东方美术学院、中国防灾科技学院等高校和单位，在大学校园内开展了“播撒真心、让爱无限、为世界添份美丽色彩”“弘扬中华传统美德，树立当代大学生社会主义荣辱观”等爱心捐助活动，并组织大学生到贫困山区奉献爱心，感受同一片蓝天下弱势儿童的生活，短期支教，举办“书香飘山区，爱心赠书千万家”大型义演募捐活动、“爱心接力十六县，情系汶川大联盟”活动、“温暖2009爱心助学公益行”大型活动，2010年3、4月份，南方旱情牵动着大家的心，“爱心无限”网携手共青团河北省委权益部，开展了“宣传抗旱，倡导节水”徒步活动，为南方旱情地区捐助矿泉水2000瓶；7月份与河北科技大学、河北师范大学在涞源县开展了为期20天的支教活动，让大学生们亲身体验了贫困山区的生活和贫困学生的学习环境，也让山里的孩子们感受到了外面世界的精彩。这些送温暖活动，让涞源、灵寿、康保、无极等县市的孤寡老人，得到了捐助，给他们带去了社会爱心的温暖。

“爱心无限”网自2000年成立以来，截至2015年8月，资助贫困学生6661人次，帮助孤寡老人107人次，使267名辍学的贫困学生重返学校，举办了1012次环保公益、爱心助学、慈善公益宣传等活动，行程数万里，把从全国各地爱心志愿者那里募集到的数十万元善款、物品，送到了最需要的老人和孩子手中，以人间的真爱温暖了一颗颗困顿的心。

“爱心无限”志愿者们的付出，得到了社会的认可、政府的肯定。发起人卢英红，2006年被评为“石家庄市文明公民标兵”，2007年被评为“河北省十大热心肠人物”，2008年荣获“石家庄市优秀青年”称号，并荣立个人三等功，2009年荣获“中国公益之星”称号，2010年荣获“石家庄十大杰出志愿者”称号，2011年荣获“石家庄市道德模范提名奖”……

自2006年以来，“爱心无限”网团支部，年年被评为无极县“先进团支部”，同时还获得2007年“石家庄市先进团支部”、2008年“石家庄市优秀团组织”、2009年“石家庄市优秀志愿者组织”、2010年“优秀志愿者组织”、2011年“河北省优秀志愿服务组织”等称号。

用卢英红的话说，“社会各界的支持给了我们更大的信心，大家深深感觉到社会中有太多的人需要温暖，需要关爱，而我们的一些简单的付出，却能给生活在困境中的人带去生活的信心与希望，而我们也找到了内心的充实与真正的快乐。”

给爱一个平台，给爱一个理由，将爱心传遍每个角落，让爱心延伸到每一个人的心里。

既然爱心无限，那么，就让善美之心传遍天涯！

2015年8月25日

踏地有痕

戴时昌

一

高山的5月如春，天气还是那样温和。

昨晚下了一场小雨，今天太阳又出来了。贵州省六盘水市水城县青林乡灰依村大土路组的一片猕猴桃，鲜活生辉。中午时分，安文忠和王正朝又来到猕猴桃架下，看着已经有核桃大小的猕猴桃，一个个喜人地长着，二人兴奋地说开了。

“文忠老弟，多亏你的劝导，才有了我的这片猕猴桃。我估算了一下，到了秋天，这片猕猴桃可以卖到10万元左右。前几天我和儿子商量好了，卖了猕猴桃，就买一辆小轿车……”王正朝乐呵呵地说。

“哈哈，我说老王啊，你倒是会计划的，这猕猴桃才这么大，你就打起了买车的主意。”安文忠指着猕猴桃打趣道。

“还有啊，今天我要让这些猕猴桃见证我对你的祝福与祝贺。昨天，团中央公布了全国优秀共青团员名单，你榜上有名呢。”

“这就惭愧了，我只是做了我应该做的事情，却得到这样高的荣誉。”

“这是实至名归嘛，我们都应该感到骄傲！没有你这几年的付出，哪有今天我们的产业？听说你申请留下的事情没有得到批准？”

“西部志愿者服务3年，是国家的规定。规定是针对大家的，不可能为我一个人修改，这我是理解的。”

“真舍不得你离开啊！”

“谁愿意离开呢？这些产业，是我和大家一起发展起来的，就像我们共同的孩子，正在茁壮成长的时候，‘父亲’就要离开了，心里实在不好受啊！老王啊！脱贫攻坚没有局外人，我们每一个人都是战士，每天都要冲锋，时时都要战斗。只有这样，我们的产业才会越来越壮大，老乡脱贫致富奔小康的路子才会越走越宽，过上小康生活的日子才会越来越近。”

“过去我们吃过亏，所以你刚来时，叫我们种牧草，养鸡牛羊，叫我们种猕猴桃，我们才不愿意呢。现在老乡看到我收入增加了，都跟着干起来了。”

二

安文忠，个子不高，有点儿胖，很敦实，脸上总带着笑容，讨人喜欢。这位1990年出生于贵州省毕节市赫章县响水村的苗家子弟，童年是在贫穷中度过的，他深知农民疾苦。小时候，家里住的是土墙房子，遇到刮风下雨，一家人提心吊胆，直到2005年才盖起了平房。小时想穿一双解放鞋也只能是奢望，想穿一条牛仔裤，都是上了高中才如愿以偿。读高中3年，他都是从家里背苞谷面到租住的房子里煮着吃。没有钱买菜，就在学校的地里种植白菜、辣椒、大蒜、香菜、豆子……

2012年，安文忠考上铜仁职业技术学院，就读于设施农业技术专业。上大学后，他靠勤工俭学维持日常开支。晚上检查寝室卫生、清扫学生公寓楼的一楼到三楼过道。一层楼有21间寝室，查完寝室，再扫地和拖地，每天都要拖到深夜12点左右，这样下来，每月能挣600元。周末，他就到校外的餐馆炒菜，一天可以挣100元。

2015年7月，安文忠学成毕业。那段时间，校园广播天天播放着“到西部去，到基层去，到祖国和人民最需要的地方去”的青春旋律，以此激励大学生志愿参加服务西部计划。安文忠对照条件，觉得自己是符合的，就毫不犹豫地报了名。7月30日，他来到六盘水市水城县青林乡农业服务中心。面对这块陌生的土地，他思考着如何运用所学知识服务好这块土地，服务好这里的老乡。

青林乡位于六盘水市水城县西北部，属于深度贫困地区，距市中心区42公里，总面积64.46平方公里，最高峰轿子山，海拔2051米，最低点大土索桥河畔，海拔1400米，平均海拔1750米，年平均气温12.4℃。这里的老百姓习惯种苞谷，近年来发展了烤烟和洋芋等经济作物。安文忠认为，传统农业能够解决温饱，但是不能致富。要脱贫致富，就要因地制宜发展农业产业。他向农业服务中心主任黄佳江提出了自己的想法，黄佳江认为可行，随即向分管农业的副乡长刘隰汇报了他和安文忠的打算。刘隰说：“我们一起调研吧，只要能够带领老乡脱贫致富，乡里都全力支持。”

接下来的两个多月时间，安文忠和刘隰、黄佳江、乡畜牧技术人员陈永福走访了全乡4个村。安文忠越走越兴奋。他觉得这里太适合种植牧草发展养殖业了。

调研结束，4人合计，写出了详细的调研报告，向乡党委、政府做专题汇报。乡里决定，以种植牧草发展养殖业作为全乡脱贫致富的主要产业，为了稳妥起见，先在二寨村试验，成功后把其他村的老百姓请到这里来参观，老百姓看到实惠了，推广起来就容易了。

准备开始牧草种植了，老乡却不干了。

老乡说：“一年种苞谷都吃不饱，你改种草，又不能当饭吃，发展什么养殖业呀？”

“种草可以养牛、养猪、养羊，卖牛、卖猪、卖羊就有钱了，多好啊！”安文忠真诚地对老乡说。

老乡见他是个毛头小伙，不相信他。

“祖祖辈辈种苞谷，有哪家致富了啊？”安文忠收住笑容，认真地问了一句。

“我们这地方种苞谷产量高，能吃饱饭。你看我们这些山上，哪里没有草？能当饭吃？”

“这些山上野生的牧草，产量低，当然不能赚到钱，自然就不能当饭吃了，今天我们种的牧草是优质品种，产量高，营养成分高，价格也高，赚到钱了还愁没有饭吃？”安文忠解释。

“我活了几十岁，没有听说过草还有什么优质的，营养高的！草就是草啊，你们是不是来推销草种，想赚点老百姓的钱啊？”老乡用疑惑的眼光盯着安文忠。

“老乡这样说就不客观了，我们赚什么钱啊？买草种的钱是国家出，你们只负责出劳动力，收入全部是你们的。多划算啊！”安文忠进一步解释道。

老乡还是不相信他。黄佳江、安文忠只得暂时离开。

安文忠想不通，就问黄佳江：“明明是很好的致富产业，老乡为哪样这样抵触？”

“老乡们见不到实际的东西，我们只凭嘴讲，他们是不会相信的。这件事情要让老乡接受，最好的办法是把他们送到种草养畜做得好的地方去参观，让他们看到这是一个吹糠见米的好事情，才会相信。”黄佳江说。

“那就带他们去呀，种草养畜的地方多着呢。”安文忠着急地说。

黄佳江没有立即回答安文忠，抬头看着远方，若有所思地说：“要不在网上搜索一些视频，拿去给老乡看看，如果不行，再给乡里汇报带老乡出去。”

两人做事特别较真，更何况这是扶贫产业。他们商量，做不成决不罢休。那晚，他们一边畅谈，一边在网上查找资料。

下载好种草养畜致富的视频，做好牧草种植的演示文稿，他们又来到二寨村，把老乡们组织在一起看视频、做培训。视频是福建省云霄县马铺乡峰头村的。视频中，当地群众种植牧草得到的收入，似乎让老乡们心动了。会场内，大家议论开了。

看完视频，安文忠说："人家环境比我们恶劣，土地比我们贫瘠，都能够通过种草养畜脱贫致富，为什么我们不能够种呢？"

见到视频里的景象，老乡们表示可以试一下，全村就种6亩。

两个月后，第一批牧草收割了7吨，以每吨600元销售给六盘水"216"生态农业产业投资有限公司。安文忠给老乡们说："从第二茬起，一亩地可以收割到两吨左右的牧草，一年至少可以收割7次，一年一亩地就有5000多元收入。这是多年生牧草，种一次，可以收很多茬。"

"这比种苞谷划算多了！"老乡们说出了心里话。

二寨村试点成功，老乡们得到了实惠，牧草种植很快在青林乡全乡推广。两年多来，全乡种植鸭茅草、黑麦草、皇竹草共计1万多亩。赚到钱的老乡，还购买了拖拉机、农用车。在安文忠的计划里，这其实只是发展产业的第一步。

三

只发展一个产业是脆弱的。要打赢脱贫攻坚战，就要有几个支柱产业，即使有一个产业遇到不可抗拒的灾害，也不会影响决战脱贫攻坚、决胜全面小康的步伐。安文忠在走访中还发现，青林乡的山上有很多野生猕猴桃，他又在网上查阅了很多资料，觉得青林乡的海拔气候、纬度非常适合猕猴桃的生长。他想在全乡发展猕猴桃产业。他的想法得到了黄佳江和乡领导的支持。

12月，对于地处高山的青林乡来说也是寒冷的冬天。安文忠穿了一件红色的羽绒服，一路小跑来到灰依村苗族老乡王正朝家。王正朝正在火塘边抽水烟筒，见到安文忠来了，赶紧让座。

“今天来和你商量一件事情，看你感兴趣不？”

“哪样事情？”

“种猕猴桃？”

“那个东西酸得很，没有人吃嘛。你刚来这里，还不了解我们这里吧？你爬上山去看看，那些猕猴桃都烂在山里了，连雀儿都不啄。”

“就是看到山上有野生的猕猴桃，才想请你种呢。你在村里威望高，你种成功了，老乡们就跟上来了。”

“没有把握的事情我是不会冒险的，你们是机关干部，到时候拍拍屁股走人，我怎么办？我是这里土生土长的，担骂名是小事情，耽误老乡种洋芋和苞谷，收成减少，大家又要饿肚皮了。”

“你有顾虑是正常的。不过你听我说说，再做决定也不迟嘛。”

“你说！你用哪样法子可以让猕猴桃卖到钱？”

“今天我们要种植的是红心猕猴桃，这个品种好，产量高。一亩地可以种111株，嫁接苗栽下去第三年就开始挂果，一株能够结6斤左右，市场价15元到20元1斤，一亩地就生产666斤，你算算，收入多少？”

“13000多元？”王正朝在心里默算了一下，有些惊讶地反问道。

“没错，就是这样多。从第三年开始挂果进入丰产期，产量就能够增加两倍以上，你再算算，收入多少？”安文忠启发王正朝。

“那不是有30000多元？”王正朝更惊讶了。“你别吹牛皮了，怎么可能，简直是天文数字。”尽管摇头，但王正朝的眼里却露出一道光亮。这个细节被安文忠注意到了。

“老兄啊，耳听为虚，眼见为实，你和我去种猕猴桃的地方参观参观，怎么样？”

“远不远？要多少路费？”

“路费由猕猴桃管委会和乡里承担，你别担心。”

“乡里贴路费，就算种不成，去看一趟也值得。”

“我们不是去玩，是去看人家是怎么赚钱的，去学习嫁接技术和栽种技术、管护措施。”

“那我就等你通知去参观了。”

安文忠站起来，伸出右手，王正朝也站起来伸出右手，两只手紧紧地握在一起。按照苗家的规矩，这事就这样定下来了。

安文忠带王正朝到中国科学院武汉植物园参观学习。这次学习，让王正朝大开眼界，可以说是心花怒放。

谁知王正朝又有了新的顾虑：“虽说一次投入，多年受益，但是第一次投入大得很呢。我们苗山除了土地和劳动力，就没有哪样了。”

“现在国家政策这样好，发展产业是有项目经费的。只要你愿意干，种苗钱和水泥桩、铁丝网，这些国家都有补助，你只要出土地出劳力就行了。”安文忠给王正朝吃定心丸。

按照安文忠的计划，参观完武汉植物园，接着要到四川的猕猴桃基地参观，王正朝却不愿去了，说耽搁时间得很，得赶紧回去开始干。

回到灰依村，安文忠与王正朝一家人就在王正朝家的地里，用石灰画线，定点挖坑。一天下来，安文忠从头到脚被石灰染得白扑扑的。挖完坑，他们定的猕猴桃苗也到了，王正朝一家人又忙栽种。栽完苗后，又忙着栽水泥桩，拉铁丝网，一直忙到春节。王正朝说，他活了几十岁，只有这个冬天最充实，也只有这个冬天觉得最温暖。在王正朝的带动下，灰依村当年种植猕猴桃600多亩，到现在，全乡推广种植猕猴桃1000多亩。

四

发展畜牧业，种草是基础，重点是教会老乡进行牲畜疾病预防。一些地方，曾经只注意发展养牛养猪养羊养鸡，结果牛猪羊鸡都得了怪病死去了，给老乡造成了损失。老乡呢，一朝遭蛇咬，十年怕井绳，再叫老乡发展畜牧业，他们就不想干了。在青林乡草地畜牧业发展规划里，乡里把预防放到了核心环节。安文忠始终认为，只有预防做好了，老乡才能持续发展，才能持续增收。

安文忠和乡畜牧技术人员建立了一套制度，每年的春、秋防时节，对牛、羊、鸡等牲畜进行采血化验，针对化验结果，提前备药打预防针。对村村寨寨的防疫员进行新技术培训，让大家更好地为老乡服务，确保刚刚大规模发展起来的畜牧业得到稳步推进，让老乡较快走向致富路。过去，防疫员给牲畜打针，都是一个人按着牲畜，让牲畜不能动弹，另一个人再打针。羊和猪等牲畜个体小，不费劲就能按住，打针容易。牛身体大，一个人按不住，不小心还会被牛踢。

安文忠把全乡的防疫员都叫到养殖场，他拉出一头牛，对大家说："配药大家都会了，这里就不多说。今天主要是教会大家一种新技术，叫打飘针。大家注意看我的动作。"

只见他右手持注射器，左手食指、拇指在牛的颈侧捏起皮肤，两指间的牛皮就成了皱襞。

安文忠看看大家说："这里还要注意，针头和皮肤要呈45度角刺入。"随着针头的刺入，注射器里的药水也在慢慢地进入，牛没有惊慌，安安静静地让安文忠注射。

"牛为什么这样听话呢？"有防疫员问。

"牛皮提起来了，疼痛感微弱，牛就不会受到惊吓，就能够安安静静地接受注射。"安文忠说。

"这个新技术好啊，把过去需要几个人做的事情，一个人就能够轻轻松松地完成了。"一位防疫员感叹道。

事物的发展都是相生相克、相辅相成的。养殖业注意预防牲畜生病，种植业就是要预防经济作物被虫害。

牧草长起来了，昆虫也多起来了，有的昆虫，老乡们都没有见到过，常规的农药也不起作用。眼看刚刚长起来的青草就要被这些叫不出名字的昆虫伤害，老乡很着急。

一位老乡捕捉了一只昆虫急忙跑去找安文忠："小安，你看看，这是什么虫子，把我家的牧草糟蹋了，我们用农药都杀不死它。”

安文忠接过昆虫，看了看，也不知道是什么昆虫。他急忙上网查也没有查到。他对老乡说：“你别急，我把它拿去实验室做实验，就知道什么药能够杀死它了。”

当天晚上，实验结果就出来了。

最后，虫灾也被消灭了。

五

科学技术是发展产业的动力。

白天下村指导老乡发展产业，晚上在实验室做好产业发展的相关实验，这几乎是安文忠的工作常态。有时候实验室一待就到次日凌晨一两点钟。在发展人参果产业的初始阶段，安文忠头天晚上需要配制好培养基，为第二天转接组培苗提供营养生长物质。由于长时间的熬夜，有时正在做实验，就拽起瞌睡来了。也不知道睡了多久，只觉得手指隐隐作痛，才清醒过来，一看指头，原来实验瓶打破了，划破了手指。

安文忠与老乡的情感，在脱贫攻坚事业中越来越浓烈。

转眼安文忠到青林乡已经一年多了。2016年12月中旬，天气寒冷，安文忠和二寨村党支部书记张国红一起，指导村里老乡栽种构树和牧草。天下着蒙蒙细雨，气温更低了，无论怎么冷，安文忠都是准时到地块里指导老乡。老乡余光银看着他的鼻子都冻红了，关切地说：“小安啊，你是大学生，身子骨不像我们的这样硬朗，你回去休息，等雨停了再来吧。”

“我也是农村长大的，身体好着呢，来这里一年多了，喷嚏都没有打过。”安文忠与老乡说话时始终面带微笑。

天气实在太冷了，老乡们就在地里生了一堆火，累了就坐到火堆边休息，休息一会儿又继续挖坑。中午就在地里烧洋芋当午饭，渴了就到地里拔萝卜解渴。冬天的夜晚来得早，老乡们每天都在山上劳作到天黑才肯下山回家吃晚饭。这里离乡政府所在地有些远，安文忠就住在老乡家，晚上就和老乡聊产业，聊未来的美好生活。

这天下山的时候，余光银一个劲地把安文忠往家里拽，说晚上要和他聊天，要请教一些事情。到了余光银家，安文忠才知道，原来余光银已经安排家人宰了只大母鸡，特意请他来家里吃饭呢。

刚在桌子边坐下，余光银就说："小安啊，我们农村没有什么好吃的，这几天你起早贪黑的，实在太累了，喝点儿鸡汤热热身子。"说完，就给安文忠添了一碗鸡汤。

安文忠接过鸡汤，好像有很多话要说，却一句也没有说出来……

到2018年8月，3年志愿服务期满的安文忠就要离开青林乡。让他感到自豪与欣慰的是，青林乡发展的猕猴桃、构树、核桃、刺梨、牧草、李子等种植业在一步一步地壮大，养鸡、养羊、养牛成了脱贫攻坚的支柱产业。

如今的青林乡，猕猴桃结出了喜人的果实，旅游环线道路主道通了，通村路、通组路、串户路把老乡紧紧连在一起。牧草绿了，鸡、牛、羊合奏着喜人的乐曲。看着猕猴桃一棵棵长大，看着牛和羊一批批长大，看到老乡喜悦的笑脸，一股暖流在安文忠心底涌动。他摸出手机，打开记事本，快速写下几个字：为脱贫攻坚战，我还要冲锋……

阳光下的风

杨 杨

幸福是什么？

多少人在追问，多少人在困惑，又有多少人在感慨。其实，幸福不是因为得到的多，而是因为计较的少。

一位83岁的老人，抚养着110个孩子。几十年默默无闻，几十年风雨春秋，几十年无怨无悔。付出的是心血，留住的是真情，谱写的是大爱，传递的是能量，铭记的是感动！

——作者手记

一

“呜——”

“哐当——哐当哐——哐当——”

每当看着那一列列火车飞驰而过，老人的眼里便会噙满泪水，总有一种说不出的情感与纠结，总有一种绵长的回味与感慨。多少往事禁不住涌上心头。

此刻，一阵狂野的山风吹过，吹乱了老人花白的鬓发，将那衣衫“噗噗”地抖动着，犹如猎猎的旌旗。这时，正有几个半大的孩子，守候在老人的身边，扯着那宽大的衣襟，拉着那粗糙的双手，随着老人浑浊的眼神，凝望着远方。

“爷爷，您开过火车吗？”

“爷爷，火车的路是怎样呀？”

孩子们好奇地问询着，也在憧憬着，渴望着。一双双眸子清澈透亮。

许久，老人喃喃着，似在追忆，又似在讲述……

二

1945年，他13岁。

在河北尚义，有一个名叫香亭子的小山村，连续两年大旱，庄稼颗粒无收。原本就光秃秃的山峦，更显狰狞和荒芜，犹如一座座硕大的坟丘。砂石裸露，在烈日的暴晒下变得滚烫，山坡上仅有的几株枯树，在朔风中摇曳呜咽，与山雀和乌鸦的凄鸣一起，渲染着苍凉的氛围。

远远望去，山上零星散落着几户人家，低矮的烟囱里偶尔飘出一缕惨淡的青烟。人们逃的逃，死的死，这里早已十室九空。剩下的，都是苟延残喘，想走也走不了的待死之人。他们一家，就属于这个行列。

简陋的屋子里，一条土炕和一块破席，散发着酸臭的异味，空荡荡的米罐，落满厚厚的灰尘，半截水缸、一条扁担，以及腐朽的木柜，通通静静地躺在角落。整间屋子，找不到一个像样的东西。

就是这样的苦日子，也不得安生。月黑风高之夜，土匪闯村大肆搜刮，是再寻常不过的事。就连破被子或烂毡帽，都难以幸免。村民稍有不从，就是乱棍皮鞭伺候。也有运气好的人家藏到山洞里，但躲得了初一，还能躲得了十五吗？

“不能就这么等死啊！”父亲哀叹着，终于做出重大决定，把最小的儿子——也就是他，送到姨家。看着家里清一色的6个男孩，那一个个硕大的头颅和骨瘦如柴的身子，父亲不由得哽咽了。谁愿意将孩子拱手相送？可不送，又拿什么喂饱这么多张嘴啊！

姨妈家一样贫寒，但毕竟可以喝糊咽糠填饱肚子。临别时，他没有投到父亲的怀抱寻求最后的爱抚，也没有挥手落泪，只是默默地看着父亲远去的背影，大脑一片空白。

多少次，他想起父亲给姨妈说过的话："从现在起，六根儿就是你的孩子了，只要他还能活下去，打骂随你……"

六根儿想，不能让姨妈讨厌自己。他一定要努力做一个懂事的孩子。

与父亲的别离之夜，他彻夜难眠，在姨妈家的土炕上，他两眼一眨不眨地瞪着，突然哭了。

"是不是想家了？乖孩子，不哭，早点睡吧。姨妈家就是你的家，过些时候，姨妈就带你去看爹娘。"姨妈小心翼翼地为他擦拭眼泪，不知过了多久，他终于睡着了。

就这样，一天又一天，他随姨妈和姨夫下地干活儿，无休止地忙碌着。

他给村里的有钱人放牛、放羊、放猪，为的就是喝一顿稀饭，或啃上半块儿发霉的山药面窝头。尽管那窝头就像受潮的石灰一样坚硬硌牙，他还是要竭尽心力迎合财主的脸色，以免挨饿。稍有不慎，惹了财主发脾气，免不了一顿毒打，更要忍受几日的冻馁。家里没钱，他只能每天光着脚板走山路。姨妈疼在心上，但也只能抱着他不停地念叨"苦了娃了"，可姨妈姨夫自己也只是靠伺候富人养活自己，哪有钱给他买鞋呢？姨夫决定把财主家丢弃在外面的破麻袋找来，编成鞋给六根儿穿，谁料，姨夫还没走近财主家，就被护院的狼狗狠狠咬住，要不是狗被拴着，姨夫能不能活着回到家都是问题。

这一夜，一家三口抱在一起，不停地哀叹着，哭泣着，祈祷着："老天爷啊，这日子可咋过啊，啥时候是个盼头啊。"

三

终于，中华人民共和国成立了，人民翻身做了主人，有了自由，日子一下子变得充满生机，处处锣鼓喧天、欢声笑语。

那时，他还是个半大的孩子，凑在热闹的人群里，跟大人一起，腰间扎上一条破旧的红绸带，跳起秧歌，唱起小曲儿，陶醉地跳着、舞着。

没过多久，他上了村里的扫盲班，学习文化。他开始有追求，有理想，再也不会任人愚弄和欺凌了。

又过几年，一支修路的队伍开进了村子，他像是受了什么召唤一样，主动去跟大家一起干活儿。他小小年纪，却那样吃苦耐劳，很受首长喜爱。首长摸摸他乱蓬蓬的头发问："你今年多大了？""15了。""叫啥名呀？""俺还没有名字呢。""那你姓啥呀？""俺姓武。"

"那我给你起个名吧！"首长打量了他一番，"这么英俊的小伙子，就叫武俊吧！"

他若有所思地念了几遍自己刚得到的名字，竟羞涩地低下了头。这么多年了，他好像终于为自己找到了归宿。他兴高采烈地回到家，大声对姨妈嚷着："俺有名字啦！俺有名字啦！首长给俺起名叫武俊！"

姨妈不住地说着："咱家六根儿真的长大了，懂事了，好英俊哩！"说着说着，已然泪眼蒙胧。

他疑惑地问姨妈为什么要哭，姨妈看着他天真快乐的眼神，只是犹带哭腔，笑着摇头。他便蹦跶着向外跑去，说："那俺继续跟着首长干活儿啦。"

三个多月后，修路队要开拔了，他对首长说："带上俺吧，俺想和你们一起去修路。"首长迟疑了，他毕竟还是个孩子啊。

"俺不怕苦，只要能和大家一起干活儿，再苦再累，俺都不怕！"他的倔强和认真感动了首长，征得姨妈和姨夫的同意后，他随着筑路大队出发了，从此踏上了奔波四海的征程。

四

修铁路确实是苦力活，没有一身力气和一股子韧劲，是干不了的。

他还是个十五六岁的孩子，细胳膊嫩腿，哪见过这阵势呀。但他却不肯退缩。那一根根枕木，重得能把人压在地上透不过气，他却不肯服输。弯腰，双手抱紧枕木一头，用力支撑，顽强抬起，搭在肩上，歪歪斜斜地扛住。这个动作就像挑水，保持平衡很重要。

“使不得，小心扭腰！”一名工友看到，赶忙跑过来，帮他扶住枕木。

“没事，我扛得动。”他固执地向前挪了几步，却支撑不住，重重摔倒，扭伤了脚。

工友只好把他扶到工棚，请组长来帮忙解决。组长边为他冷敷，边责怪他的莽撞。可看着他的那股倔劲，心里又喜欢得不得了，对他说：“等你伤好了，去铺路基吧。”

第二天一早，他就扛起铁锨，一瘸一拐地到了工地上，铺起了路基。工友担心他的脚，他却不以为然，一铁锨飞起，石子“唰唰”地飞扬，撒在了路基上。

“好小子，真有你的！”工友们纷纷为他竖起大拇指。

就这样，他不知疲惫地与工友们一起铺石子、扛枕木、抬钢轨，一起吃饭、睡觉、欢笑玩闹。尽管忙着，累着，他却觉得生活有奔头。看着热火朝天的筑路场景，他仿佛有使不完的力气。战天斗地的号角响彻华夏大地，他就这样成为滚滚建设洪流中的一分子。

多少次，他与工友们回望建成的长长铁道，激情澎湃，心绪飞扬。无数个日夜的奔驰与劳作，他们将铁路铺展到祖国各地，就连遥远的滇黔也不例外。

云南曲靖市富源县，历来有“滇黔锁钥”之称，山势崔巍，道路崎岖。生活在这里的人们，常年深居大山之中，难以到达外面的世界。武俊和他的工友们，毅然来到这里，打山洞、筑隧道、搭铁轨，誓要把“天堑变通途”。

筑路队的到来，引起了当地人的关注，男女老少纷纷赶到山里，自愿帮助他们劳动。

那天，正赶上大雨，乡亲们全都下山回家了，他和工友们正准备收工。就在这时，他猛然发现山上还有一个孩子在放牛。他赶忙冒着雨水和闷雷冲了过去，对孩子大声喊道："赶快下山回家吧，山洪就要来了，危险！"

孩子似乎没听懂他的话，木然地摇摇头。他又重复了一遍。尽管他说不了当地的方言，但普通话还能对付一两句。孩子好像听懂了，终于赶着牛儿下山了。这时，只见山洪奔涌着，顺沟壑咆哮而下。倏忽间，孩子迷失了回家的方向。

天色已晚，这可怎么办？他赶紧对孩子说："跟叔叔回工地吧！明天再送你回家好不好呀？"

孩子惊悸地看看天上怒卷的阴云，又看看腾泻的山洪，只好点点头，一边赶着牛儿，一边紧紧跟在他的身后。

回到工地，他赶紧给孩子换了一身宽大的工作服，并将那湿透的衣裳拧干了，放在火堆旁，慢慢地烤着……

此刻，他突然想到，孩子的父母一定很焦急，于是问起孩子家住哪里、父母姓名等。孩子却一句话也不说，只是眼泪汪汪出神地打量着他。

"今晚要是赶不回家，就和叔叔住在一起吧，明天叔叔再送你回去……"

雨越下越大，山风吹过，飘忽的雨幕犹如水晶宫中的帘子，更像一把硕大的扇叶，横扫着地面，溅起了密密麻麻的水泡，哗哗地流淌着，汇聚着……

天色越来越暗了，噗嗒嗒的雨水抽打在工棚上，就像密集的鼓点，敲在人不安而焦虑的心上。

为了安抚孩子，他讲起《半夜鸡叫》的故事。从前，有个财主想让长工们给他多干活儿，每天都要催着他们早早地起来。长工们敢怒不敢言，只好披星戴月给财主家干活儿。财主依旧不满意，甚至夜半三更就催促长工们起床。长工们只好说："鸡还没叫呢，咋干活儿呀。"财主打起了鬼主意。每到半夜的时候，他便蹑手蹑脚地来到鸡窝边，把头探到鸡窝里学鸡叫，惹得公鸡跟着一起叫。然后，他便理直气壮地催着长工们赶快起床了。

"起了起了，鸡都叫好几遍了，还不起来干活儿吗？"

长工们只好忍着困意起床干活儿。几乎天天如此。后来，长工们感到不对劲，决定看看公鸡为什么大半夜就开始叫。不曾想，快到半夜的时候，只见财主鬼鬼祟祟地来到鸡窝边……

顿时，长工们什么都明白了，一起冲出了屋子，大声地喊着："抓贼呀，有贼偷鸡了……"

长工们一边喊着，一边故意用棍棒在财主的身上狠狠地抽打着。

"别打了，别打了，我是东家哪……"

孩子听着听着，笑出了声。又不知过了多久，孩子终于困了、累了，倒在他的身旁，呼呼地睡着了。

第二天，孩子好像突然想起了一切，告诉武俊，自己名叫张宝全，小学二年级了，还没念完，就失学了。武俊听了，顿时心里酸酸的。然后根据孩子提供的线索，一路问询，最终将孩子安全地送回了家。

孩子的父母，此刻真有说不出的激动和欣喜，将孩子紧紧地拥在了怀里，带着哭腔对武俊说："真不知咋谢你啊……"

"不用谢哩，昨天夜里就准备送孩子回来的。只是孩子迷路了，问啥都不说，我也跟着着急哪，一夜没合眼……"

"好人哪！孩子遇上恩人了！"一家人哽咽着。

看着这破烂的屋子，看着那屋隅里仅有的一只水缸，以及清冷的锅灶，他不由得想起了自己的童年。

"如果信得过，今后，孩子的生活和念书费用，就由我来承担吧，我也是穷苦人家出生的……"

"这……这可怎么报答你啊……"一家人禁不住再次落泪了，甚至让孩子跪在了地上，执意给他磕起了头。

“别，别，快起来，新时代了，不讲这个哩……”说着，他赶忙将孩子扶起来。

从此，孩子因他的资助，重新走进了学堂。他成了孩子的恩人，也成了孩子的亲人。

后来的日子里，施工队转战其他地方，他依然时刻惦记着孩子，写来书信，寄来生活费用。

读着他的信件，捻着那皱巴巴的票票，一家人喃喃着，早已热泪盈眶。

那时，他的工资只有几元钱，可他还是省吃俭用，一边寄钱给姨妈和父母，一边还要救济困难的家庭和孩子……

没有谁来激励，也没有谁来赞美，更没有谁来奖赏，一切都是发自内心的真情付出和无私奉献！

五

从此，无论他走到哪里，都要伸出援助的双手，撑起蓝天，托起希望。

在云贵高原最南端的山区，他和工友们又要奋战在施工一线了。

那天，隧道突然塌方，一位工友还没来得及呼救，便被“轰”地一下埋在了碎石和土层里。大家呼唤着，开始全力搜救。

血肉模糊的工友被抬出来的时候，已经奄奄一息。大家赶忙将他放置在了临时绑好的担架上，四五个人轮流抬着工友，走在崎岖的山道上，将工友送到了山外的医院。

不幸的是，工友的一条腿骨折了，并因失血过多而昏迷，急需输血。

“抽我的吧！”他给医生说着，便伸出了手臂。

“抽我的吧！”“我也行！”工友们争先恐后。

医生感动之余，不无担心地对武俊说：“你这身体恐怕……”

“我能行。”说着，他攥紧了拳头，试图展示手臂上隆起的肌肉。

化验结果很快出来了。他的血型竟然和伤员完全吻合。

医生却再次犹豫了。

“我能抗得住！”他的语气好坚定。

当针头缓缓地扎入他的血管，鲜血渐渐注满针管时，他感到眼前一阵阵的发黑，顿时，脸色变得苍白了。涔涔的汗滴从额头上冒了出来。他晕针了。

工友得救了，他却倒在了病床上……

事后，工友得知是他输血救了自己，感动得一句话也说不出来，只是紧紧地拉着他的手，紧紧地，任凭泪水流淌……

“谢谢你，我的好兄弟……”

“不用谢，谁让我们是工友呢！要谢呀，就谢医生吧……”

“大家都是我的恩人啊！”

工友养伤期间，他一直陪伴在侧，打水送饭，悉心照顾。后来，他在医院认识了一个小男孩。得知小男孩的妈妈因为难产不幸去世，爸爸又在一次开山过程中，被滚落的山石砸伤了腰椎，彻底瘫痪，如今，只能整日躺在一张竹床上，痛苦地煎熬着。

看着孩子衣衫上那一块块的补丁，看着那蹭破的衣肘和膝头，以及开裂的鞋子、露着的脚趾，还有那蓬乱的头发，他再次想起自己的童年。

于是，隔三岔五，武俊总要来到孩子的家里，帮着砍柴挑水做饭，甚至领着孩子来到小河边，洗澡捉鱼。偶尔真能捉到几条小鱼，就拿回家，熬成汤，为孩子和瘫痪的父亲增补营养。当他看着孩子一口一口地喂着瘫痪的父亲，他的眼角湿润了。

穷人家的孩子早当家啊！

之后，他便寻思着做一个捕鱼的工具。于是，就把竹篮子沉到水里，看看能不能捞到鱼儿。都说竹篮打水一场空，但竹篮却是捞鱼的好工具。

看着活蹦乱跳的小鱼，小男孩不住地拍着双手，叫着、嚷着、跳着……

他再次将那一条条的小鱼熬成汤，端给了孩子和孩子的父亲。

“叔叔，你也喝吧……”

“叔叔不喝哩，你和爸爸喝吧。抽空儿，叔叔再领你一起去捞鱼。”

“谢谢叔叔哩……”

“不谢哩，只要叔叔能帮的，一定会尽力！”

“好人哪……”孩子的父亲不住地喃喃着，早已泪眼模糊。

看着孩子童真的笑脸，他感到无限的宽慰和甜蜜。

那时在工地上，他常常三班倒。夜班过后，原本要休息的，他却赶到了小河边，领了小男孩，用竹篮子一次一次地捕捞着……

没有悠闲的雅兴，没有垂钓的乐趣，没有鸥鹭飞翔的旷逸，没有芦苇从中的渔歌唱晚，有的只是一种牵挂、一种呵护、一种关心……

他为孩子买来鞋帽，甚至试着用自己废弃的工作服，为孩子缝制成合身的衣裤。孩子穿上，欣喜地转动着身子，不住地说：“叔叔真好，真好呀……”一天又一天，他始终用自己微薄的收入，救助着孩子和家庭，送去温暖，送去快乐。

每当《东方红》的歌声响起，他总是拉着孩子的手，在灿烂的阳光下，将他送往学堂。孩子欢快地蹦跳着，和着燕子的呢喃、小鸟的啁啾，仿佛沉浸在童话的世界……

六

1963年，一代伟人毛泽东挥毫写下了“向雷锋同志学习”的题词。雷锋，成了所有人心目中的榜样。各个单位都在寻找和表彰身边的道德模范。

“武俊同志，多年来默默工作，无私奉献，无论施工队走到那里，他都把好人好事做到那里。用真情回报社会，用汗水谱写青春。他是我们筑路工人的榜样和骄傲！”单位这样表扬着武俊的事迹。

那一刻，他感到无比的幸福和快乐，泪水禁不住夺眶而出。

“今后，我将继续做好本职工作，向雷锋同志学习，为人民服务。”

顿时，掌声响起，全体工友都在为他欢呼，并且一同唱起了“学习雷锋好榜样，忠于革命忠于党……”的歌曲。

他一直都在纳闷，自己只是默默地做了一些力所能及的事情，怎么会被人知道，并得到单位的公开表扬呢？这时，他忽然想到来自湖南汉寿县的工友钟福初，大家都喜欢称他“小闹钟”。自己的事情一准是“小闹钟”汇报给了队长。不然，怎么会引起关注呢。真是，这个“小闹钟”，就是不消停哩。他在暗暗地埋怨着。

在工友们中间，“小闹钟”年龄最小，常和他在一起，问长问短，总有说不完的心里话，自然也成了最信赖的人。

那时，大家正在汉寿山区施工，“小闹钟”就不请自来，凑起了热闹。后来，他竟然找到了施工队长，一本正经地说着：“我也要和你们一起干活儿。”

队长好奇地打量着“小闹钟”，忽然笑了。

“你是就近的小朋友吧？”

“小闹钟”点点头。

“你这小小年纪，那能干得了这么重的活儿呀。”

“小闹钟”就说：“我行哩。打小山沟沟长大，没有吃不了的苦，也没有干不了的活儿！”

“呦，好大的口气嘛。”队长拍了拍“小闹钟”嫩嫩的肩膀说，“那就先干段时间再说。”

从此，施工队就有了“小闹钟”。

“小闹钟”干活儿确实不含糊，抡锤子，砸石头，打炮眼儿，凿石缝儿，无所不能。大家都夸赞“小闹钟”是好样的。他却一点儿不骄傲自满，始终严肃不苟。可是，一旦歇下来，他"闹"的天性就显露出来了。休息时，大家让"小闹钟"唱支汉寿山歌。"小闹钟"就一本正经地清了清嗓子，将一只手掌罩在嘴边，摆成喇叭形，真的唱起来："山坡坡的那个阿哥哎，想啥喽喂；水汪汪的那个阿妹耶，盼啥喽喂……"

大家听着，禁不住全都笑了，纷纷说："这个"小闹钟"呀，多大点儿就懂这个，真行呢。"

"小闹钟"笑道："不行哪能和大伙儿一起干活儿呀……"

大家又是一阵开怀大笑。

一天施工时，"小闹钟"的脚不小心被压伤了，他硬是没喊一声疼，强忍着，一瘸一拐地走路。武俊发现后，就问："你的脚咋啦？"

"没事儿哩……"说着，"小闹钟"就拭一把汗，便又抡着锤头继续干活儿了。

"停停……"他打着手势，来到"小闹钟"的身边，到底发现"小闹钟"的一只脚肿得就像发酵的馍馍。"不能再干了。你看你的脚哇，肿成啥样了。"他小心地摸一下。

"啊唷唷……"顿时，"小闹钟"疼得呲了牙，额上浸出了豆大的汗滴。

随后，他向队长做了汇报。队长让武俊先把"小闹钟"背下山，送回家，暂时休养。

"是！"他大声回答，一下子把"小闹钟"背在了身上。

"我能干活哩，能干哩……""小闹钟"在他的背上不住地挣扎着。

"能干也不行。必须服从安排！"他到底背着"小闹钟"下山了，"小闹钟"却哭了。"俺还能和你一起干活儿吗？""当然能呢。只是现在不行。等你伤好了，咱们还在一个组……""小闹钟"破涕为笑："这是真的吗？""那还有假嘛。"

下山的路似乎不好走，脚下不时被石子蹭着，一不小心，他摔倒了，赶忙去护"小闹钟"，自己的膝头竟然被碰破了。

看着他蹭破的膝头，“小闹钟”说什么也不让他再背了。

“我要自己走……”

“不行哩。我必须背着你。”

“你的腿……”

“我没事儿，不就是碰破点儿皮嘛。可你的脚，怎么能走山路哇……”

“我山里长大的，没有不能克服的。”

“那也不行哩！”说着，他硬是将“小闹钟”再次背着，顺着山道一步步地前行着。

终于，他将“小闹钟”送回了家。随后，他又赶了十多里的山路，买来止疼药膏，仔细给“小闹钟”涂上。

看着“小闹钟”一贫如洗的家，看着他体弱多病的父母，武俊再次陷入沉思。原是鱼米之乡的汉寿山区，生活在其中的人民为什么会穷苦至此？

从此，他用仅有的收入，救助起了这个贫困的家庭。

七

在湖南省永顺县的一处大山里，他和工友们又开始了施工。

一个阴雨连绵的日子，他正在埋头工作，突然好像听到阵阵的啼哭，他心生疑惑，循声而去，竟然在山崖下找到了一个啼哭的孩子。

“不哭哩，叔叔这就来救你了……”

听到有人赶来，孩子止住了啼哭。

来不及多想，他便顺着山崖爬了下去。天哪！靠近才看清，孩子竟悬挂在一棵大树上，衣服连着树杈，树杈就快折断了，孩子眼看就要坠下去了。

“别动，千万别动……”他提醒着孩子，小心地爬上了树干，一点点地向前挪去，将手臂伸向了孩子……

终于，孩子得救了。

他将孩子紧紧地抱在怀里，摸着孩子的耳垂，不住地安慰着：“别怕，没事了，没事了，叔叔这就背你上去……”

于是，他脱下了上衣，将孩子背在了身上，并用衣袖将孩子的腰身扎紧了，开始向山崖上攀爬。脚下，不时有碎石簌簌地坠落，令人心悸。

孩子懂事地伏在他的背上，似乎忘记了哭泣，也忘记了拭一把泪水，只是紧紧地搂着他的脖子，一颗心怦怦地跳着。突然，一只山猫猛地蹿了出来，吓得孩子惊叫一声。

“别怕，别怕……”他虽然这么说着，自己也惊出一身冷汗。他双手紧抓着藤条，小心地挪动着。这时，又见一条毒蛇蠕动过来，好像寻找到了攻击的目标，不时地吐着猩红的舌头。那一刻，孩子几乎惊呆了，紧紧地伏在武俊的背上，大气也不敢出了，唯有心跳在加速，就像锤子似的，敲击着武俊的背部。

人与蛇，蛇与人，僵持着，时间在一分一秒地流逝。他的双腿在觳觫，汗滴在流淌。他不知道下一秒钟将会发生什么，唯有屏息凝神，两眼一眨不眨地盯着不时昂起的蛇头，还有那缠绕的蛇身……

时间，依旧在一分一秒地流逝。终于，毒蛇遁去了。他回过神来，长舒一口气，来不及拭一把额上的冷汗，背着孩子继续小心地攀爬着。不知何时，终于爬上了山顶，来到了一处安全地带。

“这下安全了。”说着，他把孩子从背上放了下来，双腿仍然发抖。

“谢谢叔叔……”孩子心有余悸。

“不谢哩。咋就掉到山崖了？好在挂在了树上。多危险哪。”

“我在挖野菜呢……”

“哦……”他似乎什么都明白了。这才看清，孩子的脸上被树枝划出一道道的血痕。

“疼不？”他摸了摸孩子脸上的伤痕，关切地问一句。

“不，疼哩。”孩子摇摇头，又点点头。

他不知如何安慰孩子，只是冲着大山忽然吼了起来。孩子好像被他的神色逗乐了，也跟着喊：“啊——啊——”

顿时，山谷在回荡，群峰在喧响。所有的惊恐仿佛一股脑地消失了。

“叔叔，我饿……”孩子舔了舔干涩的嘴唇说，“我挖的野菜不知掉哪儿啦……”说着，孩子哽咽起来。

“走，跟叔叔回工地吧，一块儿吃饭去。”他和孩子说着，便紧紧地拉起那小手。

孩子似信非信地打量着他，但架不住饥饿，还是乖乖跟着他来到了工地。看到玉米窝头，孩子干涩地咽一口唾沫，不敢相信自己的眼睛，定睛瞧了许久，猛地一下将窝头抢在了手里，不管不顾地咬一口，又咬一口，眼睛里噙满了泪水。

“不急哩，慢慢吃……”他给孩子说着，便将一碗水端过来。看样子，孩子已经饿了很久了。

当他把孩子送回家的时候，一家人惊喜莫名。他们实以为孩子失踪了。顿时，一家人将孩子紧紧地抱在怀里，喜极而泣……

那一刻，他的视线模糊了。看着那落满尘埃的门楣，以及屋檐下吊着的丝丝蛛网，再看着那两扇敞着的木门，门框上残缺的对联和斑驳的字迹。他感到一阵从未有过的酸楚和难过。

从此，这个贫苦的家庭也成了他的牵挂和救助的对象。

八

安徽省临泉县，地势低平，河流纵横。中华人民共和国成立前，这里河床淤积，几乎年年都在遭受不同程度的洪涝灾害。

那次，洪水如万马奔腾似的咆哮，一浪高过一浪，漫过田野，漫过村庄，漫过小桥，漫过大街小巷。盆盆碗碗随着漩涡若隐若现，哭爹喊娘的求救声更是令人恐怖和震惊。没人能够幸免于难，只能绝望地做无谓的挣扎。滚滚雷霆，在随波漂流的人们的头顶上轰响，好像能把整个世界撞击得一片粉碎。雨过天晴，洪水退去时，整个城区已是满目疮痍。

灾难，总是如此的突发、频发。庆幸的是，无论多大的灾难，总有人在抗争着、坚守着……

那时，他来了，踏着泥泞，一路风尘。看着残存的建筑、破落的田野，他仿佛陡然间回到了蛮古洪荒的年代。

一间屋里，地面潮湿，柱子上残留着清晰的水线。一张破旧的竹床上，倒着一位瘦弱的妇女。两个半大的孩子守候在床前，硕大的头颅和足球一般的肚子，令人感到说不出的酸楚。无情的洪水冲毁了他们的家园。一家人虽然活了下来，却没有了吃穿，唯有还在支撑的草屋在风雨中摇摇欲坠。

从此，这个破碎的家庭也成了他的救助对象……

无论多难，他都将每个月的工资拿来，买米、买面、买药，维持着一家人的生计。这两个孩子，还有他们体弱多病、近乎瘫痪的母亲，在武俊的救助下，终于走出了困境，走出了阴霾，走过了风雨……

“如果没有武俊叔叔的救助，我们不知今生的路还有多久。他是我们全家的救星……”

如今，兄弟俩已近知命之年，早已是孩子的父亲了。回想起曾经的岁月，总会涕泪滂沱。每当得了空闲，他们总要从千里之外赶来，看望日夜思念的恩人……

太多的故事，几天几夜都讲不完，但每个故事都是那么温暖。故事的主人公是他，亲历者是他，践行者是他！

他就是一位朴朴实实的铁路职工，真真切切的农家儿郎。

岁月如歌。

转眼间，多少年过去了。一个又一个的孩子在他的呵护下，长大成熟。刘小桃、高付强、张玉栋、白昌所、武玉祥、孔明明、阿全、侯闰喜、徐海伟、边永亮……来自五湖四海的总计110个孩子，受到他各式各样的救助。110个孩子，意味着110个家庭。谁能如此无私？谁又能这般坚持，把自己的物质和精神资源，都奉献给素不相识的人？这是真正的大爱！

眼下，多少人喜欢做秀，出了一点儿小名，便沾沾自喜。他却始终默默无闻，甘于奉献。大半个世纪，一路走来，无怨无悔。他早已看淡了人世的追名逐利，唯有善良的心把温暖传递！这是何等的圣洁，又是何等的纯粹！他的心灵，巍峨如大山，晶莹如碧玉，清澈如溪流。

人到无求品自高！

九

1990年，武俊退休，回到了阔别多年的老家香亭子，那个充满诗意的小山村。看着那熟悉而陌生的村庄，看着那碧空如洗的蓝天，看着那连绵起伏的山峦，听着那麻雀的啁啾，百灵的婉转，以及院子里草鸡的咕咕觅食声，甚至是看家狗的狂吠，他都悠然惬意。那种久违的恬然与宁静，漫散与悠闲，让他感到无比的亲切和温馨，禁不住热泪盈眶。

故乡啊！久别的儿郎终于回来了。

是啊，退休了，原本就该享受清福了。谁知退下来，他依然惦记着救助的孩子们，将那一封封的书信和汇款寄了出去……

妻子看着年久失修的老房子，心中百感交集，终于对他说："这个家就留给你吧，我要走了。"

"去哪？"

"我也不知道……"说着，妻子哭了，哭得异常伤心。

那一刻，他感到从未有过的悲凉。

这些年来，他给予妻子和孩子的实在是太少了。他不由得想起，儿子降生时，正赶上困难时期，妻子没有奶水，只能把孩子抱在怀里，一夜一夜地哄着。为了喂饱嗷嗷待哺的孩子，他们只能将莜面熬成糊状，用筷头蘸了，一点点地喂，或者灌在奶瓶里，兑着开水，稀释后，充作孩子唯一的“乳汁”。

后来，等孩子五六月的时候，他们将山药蛋放在牛马粪燃着的锅灶里或炉火旁，烤熟了吃。据说这样不伤胃口。然后，将那烧过的山药蛋用笤帚疙瘩小心地蹭过，或在地上轻轻地磕着，直到变得黄澄澄的。接着，将那皮壳掰开，用小勺挖了山药瓤，吹去热气，一口一口地喂着孩子。剩下的皮壳舍不得丢弃，做母亲的吃了，巴望着能有一点儿奶水。可是肚子都吃不饱，哪能有奶水啊！

最担心的是孩子生病。一次，大半夜，孩子高烧，妻子用毛巾浸了那温开水，一遍一遍地敷在孩子的身上。她将孩子包裹着，独自往诊所走去。借着那稀疏的星光，随着呜咽的山风，伴着狐狼的嚎叫，深一脚浅一脚地走在崎岖的山道上，不知磕磕绊绊摔了多少跤。每一次摔倒，她都要将孩子紧紧地抱在怀里，爬将起来，什么也顾不上，在蹭破皮肉和双膝的阵痛中，焦急地赶往山外的门诊。那时，正赶上冬季，天亮得迟，到处都是黑乎乎的，似乎什么也看不见，唯有踩在脚下的残雪，在黎明中“咯吱咯吱”地响着，令人揪心。好不容易挨到天亮，偏又不到诊所上班的时间，妻子只好守候在门诊前，不停呵气，不时地将襁褓掀开，心疼地抚摸着孩子滚烫的额头。

最不可思议的是医生说过的那些话：“再晚来一会儿，孩子就保不住了……”

到底是谁来得晚啊！送进病房时，孩子已经开始抽搐，就要昏迷了。妻子看着针剂一点点注射到孩子的血管里，说不出的难过和心疼……

他好愧疚啊！

现在，妻子忽然提出要离开这个家了。他能理解。多少年来，这样的日子一直没有改变过。妻子抚养了三个孩子，他却把应有的呵护与关爱给了别人，自己的妻子和骨肉却年复一年地煎熬着……

如今，自己的儿女一个个地长大，并且成家立业。

“怨恨爸爸吗？”他问孩子们。

“最初，或许不能理解。现在，困难的岁月终究挺过去了。爸爸的善良与大爱，也让我们做儿女的感动着……”

然而尽管孩子们理解了武俊，妻子最终还是离开了。

“这个家就交给你了。我知道，你将会救助更多的孩子……”

十

经过这么多年的艰苦奋斗，武俊早已习惯了奔波的生活，习惯了铁路人的节奏，习惯了工友们朝夕相守，更习惯了锤锨镐头叮叮当当的响声，以及与枕木、道轨和碎石相伴无言的日子……

如今，忽然闲了下来，他才知道退休后的孤寂，才知道日子的漫长，才知道该做的事还没有来得及完成，才知道救助的孩童竟然天各一方。趁着还有力气，他还想再为自己救助的孩了多尽 份力。

于是，他选择了外出打工，来到全国百强县之一的广东省惠州市博罗县，感受来自改革开放前沿阵地的新风。然而，他不是观光客，也不是淘金人。他只是想要多一份收入，多一份责任，多一分希望。

高精尖的技术活干不了，他便去最卖苦力的地方——砖厂。整天拉砖坯子，码窑，出窑。这是年轻人几乎干不了的，也不肯干的苦力活儿。尤其是出窑，闷热的环境能让人当场窒息。很多人还没走进窑门，就被滚烫的热浪袭晕。酷热的天气，加上烧窑后的高温，使得工作环境异常恶劣。烧好的砖坯子还没装满推车，就听“砰”的一声，轮胎便受热爆裂了，造成的冲击波，威力不亚于炸弹。一车又一车的红砖装满又推出，一桶又一桶的凉水喝了又喝，武俊身上的汗水如大雨倾盆。踏着那满地的尘土，他浑身铜锈一般，泥塑一样。根本看不出是否穿着衣裳，甚至看不清面庞的轮廓。

一个月、两个月，一年、两年……

他在坚持着。其间，他认识了一个叫阿全的孩子，大约十五六岁。母亲癫痫，很少言语，经常发病，完全操持不了日常的家务。父亲瘫痪，没有轮椅可坐，只能歪斜地倚在一张破旧的木床上，大小便不能自理，唯有靠孩子伺候着。一家人的生计无疑系于阿全一身。武俊疼在心里，便将攒下的工钱拿给了阿全，还为阿全的父亲买来了轮椅，扶他坐上去，推着他晒太阳、看高楼、望大海。甚至一遍遍地为其按摩着瘫痪的身体。奇迹出现了，阿全的父亲一天天地见好，一天天地康复，终于可以颤颤巍巍地站立起来……

这让阿全的父亲万分感激，他不停地向武俊道谢。

“不客气哩。平安健康，比什么都重要啊！”

为了表达无限的感激，阿全的父亲为武俊制作了一面锦旗，上面赫然写着“恩重如山”四个大字！

“老哥哪，我没有什么可以送你的，只有这面锦旗，姑且代表着我们一家人的感恩之情……”阿全的父亲将锦旗送到了武俊的手中，早已泪如雨下，“是你救了我们这个家啊！”

“只要我能帮上的，一定会尽力……”依然是那句肺腑之言，依然是行动见证一切。

在这温馨的画面之外，仿佛传来了一首歌，深沉而激昂，真诚而温暖：

“这是心的呼唤，这是爱的奉献，再没有心的沙漠，再没有爱的荒原，死神也望而却步，幸福之花处处开遍，只要人人都献出一点爱，世界将变成美好的人间……”

十一

终于，他再次回到了故乡。这一次，他以一个打工者的身份回来了。

那时，就有老乡好奇地问他：“这几年，忙啥去了？”他说：“打工去了。”老乡听了，很是惊愕，心想：不是退休了吗，还打什么工呀。真是，有福不会享哩……

后来，他决定盖房子。目的很明确，也很简单，就是要把那些有困难的孩子接到身边，用退休金和自己打工攒下的钱，想办法给予他们及时的救助。

那时，村里给他批了一块宅基地，他却婉言谢绝了。为了不让房子占了乡亲们的耕地，他固执地把房子盖在了坡梁上。他说：“这样可以腾出耕地，土地毕竟是咱庄稼人的根啊！”

两个孙儿常来看他。他就对孙儿们说：“爷爷老了，这辈子，给予家庭和晚辈的实在太少了。你们能理解吗？”两个孙儿懂事地点点头：“长大后，我们也要做爷爷这样有爱心、有奉献的人哩……”

“好呀……”武俊宽慰地笑着，亲昵地抚摸着孙儿们红扑扑的小脸。

如今，武俊身边整天围着一群被救助的孩子，“爷爷、爷爷”地叫着，说不出的温馨和喜悦。孩子们多了，一个屋子住不下，武俊就在另一个屋子也安置了床铺，就像学校宿舍似的。天冷了，就把炉火点燃，生怕孩子们受凉。每天，老人都要早早地起来，为孩子们备好洗脸的温水，做好可口的饭菜，为孩子们整理好书包、衣物，目送他们一个个走出家门，走进学堂，甚至亲自护送他们到校。然后再回去，将屋里院外整理得干干净净，营造起舒适的环境、和谐的气氛。之后，等着孩子们放学回来，一起围坐在餐桌旁，亲自将做好的饭菜挟到他们的碗里，看着孩子们津津有味地吃。这时，武俊的眼里总会湿润起来，不时想起曾经的岁月，以及长辞人世的父母姨妈……

“爷爷，咋不吃饭呀？”

“你们先吃吧，爷爷一会儿再吃……”

那时，就有孩子念起了课文中的诗句：“锄禾日当午，汗滴禾下土。谁知盘中餐，粒粒皆辛苦。”

看着懂事的孩子们，老人慈祥的眉宇间，总会流露出说不出的欣喜和宽慰。

孩子们吃过饭后，要么一起学习、一块儿做作业，要么就帮着爷爷打水扫院，洗碗刷锅，打小就培养了热爱生活和劳动的品德。有时，他们像小鸟似的叽叽喳喳地吵闹，一起玩着游戏，猜着谜语，讲着故事，快乐而无忧……

尤其到了冬天，一场大雪过后，孩子们总要在院子里堆雪人，打雪仗，画雪景，写雪字，一张张小脸常常冻得红扑扑的，就像苹果一样。

看着这一切，武俊开怀地笑着，不时地捂着孩子们的小脸，搓着那小手，再三地叮嘱："别冻感冒了，把衣裳穿好……"

每到晚上，武俊将一条大炕烧得暖暖的，直到孩子们一个个地睡去，他还在灯光下不住地忙碌着，时而给孩子们清洗衣裳，时而又在缝补着衣袖和鞋袜，粘着鞋子开裂的胶底。然后，将那洗净的衣服放置在炉火边烘烤，不时地翻动……

有个叫赵强的孩子，家住小蒜沟村，父亲因病过早地离开了人世，母亲改嫁。从此，孩子无人看管，变得忧郁寡欢。失去双亲的苦痛，让孩子越发孤单和落寞。11岁了，还没有走进学堂。武俊知道后，就把孩子接到了身边。无论是吃住，还是念书，所有的费用全部由他承担，硬是让孩子从小学读到初中，再到高中，一路走下去……

赵强没来到武俊身边时，身上、脸上和头上，全都是皮肤病，红一块，紫一片的，散发着恶臭，几乎没有谁家的孩子愿意靠近，大家都远远地躲着，生怕被传染。孩子整天流浪在街头，好不可怜。武俊却把孩子接到了身边，每天都用温水给孩子擦洗身子，涂抹药膏。被褥和衣服因此经常弄脏，几乎天天都要清洗和晾晒。有时，孩子莫名地淌鼻血，面色惨白，头晕恶心，很是吓人。他就寻访名医药方，给孩子治疗，还辅以穴位按摩。渐渐地，皮肤病和鼻出血，痊愈了……

"爷爷真好。"孩子很懂事地说，"如果没有爷爷，我不敢想象自己的处境，也不敢想象今后将会是啥样……”说着，孩子的眼里汪汪的，有泪水涌了出来。

“不哭哩，爷爷明白你的心事。只要爷爷还有一口气，就不会让你流浪街头……”

张北的侯闰喜，被收养那年只有7岁，胆子特别小，看到一只公鸡都会吓得“哇哇”地啼哭。一旦遇上逢年过节，听到爆竹声，他必定双手捂着耳朵，抱着头，躲在炕沿下或蒙在被子里，一动也不敢动。最要命的是下雨打雷，霍霍的闪电划过，他便会吓得一头栽倒在母亲的怀里。父母看着孩子这样胆小，无论怎么解释都无济于事，只能眼看孩子哗哗的泪水和着滂沱的雨水，不住地流淌着……

“这可怎么办呀……”那时，孩子的母亲就给病重的父亲喃喃着。

“总有一天，孩子会长大的……”父亲说着，便不住地咳嗽起来，甚至吐出了鲜血……

没多久，孩子的父亲终因多年的肺病过世了。更为不幸的是，孩子的母亲也身患绝症。艰难的日子雪上加霜。眼睁睁地瞅着才7岁的儿子无人看管，病重的母亲悲戚不已。

武俊得知这一情况后，主动找上了家门，说明了来意。孩子的母亲感激到硬是说不出一句话来，深陷的两眼里汪满了泪水……

“放心吧，你们的孩子也是我的孩子。我一定帮你们抚养长大……”

甲石河的武贵栋，父母常年在外打工，很少回来，丢下他自己，孤苦无依。10多岁了，竟然不知道父母是谁，长得什么模样，生活在哪里。一切，都是那样的未知和茫然。

于是，武俊把孩子从乡亲们那里接到了身边抚养。雨季里，他背着孩子蹚过一条又一条的水沟，走过一道又一道的泥泞，翻过一座又一座的山坡，摔倒过多少次，爬起来多少回，已经记不得了。每次接送孩子上下学，武俊都生怕发生意外。尤其是山洪来临的时刻，他不忍让孩子看到洪水汹涌的可怖场景，将孩子背起来，躲到高坡上，用雨衣罩着孩子，自己却被雨水淋得湿透了……

数九寒冬，武俊依旧将孩子背在身上，行走在崎岖的山道上，迎着狂风暴雪，毅然守护着孩子。那时，懂事的孩子伏在他的背上，泪水涟涟地呜咽着：爷爷……等俺长大了，一定孝敬您……

“真是个乖孩子呢，只要你有这份孝心，爷爷就知足了……”

就这样，年复一年，日复一日，孩子最终考上了大学……

刘二军，从小失去了父亲，母亲改嫁。只剩下自己跟着聋哑人叔叔，住在一处低矮阴暗的土屋里。聋哑叔叔整天“阿巴阿巴”地不知嘟囔些什么，孩子也只是傻傻地听着，越听越木然。整日里，孩子饥一顿饱一顿的，肠胃常常疼痛难忍。后来，武俊将孩子接到身边，在就近的乡镇念书。闲暇时，他教孩子洗衣、做饭、生火，甚至一遍一遍地带他读课文，学唱歌，给他讲故事，渐渐地，孩子不再那么木讷了，也不再胆怯了。

张北的安小建，12岁时，父亲心脏病突发，离开了人世，母亲改嫁，把孩子丢给孩子的奶奶抚养。不幸的是，没多久，年迈的奶奶也病故了。当时，孩子正念小学六年级，骤然间失去了依靠。武俊得知后，及时给予了救助，很快将两千多元学费送到了孩子手中，并给孩子办了一张银行卡。之后，每年都要给孩子汇上两三千元，节假日也要给孩子送去一些生活费用。那时，孩子住校，老人常去照看，给他带去被褥、衣服、鞋子等生活用品。其他的孩子见了，都羡慕不已，连连说：“爷爷好心疼小建哪，能有这样的爷爷多好啊！”然而，谁也不知道，这个慈祥的爷爷竟与小建没有丝毫的血脉关系！每到放假的时候，爷爷就把小建接到身边，像对待亲生的骨肉一样呵护着他，给他讲授人生道理。直到孩子长到十八九岁，能够独立生活，并且在呼和浩特一带找到工作，老人的那颗心，依旧为孩子牵挂着，每时每刻……

2009年6月，武俊因其事迹被中宣部文明办选入“中国好人榜”，甚至被推荐授予“感动中国”十大人物荣誉称号，但他婉言谢绝了。

随后，河北省精神文明建设委员会授予武俊全省第二届“道德模范”称号。2010年至2012年，他又连续被张家口市慈善总会授予“慈善之星”“慈善老人”等荣誉称号。

面对记者的追踪采访，武俊说得最多的一句话就是：“我从来没有想到什么荣誉和宣传。我只想做一些力所能及的事情。孩子们的幸福，就是我最大的希望……”

如今，武俊尽管83岁了，身体又多病，但为了孩子，始终顽强地坚持着，将退休金全部用在了孩子们的救助上，自己却舍不得消费一分零钱……

2010年初春时节，武俊终于病倒了。远在异地他乡的孩子们知道后，纷纷赶了回来，执意将老人接到北京的医院。老人只是平静地说着：“我哪都不去，都这把年纪了，不想给你们添任何麻烦哪……”

这就是他啊，一位叫武俊的老人，一位慈祥的爷爷，一位普通的铁路职工。一生奉献，不求回报，时刻惦记着救助的每一个孩子。

“人这辈子，不能把钱看得太重了，毕竟是身外之物啊！”老人总是这么说着，“唯有善良和诚信，才是做人的根本！才是永久的财富！”

每到逢年过节的时候，总有一大群孩子从全国各地赶来，让老人尽享天伦之乐。他们总会一同唱起《感恩的心》：“感谢有你，伴我一生，让我有勇气做我自己。感恩的心，感谢命运，花开花落，我一样会珍惜……”

尾　声

2015年秋末的一天，老人和往日一样，做好了饭菜，看着孩子们一口口地吃着。就在孩子们吃完饭，准备去上学的那一刻，老人突然说：“爷爷就要走了。以后，你们要学会自己照顾自己……”

孩子们懂事地点点头，以为爷爷又要赶往超市置办衣物和食品了，便挥手说：“爷爷慢点。”

老人只是慈祥地微笑着，看着孩子们活泼的身影，举起手臂挥舞，他感到自己的身体越来越沉，越来越重了……

孩子们放学回来，看着爷爷静静地躺在炕上，谁也不忍去打扰。然而，爷爷再也没有醒来过。他竟然是那样平静而安详，就像睡熟了一样，永远地走了。

“爷爷……爷爷……”孩子们终于意识到了什么，拼命地哭喊起来，和着那淅淅沥沥的秋雨，任凭泪水哗哗地流淌……

老人出殡的日子，附近的村民全都赶来了，他们眼含热泪，伴着呜咽的山风，和着蒙蒙的细雨，与飘零的落叶一起，默默地，为老人送上了最后一程……

好人回家

许建俊

2016年12月19日，溧城镇景盛苑的“中国好人”缪小福迎来了第69个生日。刚吃过早饭，门铃就响了，开门，进来的是党光东：“爹，妈，祝您二老身体健康，俺爹生日快乐！”

“快歇歇，坐一晚上火车，累了。”老缪和老伴争着迎上去。

这时，光东预订的蛋糕送来了，蛋糕中间还有张奖状，雕着四个字：最棒爸爸。老缪两眼眯成一条缝：“还弄这个，真是傻瓜！”

高兴时，老缪会说光东傻瓜，是小傻瓜，而他自己是大傻瓜。因为两人相同地方太多了。

本来，济南到溧阳高铁直达只要3小时，但这趟来溧阳，光东硬是挑了济南到常州速度最慢的列车，时间长达10个小时，还是凌晨4:30到常州，然后转常州到溧阳1个多小时的长途客车，虽然路上时间比高铁多出3倍，但这趟火车单程硬座票价只要93元，在该线路所有列车班次中最便宜，往返一趟至少比高铁省600元。

能省一角，不多花一分——这是党光东。

如此节约的光东，在老缪买房缺钱时，仅凭一封信、一次见面和几次电话，就将20万元汇给他，还不用还。

对自己节约，对他人大方——这是党光东，也是老缪。

不是一家人，不进一家门，党光东又回家了。

缪小福住江苏溧阳，党光东住山东章丘，两地相距1000多公里，年龄相差22岁，之前未曾谋面的陌生人，是3年前老缪电视上的一次偶然亮相，成就了他们的父子缘，由此引出一连串好人故事。

一

2010年11月29日早上7点左右，老缪正帮老伴包饺子，忽然外面传来呼救声。

“不好，出人命了！”他冲出门去。门口不远处，一群人正看着旁边三楼窗户上挂着的一个女子，她一只手被窗里的丈夫拖住，还在一个劲儿地挣脱，急得撑不住的丈夫哭着向楼下求救。

这要掉下来非死即残——老缪冲到窗下，两眼紧盯着女人，张开双臂。伴着一阵惊呼，女子真掉下来，快到地面时，被老缪正好接住。因为女子胖，老缪被砸得一个趔趄，差点儿摔倒。女子头部被墙上水泥块划了道口子，鲜血直流。怕早上路堵而耽搁抢救，没等急救车赶到，老缪就把女子抱上自己的电瓶三轮立即送往医院。医生查完说女子没有大碍，他才离开。到家后，浑身酸痛，躺了三天才勉强能下床。

“这么胖的人砸到身上，万一……”有人说老缪傻。

“没有万一！当时没别的法，就想接住了能缓冲一下，毕竟一条命。现在要是谁送我50斤米，从三楼扔下来叫我接，我宁可不要！”老缪打断对方说。

半月后，见义勇为的老缪被常州电视台请到“道德力量”访谈现场，他的更多救人善举由此被提起：

1960年夏天，13岁的他和6个同学撑竹筏渡河，筏到河中翻了，4个女生眼看要被水吞没，是他，带着另外两个男生一手抓竹筏，一手救人，很快将4个女生救上岸。

也是他，1976年夏天的一个傍晚，正在门口纳凉，对门老徐家女儿突然哭着跑过来："缪叔快救我妈！"他冲进徐家，只见情绪失控的老徐正举着秤砣要砸妻子，他大喊一声："不要冲动！"一个箭步，夺下秤砣……

还是他，1980年秋天，乘车从南京回溧阳，刚进城，旁边座位上老人就开始呕吐，很快昏迷。他一边给老人掐人中、擦污物，一边请司机加速，直接开进溧阳中医院，一进院，背起老人下车飞奔急救室……

民兵训练时排除雷管、群殴现场救下残疾夫妻、供销社火灾时火海救人、智救跳河轻生男子、浴室抢救昏迷青年……半个多世纪来，他先后救过10多个人，时间长了，有的当事人已记不清，有的考虑到当事人原因也不便再提。

这些，在他眼里早已云淡风轻。"这不是惊天动地的事，我只是碰到一个帮一个，况且当兵时学过急救。"

2010年救人后，老缪成了常州名人。2012年底又光荣当选"中国好人"，被央视《向幸福出发》栏目请到北京录制"温暖中国"特别节目，同行的还有位中年妇女，她叫范来娣，30年前，正是老缪这个"救命娘舅"，让她捡回一条命。

1983年夏天，范来娣突然无缘无故地日渐消瘦，肚子却越来越大，娘家认定是男朋友大龙非礼造成怀孕，要大龙承担后果。按当地风俗，女子未婚先孕很丢脸面。大龙深感冤枉，却有口难辩，就带着来娣四处求医。一次从邻县金坛看病回来，坐车到溧阳东门时，来娣因经不起颠簸，一下倒在了路边。此时正值中午，骄阳似火，已身无分文的大龙急得不知所措。就在这时，他突然想起村上人的娘舅缪小福就住附近，就去求助。

一听情况，老缪推出自行车准备带来娣去医院，但她身子虚弱，加上肚子大，没法坐。老缪就让大龙在旁边扶她坐在车上，自己在前面推。推到医院时，恰好午饭时间，医生已下班，他只好先安顿他俩坐下来，自己出去给他们买来饭菜，等下午再看。

下午，女方家人来了，一看样子，就吵着要大龙把来娣送南京救治。

老缪劝他们面对现实："她现在自行车都坐不动，到南京100多公里，她哪受得住？弄不好不到南京就要送命……"

他说的在理，女方不再说话。医生检查后说立即手术，先交5000元。大家口袋翻遍也没凑齐300元，大龙急得直哭。

老缪拍拍他："有我在，别急。"说完，回家拿钱。

那时5000元对大多数人来说，是天文数字，老缪也没把握家里会有，为救人，顾不了那么多，好在妻子在长途汽车站摆茶点摊已有3年，应该有点积蓄。

回家一说，妻子骆凤青当即捧出存钱罐，两人5元、10元点了好一会儿，还真凑齐了这笔救命钱，里面大多是毛票和分币——这是两人起早贪黑，烧水、煮粥，一杯茶、一碗粥慢慢攒下的……

付完钱，老缪对范家人说："现在救人要紧，等结果出来，如果真是怀孕，自然要大龙负责；如果是其他毛病，女方不得再闹……"

手术进行，老缪在手术室外一直等着，5个多小时后，医生拎出一桶说是来娣肚子里取出的东西："不是怀孕，是肠粘连，现已脱险，调养几天就好。"大龙和女方家属一听，不约而同下跪感谢这个"救命娘舅"……

2013年1月4日，老缪手机上打进一个山东济南的手机号，对方讲了半天，他没听明白，以为谁拨错了，便随手挂掉。

3天后，他收到了一个山东章丘寄来的包裹，里面除有两包山东鲍芹，还有一封信，写信人自称党光东。信中写道："老爷子，我是从央视了解您的，您的精神令我敬仰，尤其您的人生观、价值观值得我学习……"

信中，党光东想认老缪为父，为了打消老缪的顾虑，还附了自己的地址、电话和身份证复印件。

老缪立即打电话感谢光东。原来，那个济南电话就是他打的。光东家住章丘，上有古稀父母，下有上学儿女，他和妻子在镇上开了家五金店，父亲年轻时参加过八路军，多次立功。这次认亲，全家都赞成。因为方言重，担心电话里说不清，专门写了这封信。

光东一番诚意，老缪百感交集：他7岁父亲去世，母亲因无力抚养5个子女，带着小妹改嫁他乡。其余4兄妹也从此星散，或送人抚养，或给人做童养媳。他先后被两户人家收养，都因难以多供他这张嘴而被送回老家。此时，父母留下的老宅已成废墟，幸亏村里好心乡亲轮流供餐、留宿，才使他孤儿不孤。为减轻乡亲供养负担，他编草鞋，摸螺蛳，每天一大早背到街上卖钱。靠着慢慢积累，3年后，他终于在村民帮助下搭起3间草房，从此有了固定的家。

18岁那年，村里推荐他报名参军。在部队，他勤学苦练，先后被评为“特等射手”“五好战士”。退伍后又优先分到溧阳电机厂工作。有了工作成了家，理应苦尽甘来，谁料命运多舛：大儿子18岁参军不久考上军校，却在报到前的军训中因公牺牲；二儿子3岁时无人照看，溺水身亡……

擦干眼泪，自幼坚强的他依旧对党、对国家和人民心怀感恩。忘不了童年时，乡亲们供他吃“百家饭”；青年时，部队里锤炼学本领；退伍后，又是党的关怀让他有了稳定工作。旧社会经历太多苦，新社会成了幸福人，他就想着多做好事回报社会，没想到因为这，遇到光东这样的好人。

这样的好人，他没理由拒绝，当即请光东来溧阳做客。

二

3个月后，光东来溧阳看老缪。

一间平房，加上外搭棚子才50平方米，这般简陋让光东直叹不易：“您住的要改善了。”

老缪直率，说这里城市改造要拆迁，自己准备换房。他和老伴每月退休工资加起来3600多元，维持生活还可以，但买房有压力。光东当即表态会支持，老缪说不用，自己慢慢想办法。

光东回到山东不久，老缪家所在小区就开始拆迁。抽签后，他拿到的政府安置新房面积比原住房多出60多平方米，按照“拆一补一”的政策，需支付超面积的30多万元房款。老两口凑了十几万，最后还差20万元没着落，几次想拨光东电话，但刚拨又犹豫了。拖了半个月，老缪最后还是拨了，可20万刚说出口，他就后悔不该一开口就借这么多钱。电话那头的光东很爽快：“爹您放心，卡号给我，我尽快汇过来！”

4天后，20万元真汇来了！

去银行那天，老缪租一辆面包车，带着老伴将现金取出直接去领新房钥匙，逢人就夸自己有了一个比亲儿子还亲的好儿子。

拿到钥匙后，老缪到江南春市场的宏宇陶瓷建材店选家具。一进店，平时常看常州电视台新闻的店主夏爱琴就觉得他面熟：“感觉电视上看到过他，我就上去跟他打招呼。电视里放他奋不顾身救人的时候，他还受伤了，我看得很感动，当时都流泪了。”

进门时，老缪带了份事先拟好的购买单，但最后被夏爱琴改了，她说：“他要的全是普通材料，我当时就自作主张给他最好的材料而算最低价格。他这样的好人，我们社会一定要弘扬这种精神，就是好人应该有好报。”

一声“好人”，是赞叹，也是夏爱琴崇德向善的自觉行动。

以善养善，爱自生爱。中华文明五千年，好人一直凝聚着厚重的文化底蕴。

在党光东和众多好心人的帮助下，2013年12月14日，老缪家搬进了政府安置小区景盛苑。

这天，光东专程赶来祝贺，一进门，老缪就高兴地拉着他介绍给前来道贺的亲友：“我的房子靠大家，政府城市改造改善老百姓的居住条件，而我干儿子光东立了大功，一下拿出20万给我买房。”

客厅四周，字画、根雕、绿植，琳琅满目，“都是朋友送的，还有灯和墙上装饰材料是装饰城的夏爱琴和其他店主送的。本来不打算装修，就水泥地住进来，但那些建材老板很热情，都帮我考虑到了，而且全部免费。”

灯光下，老两口穿着女儿买来的新衣、新鞋，显得特别精神。其实，老缪的女儿婷婷也是他捡到的。

1988年8月的一个星期天，老缪下乡帮战友家割稻，晚上上厕所时脚碰到地上的一个包裹，打开，里面躺着一个呼吸微弱的女婴。想起自己的童年，他决定收养这个同病相怜的孩子。因为家里粮不够吃，就寄养在岳母家，后来岳母家遭水灾，只好接回家养，尽管那时生活艰苦，但始终没有放弃。这个女儿很争气，大学毕业后又做了老师，婚后还给老人添了个可爱的外孙女，他俩高兴得整天笑呵呵。

老缪之所以取名小福，也许是穷怕了的父母盼他落地有福，谁知他生下来受尽苦难。“你小时候打草鞋、摸田螺挣钱盖房，参军时部队一个月发6块钱津贴，你只留两块，还有4块寄给哥哥，你这人就这么好……”战友吴金保是老缪同乡，说起老缪身世，情到深处泪满襟。他小时候就听长辈哀叹，天若有情，希望老缪这个苦命孩子今后有福。

老天开眼，这福，真来了！

老缪救过很多人，却从没想过要谁来谢自己。“人家又没喊我救，都是我自愿，用不着谢，但没想到会有这么多人给我送灯具，送装修材料，更没想到会遇上光东这样一个好儿子。有人骂我傻瓜，光东认我做父亲，我说他也是傻瓜，和我一样，我是大傻瓜，他是小傻瓜。但是，我认为好人一定会有好报！”

2014年10月2日，济南西客站。

老两口一出站，就被等候多时的光东一手牵一个领上他的面包车，直奔章丘。这次来山东，两人除了看干儿子，更为了感谢光东父母培养出这样的好青年。在老缪再三请求下，当天，光东一家跟他进了章丘最大的商场，老缪为他们每人选了一套衣服。

2天后告别，老缪又硬塞给光东3万元钱，尽管光东推让，但没拗过他。光东说，就在20万汇出后的两个月，老人已分4次给他卡上打了5万元。

这钱，是老两口省吃俭用和原本用于装修的。

当初租房等待乔迁的日子里，两人一有空就会去原小区，每次都会捡一些别人丢掉的旧家具准备带进新居。为这，两人有过分歧，那是老伴不同意将一张旧床搬进新居。“床主人死掉了，他死时就睡这床，谁还高兴睡？”老伴说着，眼圈红了。

老缪有些内疚，沉默了一会儿，他笑着拉老伴坐下来算账：“面包会有的，你要实在不愿意，等我们下个月领了钱去买一张吧？”

“11月10日可以拿工资了。”

“11月10日拿工资还要减掉生活费的。”

“生活费1000块一个月。”

“一张床可能要3000多块的。”

“大儿子抚恤金还没算？”

“抚恤金要到明年1月份，现在拿不到。床还要等等！”

最终老伴同意了。

离开前，两人又去老房子找了些旧家具回去拆了当柴烧。尽管新居通了天然气，但他们要节约每一分钱，这样可以早点把光东的钱还上……

三

这个生日一过，老缪就跨进了70岁。“人生七十古来稀”。他心里早有了还清干儿子20万元的时间表：“我退休工资2630块，一年就是31560块，再用大约4年就可以还清。老伴退休工资1600多块，用于一家开支足够。光东他们全家一再说这钱不用还，但桥归桥，路归路，他和我不沾亲、不带故，就凭认我是个好人就这么爽快地把20万元寄给我用，他救了我的急，我一定要还他这笔人情账。一句话，不能让好人吃亏，他们一家都是好人，好人应该有好报！”

“老爹今年91了，昨天我回家给小麦浇水，中午12点左右，老爹提着饭菜步履蹒跚步行一里地，给他儿子送饭……”

这是党光东去年3月25日发在微信朋友圈的一段文字。光东结婚后一直和父母住，平时和妻子忙生意，地里农活基本由父母操持，忙时他俩回来帮一下。虽说开了家五金店，做的也是小生意，一年去掉开支，收入也就五六万元。因此，家里并不富裕。当初给老缪汇那20万元，一家人东拼西挪，凑了4天才够。

记者问光东为什么这么快给原本陌生的老人20万元，他说老人一生行善，好人就该有好报，既然认他为父，儿子给父亲钱天经地义。

“老吾老，以及人之老；幼吾幼，以及人之幼。”这是孟子名言，也是光东的家风。

山东是孟子故乡。清朝末年，章丘出了位名动京华的“东方儒商”孟洛川，他是孟子的第68代孙。凭借“以德为本，以义为先，以义致利”的经营之道，做绸缎生意的小个体户孟洛川把他的瑞蚨祥绸缎庄经营成了长盛不衰的“老字号”。不仅如此，还走出山东，在北京、天津、上海等地开了24家商号，成就了“山西康百万，山东袁子兰，两个财神爷，抵不上孟洛川”的经商传奇。

如此富豪，食宿穿戴却十分节俭，喝水都不放茶叶。八国联军火烧圆明园时，也烧掉了他北京的门店，面对所有账本化为灰烬的处境，孟洛川眼含泪水，一时无语凝噎。稍后，念及家恨国仇，一向诚信仁义的他宣布两条决定：一是欠别人的账全认不赖；二是免除所有别人欠自己的账。

某年夏天，黄河决口，章丘遭受水灾，上万亩良田淹没，数万百姓流离失所，此时，孟洛川毫不犹豫地拿出巨资堵口修堤，从此章丘百姓再无水灾之忧。

光东QQ昵称“东方商人”，成为先贤孟洛川那样的商人，是父亲的期望，也是他的追求。也因此，电视上看到老缪的事迹后，他萌生了千里认父的念头。

为犒劳光东，当天中午，老两口精心准备了满满一大桌菜：扎肝、肉圆、白芹、甲鱼、鳜鱼……两人你一筷，我一勺，将这些溧阳特色佳肴直往光东碗里堆。

而平时，这桌上几乎都是青菜、萝卜、腐乳、咸菜当家，即便难得买来鱼肉，或包了馄饨，烧好了也要端给社区孤老尝鲜。这习惯，老缪以前住甘露寺社区就有。

那是老居民区，住户大多是老弱病残和外来工，平时日子节俭。走进巷子，底楼墙边有一溜开水壶的就是老缪家。春夏秋冬，他天天免费为邻居烧开水，高峰时一天送出40壶。为了省钱，每天凌晨他出去捡废木料回来生炉子。本来不大的客厅里，摆着一张十多人吃饭的大圆桌，那是一家三口和外来务工人员子女吃饭的地方。之前一到放假，一些外来工的孩子就因父母没时间照看而整天泡网吧。他看在眼里，急在心头，就和老伴商量，去网吧把他们一个个找回来，既供饭，还负责监督学习，每月只象征性地收20元伙食费。

为什么这么做？他说自己小时候太苦，因为吃过苦，所以知道什么是难。

老缪的童年尽管靠“百家饭”度日，但一有空，他就会趴在小学教室窗口听，一到放学，就主动进去帮助扫地，为的是能捡到别人不要的铅笔头写字……

老缪身上大部分衣服是别人送的，有的还是外面捡的，脚上经常是一双当兵时穿惯了的解放鞋，而且常常破了补，补了穿。有几次实在没法修，补鞋师傅就从别人扔下的旧皮鞋中拿一双送他……

如此节俭的老缪，当得知黄墟村潘献超家遭遇交通事故时，他立即送去1000元；老同事女儿住院，他带1000元去慰问，看她家条件差，又回来拿1000元送去……对那些比自己难的人，他时时在牵挂，常常去帮助，总是去安慰。他说：“轻担让重担，空手让扁担，这是做人规矩，帮助人也这样，自己好过，要想着还有人难过。”这两年评上“常州好人”“江苏省见义勇为积极分子”“中国好人”等，各级政府发的奖励和慰问金也有好几万元，但都被他捐了，他还常从退休工资中拿钱出来捐。

搬进新居，家里又开起了老年阅览室，书柜是捡的，洗刷整修后装满了书。他告诉光东：“我和你妈年纪大了，重活干不动，就在家开个免费阅览室，兼做老年活动室，也算为大家做好事。”

“自己很节约，但对别人很大气，他就是个大好人！”老伴骆凤青眼里，老缪就是这样的人。刚搬进新居，客厅里的旧餐桌围着10张颜色不同的凳子，沙发也是旧的，这些都是工地上捡来的家具。对此，骆凤青自己也从无怨言。她坦言，自己对老缪佩服得五体投地：“因为跟着他这个好人幸福，也许别人看我们苦，其实我一点儿不苦，说良心话，我有时睡觉都会笑醒的……”

四

吃过午饭，老缪和光东开始整理给青海贫困学生筹集的1000多件冬衣，这些衣服是他们老年学雷锋志愿者捐的，去年7月下旬已托人送去了3000件，每件都清洗消毒，仅消毒液就用了2箱。当时，家里洗衣机来不及洗，也为了节省水电费，老两口骑着三轮车将衣服一车车拉到郊外清水河边忙了一星期，才洗好晾干，然后一件件检查、折叠，纽扣掉了、线松了，都重新缝补……

危急时刻挺身而出，时时处处心系他人，爱心路上，老缪始终不忘初心。去年国庆节前，在溧阳做生意的四川宜宾人姚先俊夫妇还专程登门，感谢他7月24日傍晚跳进4米多深的河中，为他们找回落水的老父亲……

2016年11月18日，当老缪走上溧阳监狱报告厅讲台，台下200多名失足者几乎同时以敬仰的目光，向这位朴实的老人致敬！

人，一撇一捺，简单两笔，却人人都叹做人难。

做好人，更难！

而在老缪心中，一撇一捺，相互支撑成一人。一个好人两个做，两人相敬为从，三人一心为众，好人成群，社会就是温暖大家庭。

2012年入选“中国好人”后，老缪常被人请去做报告，他也乐意，说这不是宣传自己，而是用亲身经历告诉别人：好人自有好人报，人人做好人，就能共建温暖大家庭。去机关，到企业，进学校……每次宣讲，他都谢绝接送，自己骑三轮，茶也是出门时灌满那只用了半个世纪的军用水壶，而且报告不收费，实在推不掉，就捐给学校或送孤老。2010年11月双手接住跳楼女后，退休单位华朋集团请他给职工做报告，还奖了他1万元。他当场捐给集团作为见义勇为奖励基金，从此，员工互帮互助、助人为乐的精神蔚然成风……

一次报告会现场，当人们被他的事迹感动得热泪盈眶时，常州一企业56岁职工蒋凤英突然站出来要认他为哥：“缪大哥为传递正能量树立了楷模，我要教育子子孙孙以他为榜样，做社会公认的好人。”

“工作多年，接触不少人、遇到不少事，有冲动也有迷茫；但听了他的报告，突然觉得，今后面临诱惑和困境，对很多事情变得麻木不仁时，真要想想缪小福……”一位青年听了他的报告，以《感动我的城市细节》为题在网上留言。

那位专程开车将3000件衣服送到青海学生手中的人叫黄翔，溧阳孝子温泉总经理。受老缪事迹感染，他现在成了老缪助人为乐的助手。也是他，一声不响买了新桌椅给老缪送上门。而老缪家那张旧床，也被几个民警换上了新的。

这些人，现在和光东都成了好兄弟。

见贤思齐，择善而从。从缪小福到党光东，从夏爱琴、黄翔到蒋凤英，从认识的到陌生的，他们慕好人之名而来，揣好人之心而回，营造的是老缪越来越广的好人朋友圈。

聚沙成塔，积水成渊，正是这些人因爱凝聚，默默付出，唤醒了社会这个温暖大家庭更多的爱……

金沙江之子

杨红君

我用纸和笔写下的这些文字，讲述的是一位令人骄傲的人类学学者——萧亮中老师，为了追逐全球视野中的学术与文学之梦，把短暂的生命最终献给自己热爱的事业和乡土的故事。在走访亮中老师生前的亲朋好友，收集亮中老师的遗物、浏览其学术类文稿时，感情的潮水，曾无数次深深地浸润了笔者的眼帘……

——笔者

一

我的大学时光，是在昆明莲花池畔的云南民族学院度过的。

1995年9月，历经多年寒窗苦读，我终于跳出农门，有幸到省城接受高等教育。当时我们的班主任姓萧，叫萧亮中，是一位看上去年龄和我们差不多、朝气蓬勃的年轻人。他中等身材，方形的脸庞，显得很忠厚。他说话也谦和，眼神温和纯净，形象健康而明朗，永远闪烁着智慧和热情的灵光。在他的脸上，绝对看不出有任何一丝一缕的阴郁和忧愁。

亮中老师的笔名叫江鹿，表达了他要在故乡美丽原野上自由奔跑的愿望。1972年12月5日，亮中老师出生在金沙江边的云南省迪庆藏族自治州香格里拉县金江镇车轴村，这是一个生物多样性与文化多元性极强、多民族聚居的美丽村落。1985年，在乡村完小读书的亮中老师，以全县第一名的成绩考入香格里拉县第一中学；1991年，又以优异的成绩考入中央民族大学民族学系。4年的本科学习，使亮中老师打下了扎实的民族志基础，他系统地学习了民族学、西南边疆史地以及其他相关学科的基础知识。在中央民族大学求学期间，亮中老师曾荣获青年民族学会论文竞赛二等奖；中央民族大学“五四”论文竞赛二等奖；1993年和1994年，亮中老师曾两次荣获人类学界“吴文藻奖学金”。

1995年7月大学毕业后，亮中老师被分配到云南民族学院中文系工作。在这期间，亮中老师曾做过一些实地调查，有意识地训练调查方法，有了一定的田野调查功底。1996年7月至1997年7月，亮中老师参加了云南省政府组织的扶贫和社会调查活动，在云南边疆临沧地区双江拉祜族佤族布朗族傣族自治县勐库镇工作了一年。借此机会，亮中老师对边疆政治、经济，乡村组织与动员，民众和基层政权的互动有了细致的观察，并进行过一系列社会调查。经过一年的下乡，亮中老师对农村情况更加熟稔，并初步有了自己的体会和认识，这更加激发了亮中老师的学术热情。

1996年9月，亮中老师的弟弟萧亮东也从中甸县考上了省城大学，就读于云南民族学院中文系的旅游管理专业。我比亮东大一岁，亮东管我叫师兄，我管亮东叫师弟，亮东个头比亮中老师瘦小些，为人同样朴实、忠厚。

1997年1月6日至20日，“国家教委第二期中国社会文化人类学高级研讨班”在昆明莲云宾馆举行。在会议的空隙期间，在亮中老师的引荐和陪同下，我有幸拜见了慕名已久的林耀华教授和庄孔韶教授两位著名学者，并聆听了他们对中国人类学和社会学发展的一些见解和看法。

1997至1998年，亮中老师参加了由云南省社科院和云南大学组织的“中国民族家庭实录”课题，并承担了藏族家庭调查的任务，最终提交《夏那藏家》书稿。此书叙述了云南滇西北历史、中甸（现称香格里拉）

一个藏族村落的百年史，通过一个家庭，写出那个地区藏族的百年变迁。书于2001年由云南大学出版社出版。《夏那藏家》一书，极富学术价值，内容非常有趣，充分彰显了亮中老师深厚的学术素养及非凡的研究天分。

二

1998年9月，亮中老师考入中央民族大学研究生院，攻读人类学硕士学位。此时，马茜老师也同样考入了该校研究生院，攻读英语语言文学硕士学位。

在老师们的精心指导下，亮中老师接受了系统的科班训练。1999年，亮中老师再次荣获人类学界“吴文藻奖学金”。亮中老师是一个勤奋、敏锐的学者，在读硕士学位期间，就已经培养和确立了自己的学术兴趣及研究方向，文字驾驭能力和文字功底也是日益成熟，游刃有余，并有近百篇优美文字和摄影作品发表在《南方周末》《中国国家地理》《二十一世纪》《大地》等海内外知名报刊上。

由亮中老师写的《相隔半世纪的两次造访》和《战争和电子游戏》两篇文章，曾分别发表在1999年5月11日和6月5日的香港《大公报》上；《丽江古城》（配图）和《丈量大凉山》（配图）两篇文章，曾分别发表在1999年和2000年第6期的《世界时装之苑》上；《大凉山田野手记》（Ⅰ）（配图）和《大凉山田野手记》（Ⅱ）（配图），曾分别发表在2001年第4期和第5期的《民间文化》上；《夏那人家》（配图）和《车轴村风俗观察记》（配图）两篇文章，曾分别发表在2000年2月25日和5月12日的《南方周末》上，作品《夏那人家》曾荣获《南方周末》2000年第一季度优秀作品奖。写作《大凉山田野手记》时，亮中老师还是中央民族大学民族学系人类学专业的硕士研究生，但书中严谨深细的田野报告、丰富的细节，提供了生动的“在场”证据，给我非常深刻的印象。亮中老师写大凉山，写彝人，写头人德古，写祭司毕摩……篇篇都充满了浓郁的乡土味。除此之外，亮中老师还有许多相当成熟的小说作品，见诸各大报刊，从他的笔端流淌出很多信息，内容具有很广阔的解释空间。

亮中老师的学术立足于他的家乡，我不知道这是有意为之还是无意的偶合。冥冥中似有定数在主宰着我们的生活，亮中老师开掘了民族、族群、田野文化的源头，却不能由自己把这条路走下去。但与生俱来的激情与社会责任感，却使得亮中老师最终成为一位社会公认的、真正意义上的公共知识分子。

在亮中老师公开发表的众多作品当中，学术价值最高的著作是：2001年由云南大学出版社出版的学术著作《夏那藏家》；硕士论文《车轴村权力过程与认同范畴变迁研究：从“本土居民”和移民群体的双重角度分析》；2004年2月，由广西人民出版社出版的学术专著《车轴——一个遥远村落的新民族志》。

早在中央民族大学读研究生期间，亮中老师就已经确立了自己的学术研究方向，并希望通过对滇西北一带多族群杂居地区的文化进行描述与历史考察，揭示改土归流后，西南边疆一带的文化接触与变迁，并探讨这个过程在中国民族国家形成过程中的作用。最后，亮中老师选取了云南省香格里拉县金沙江边一个叫“车轴”的典型的多民族杂居村落为研究对象，并于2000年8月到12月间进行了卓有成效的田野调查，在掌握大量一手材料的基础上完成了12万字的毕业论文《车轴村权力过程与认同范畴变迁研究：从“本土居民”和移民群体的双重角度分析》。该论文获得了导师和答辩委员会的一致赞誉，并被评为“2001年度中央民族大学优秀毕业生学位论文”“中央民族大学与香港中文大学教育及社会科学应用研究论文奖金计划2001年度获奖硕士论文”。

总体看来，亮中老师的论文《车轴村权力过程与认同范畴变迁研究：从“本土居民”和移民群体的双重角度分析》，在以下几方面具有一些新思考和突破性结论。

第一，该论文第一次总结了纳西族的家号认知体系和畛别系统，以及建立在其上的家号认同。该论文详细罗列了车轴村的家号类型并予以阐释。围绕着家号，我们可以看到车轴如何从一个群龙无首的传统村落，随着民族力量的消长起伏，而变成地方势力和国家权力相互扭结的“历史戏台”。从古至今，车轴的“生命过客”们谁也无法逃离“文化的文法”的摆布。

第二，该论文提出了家族研究中的“家族袭夺”概念。这里的“袭夺”本义是地理学上的河流袭夺（stream capture）：指分水岭两侧的河流，在破坏和蚀低分水岭的过程中，侵蚀作用较强的一侧，河流先切穿分水岭，抢夺了另一侧相邻河流。这种河流在发育过程中夺取邻河上游作为自己支流的现象就是河流袭夺。河流袭夺发生后，袭夺它河的河流称袭夺河，它导致所属水系扩大，水量增加，侵蚀能力增强。河水被夺去的河流称被夺河，特点是水量减少，与原河谷不相适应（水小谷宽）。被夺河在袭夺河以下河段，因其上游被夺改道，形成源头截断现象，故又称断头河，其流向不变，但水量减少，流速缓慢。家族袭夺概念虽然与河流袭夺分属社会和自然范畴，但在各方面却有着惊人的相似之处，甚至可以将双方的概念一一对应起来，所以亮中老师第一次将地理学的“袭夺”概念借用到家族研究中。如果下一个定义，就是指甲家族有意或无意利用各种手段袭夺乙家族的财产，甚至是家号、屋基等有形、无形资源。这一带的村落都有着大量的家族袭夺行为，这也和改土归流后国家化进程中的统一与同质化，以及西南边疆的“主流化”同步，像解放大西南前的民家（白族）、纳西冒籍汉人现象就是该过程中一个小小的注脚。车轴的经验是一种典型范式，可以推演证明家族袭夺在类同社区大量同时发生，它也从侧面为西南边疆汉人人口大量增长的现象提供了一个重要解释。

第三，该论文总结了西南边疆地方社区的国家化模式，并归纳出这一类型社区的变迁过程及变迁级序。首先，车轴村“自在社区—新边疆—后革命时期”的变迁过程，同时也是一个地处边疆的边远的、传统的自在村落逐渐纳入国家行政系统甚至是全球化的渐进过程。这个历史维度的变迁过程同时伴有一个跃升级序：从“纯粹—传统社区”到“国家控制时期”再到“全球化时代”，村落自身不断脱离低级序向高级序发展。变迁过程与变迁级序互有重合与影响。其次，车轴村权力、阶层及认同不断地变化和流动。从“自在社区”时期权力附着在本土上到“新边疆时期”的力量竞争，再到“后革命时期”阶级的固化及重新分化。这一过程中，权力和认同无时不在变迁流动。最后，不同的族群在各个历史时期不断构建、嫁接自己的历史。作为小村落的车轴，在正史上并没有地位，但它自始至终努力地与正史衔接，这也是顺应国家化、全球化而同时保存、绵延传承地方性知识的一个过程，在这些过程中，它构建了自己的社区史。

第四，该论文还分析了不同族群通婚行为的政治及经济因素，统计了少数民族母语的弱化、消失及保存的状况，提出了一些新的见解。

第五，亮中老师通过这篇论文，再次向学术界表明：车轴的范式具有典型意义，适用于中国西南边疆类同的传统社区，并代表了一种未来的方向和可能预见的变动过程。这样的典型村落虽然存在边缘化的危险，但它也在不断地构建着自己与主流社会的“合成文化”，这个过程并不能用简单的“汉化”“西化”或者全球化就能概括。通过这个典型社区的个案，亮中老师最后指出，所谓“历史的终结”是不可能的。

三

2001年7月，亮中老师顺利完成了学位论文，取得了硕士学位。硕士研究生毕业后，据说当时中国社会科学院民族研究所曾准备录用他，此后，数家准备聘用他并给予优厚待遇的单位都被他婉言谢绝了。不久之后，亮中老师却去了商务印书馆做了一名编辑，此时的马茜老师被分配到人民教育出版社工作。在这期间，亮中老师依然笔耕不辍，并以惊人的毅力公开发表了大量具有较高质量的文学作品及学术论文，其中《歧视的形成与舆论话语的掌握》，发表在香港中文大学《二十一世纪》2002年2月号；《商务印书馆：走过一个世纪的足音》一文，发表在《人民日报》2002年6月4日版；《端午赛马会》（配图），发表在台湾《世界地理杂志》2002年第6期。

大学毕业后，因求职失意，我便选择留在了昆明，在一家大酒店从事酒店管理工作。2001年12月的一天下午，亮中老师携同夫人马茜老师从北京回到昆明，下榻在我供职的这家大酒店。师生一场，平时天各一方，几年难得见上一面，确实值得庆贺。晚上，我便在餐厅设宴款待亮中老师及夫人，为其接风洗尘。席间，大家谈笑风生，其乐融融。饭后，我便邀请亮中老师及夫人到酒店游泳馆去游泳，到酒店KTV去唱歌，那一晚大家都玩得十分尽兴。第二天一早，用完早餐后，亮中老师便参观了酒店提供给我使用的单身公寓，关切地询问我在酒店的工作及生活情况，羡慕地夸我有出息。我则“反唇相讥”，不择时机地选择话题称赞亮中老师年轻有为、才华横溢、著作等身，在首都大有前途。然而，亮中老师则坦诚地向我描绘了他在首都北京的工作及生活情况……

亮中老师乐呵呵告诉我：“由于单位无住宿安排，我们在北京广安门附近的一幢筒子楼里，租了两个不足20平方米的房间，租金每月只有600元。外面一间屋子，三壁都是书架，只有一个小沙发容身，兼会客用，来客了大家只能规规矩矩坐着，没有挥洒指点的空间，我坐的椅子是光板靠背椅，连个垫子也没有。里间的卧室更小，一个带镜子的大柜子跟一张木板床挤在一起，人进去后，连转身的余地都没有。屋里虽有暖气管却没有暖气。没有厨房，做饭是在走廊上，卫生间是几家人共用的……从住所到工作单位，骑自行车都要一个多钟头……瞧你，一个人住着一间20平方米的房间，有电视、有电话、有浴室，睡的是席梦思，坐的是老板椅，每天还有人来帮你收拾卫生，和我相比，你是够幸运了！”

亮中老师还告诉我，商务印书馆的工作性质与当初自己的理想抱负有着极大的差别，可以说，出版社工作与自己喜爱的学术研究有些相悖。通俗地讲，亮中老师更乐于“著述”而不是“编书”。谈话间，亮中老师隐隐约约地向我表露了自己不适应编辑工作，想另图他就的想法……

随后，年轻的亮中老师便恬静地对我说："城市对我来说就是一个过程，我老了以后，肯定要回到金沙江边去住……"

2001年，亮中老师接受了广西人民出版社约稿，在其硕士论文基础上撰写《车轴——一个遥远村落的新民族志》，亮中老师在硕士论文的前期资料基础上，再赴车轴村进行了两次田野调查，补充拍摄了大量民族志图片，力图从更新的角度做出一份西南边疆新的人类学民族志文本。

在全书写作过程中，亮中老师延承了人类学对家族、信仰等话题的经典探讨，又对地方文献、文物、口碑资料进行了颇有趣味的调查考证，还对今日地方族群生活常态及社区文化变迁有着细致、有趣的描述。除此之外，全书结构清晰、文笔流畅、语言优美，并充满新意。在全书写作过程中，亮中老师还采取了一种较为轻松、带有故事性的笔调，在兼容学术性的同时，保持了内容的通俗易读。书中的人类学基本问题，自始至终结合着亲切的社区民俗生活加以讨论，既保持了人类学的学术视角，又使作品本身具有普及性与可读性兼顾的田野志作品的特点。我们甚至可以从章节标题上就体味到了这种描述的亲切和趣味，像"寻找土著""纳西与博，和而不同""苗民，最后的迟到者""漂失的母语""车轴的'国家人'""讨生活的外迁户"等，在最后一章结论"车之轴？"中，亮中老师将村落称为意象（image），喻指如果以时间为维度，村落就是一辆不停前进的车，他要做的是探究支撑它前进的"车轴"是什么。

我喜欢亮中老师的文字，更喜欢他的文字间时时透露出来的锐利。

《车轴——一个遥远村落的新民族志》除延续了亮中老师毕业论文的特点外，在思想性和文本撰述上还表现出了一定的新意和先锋意识。

（1）该书结合人类学田野调查资料与人文地理学的相关知识，并在整本书中把握了这种写作方式。在"寻找土著""最后的'轴'""家族袭夺"这些章节里就充分运用了人文地理材料来考证、构拟社区族群的历史状态与文化行为。

（2）在田野调查时，亮中老师首次发现了车轴岩画。该岩画点的发现，把金沙江岩画区往上游推进了80多公里。这一发现，与亮中老师在调查时始终采取认真、包容和敏感的态度有关，也可以说与田野调查的辛苦程度成正比。

（3）全书配有大量实地场景图片。与现在流行的图文书插图不同的是，所有图片与内容均密切相关，或是内容的切片，或是从影像角度来诠释文本。

（4）现在关于民族地区采风、探险的图书（大多会自称人类学）很多，文体内容大多改变了过去对少数民族文化的误读和偏见，但又经常带有两种倾向，或简单表现作者的“文化关怀”，或带着一种矫枉过正，甚至是“土著优越论”（亮中老师在毕业论文里对这种思潮进行了描述）的思想。《车轴——一个遥远村落的新民族志》一书也采取作者价值介入的态度，但文本却非常清醒，并没有简单贩卖“文化关怀”的眼泪，也没有表现所谓的“土著优越”——可以说，亮中老师是用自己的写作批判了这两种偏颇的态度。

（5）全书撰述规范、严格，重视一手材料，尊重本土及地方性知识。全书上下注意还原土著居民语言，像纳西语的家号，都一一标注了国际音标。

亮中老师撰写的《车轴——一个遥远村落的新民族志》一书，不仅仅带给我们一份滇西北村落的个案实录，更向人们展示了亮中老师在民族志撰写方面的探索和努力，代表着当代中国本土民族志的一个全新的实践方向。

此书无论从作品撰写手法、表现方式，还是从内容上看，都将为人类学开辟一条更为广阔的民族志研究的道路。而且，亮中老师对于文字和图像的深厚驾驭功底，使该书的上述思想和人类学知识点，能通过轻松的笔调和形象的笔触，娓娓道来，可谓妙笔生花。阅读此书是一种亲切的享受，无论是情感交流、知识传递、观点认知都与当地的血脉息息相关，没有丝毫的距离。相信，此书无论对民族学人类学的研究者，还是普通读者而言，都是一部不可多得的作品。

记得当年在云南民族学院求学期间，在亮中老师的指导下，我初次拜读学界泰斗林耀华先生的《金翼——中国家族制度的社会学研究》一书时，我曾被他那随笔式的写作方式震慑住了，一种纯正地道的人类学思考居然可以用如此自由新异的手法去写，简直令人难以置信；后来，又读林教授高足庄孔韶教授的《银翅——中国的地方社会与文化变迁》，感到庄教授在继承林教授传统的同时，进一步强化和推进了这样的笔法和思考。如今，在阅读庄教授得意门生，也就是亮中老师的《车轴——一个遥远村落的新民族志》时，我已经感到自己不仅适应并且欣赏起这样的表达。亮中老师用他精细、漂亮的文笔为我们展示了令人向往的滇西北一个普通村落的文化面貌，这一切恰恰完美地体现了人类学队伍中林派学术文章风骨的一脉相承。

生长于金沙江边的亮中老师，从血脉上当然可以归为当地的土著，他研究的田野也是他地道的人类学本土；但从文化层面上讲，亮中老师又全然不是一个真实的车轴人，他像一只自由穿行在家乡和异乡之间的骏马，一如他自己所说："田野调查和旅行是不相同的，于是，我开始有意识地描摹这个村落。这片河谷是我的家乡，我也总是在家乡和外界之间奔波着。我意识到自己离社区生活不可避免地远了，尽管它是我最熟悉的——是角色转换了吗？但不管怎么说，今天我会努力地重新走回去，去复原、构拟车轴村逝去的社区人事，了解它的前世今生。" 在《车轴——一个遥远村落的新民族志》一书中，还有这样一段文字一直令我记忆犹新，讲的是村里的苗家为了强化民族传统的认同，将别省苗族聚居区流行的"花山会"移植到了本地。在花山会的歌唱比赛中，亮中老师的父亲萧嘉麟充当主持人，乡亲们组成评委团，而他们当中很多人并非苗族。村里6个民族、400多户人家其乐融融的桃花源般的景象让人神往。但在书的结尾流露出来的忧患意识，却不得不令人喟叹：全球化的浪潮毫无疑问地影响了这个江边的村落，外出打工的人也多了起来，车轴的命运将何去何从？许多接受过人类学训练的人，都会像亮中老师一样看他的本土，但他们中的多数人是把异域当作田野，很少有人像亮中老师那样既把本土当作田野，又把自己当作本土的看客和外乡人。这不由得让我想起费孝通先生和他的《江村经济》。但车轴不同于江村，车轴人的社会角色和文化身份，与江村也是大异其趣的。

在车轴村，我们看到的是这样一个小型社区：那里有6个民族杂处在一个共同的空间内，7种民族语言让当地人成为天然的语言能手，人们自由穿梭在各种习俗和表达方式当中，相信那应该是语言学家研究“皮钦语”（pidgin language）的理想场所。尽管纳西语一直被视为“本地话”，但使用起来又十分不确定，于是亮中老师便把它描述为“漂失的母语”。他对这些杂语区的语言承继和失落的文化分析，确实发人深思，让人怅怀。在这里，不仅母语是“漂失”的，而且族群的血缘纽带也常常处于“漂失”状态。这个民族成员娶了那个民族的女子为妻，那个民族的家户因为自身的利益需求，而把闺女嫁给另一个民族。通过姻亲关联分享利益，互渗血缘。于是，纳西族的“家号”就成为住户甄别的明显标识。亮中老师注意到家号不同于姓氏，“即便住户迁徙或另换屋基，家号也不会跟着‘带走’”。围绕着家号，我们可以看到车轴如何从一个群龙无首的传统村落，随着民族力量的消长起伏而变成地方势力和国家权力相互扭结的“历史戏台”。其中，从古至今车轴的“过客”们谁也无法逃离“文化的文法”（culture grammar）的摆布。

历史让人变，人们就会相应有许多应变的法子加以调适，于是就有了亮中老师描述给我们的许多“变术”。这些文化现象频繁地发生在村落的信仰圈或其他的生活及文化范畴。独特的《车轴——一个遥远村落的新民族志》提供给了我们面对今日全球化不能不着意反思的文化变术的复现。这种变术，从遥远先民的时代就已存在，今后我们每个人都会去重蹈它。

然而，就在《车轴——一个遥远村落的新民族志》这本学术专著面世的2004年2月，云南《迪庆日报》一篇关于虎跳峡电站的文章，却引起了亮中老师的父亲萧嘉麟和其他一些村民的关注，亮中老师得知虎跳峡大坝即将修建的消息后，便开始四处搜集资料，为了捍卫金沙江流域的乡土社会和人民群众的权益，对金沙江流域长期以来多民族共存的文化图景进行了理性的研究。学者的人文关怀使他毅然行动，竭尽所能让金沙江流域的多样文化和社区生计免遭淹没的厄运，铤而走险，竭力奔走呼号，由此亮中老师开始了生命中的最后一搏……

四

位于云南省丽江地区和迪庆藏族自治州境内的金沙江—虎跳峡流域，是“三江并流”的核心区域之一，同时也是长江第一湾自然景观的所在地，这里是世界上罕见的高山地貌及其演化的代表地区，也是世界上生物物种最丰富的地区之一。在北纬27° 30′ 附近，有另一个有趣的自然景象，即三江自东向西的江面高度成阶梯状递减态势。金沙江江面海拔2100米，澜沧江1900米，怒江则仅有1600米。三江在滇西北地区由北向南平行南下，形成了奇特的“三江并流”的壮丽景观和著名的“帚状”水系，是地球上奇特的自然现象之一，堪称江河景观一绝。

相传诸葛亮的“五月渡泸”和忽必烈的“革囊过江”都选择这个地方作为渡口。1936年4月，贺龙和任弼时等人曾率领红军第二、六军团，从这里渡江北上，现立有雄伟的红军渡口纪念碑，大理石上刻有毛主席的题字“英勇奋斗的红军万岁”及长征诗等。除此之外，这一带还是十多万藏、纳西、傈僳、白、彝、苗、汉等各族人民沿江世代栖息的家园，从而形成了多民族和谐共生的独特文化景观。

然而，金沙江—虎跳峡流域面临的危机却是：车轴村乃至整个金沙江流域生态资源的破坏。民众面对突如其来的长江第一湾——虎跳峡流域的水坝建设，表现出了极其理智的冷静面对。《车轴——一个遥远村落的新民族志》的作者，在这样的时刻，并没有以价值中立为借口退避，相反，我却看到他在为维护金沙江流域的生态和民众利益而努力地工作着，同时，我们也看到，金沙江边的人们也向外界发出了自己的声音，一反过去边疆农民在类似事件中的失语。

在我的记忆中，亮中老师一直是健康和充满活力的，能长期在野外工作，还同歹徒搏斗过，他身上奇妙地混合着学者的儒雅和乡野的粗糙两种风格，写作的时候他专心细致，但平时却是笑呵呵地不拘礼节，对穿着打扮更是大大咧咧满不在乎。但大概自上大学起，他就一直在透支故乡健康的自然赋予他的健康身体。记得在其硕士论文后记中他曾说："撰写车轴村新民族史时，我彻夜不眠，尽管腰酸、眼痛和双手痉挛，但我却长久地陷入田野的兴奋和乐趣中。"后来，亮中老师又为金沙江边斯土斯民的权益超负荷地四处奔走和撰写文案，最后像一个战士一样仆倒牺牲了。

亮中老师曾说，希望能对研究对象保持客观态度的同时，仍然对它有一种亲切感。在扎根田野寻找民间智慧的过程中，他扎扎实实地从一个人类学学徒向一个独立的人类学家转变。当然，在虎跳峡保护中，亮中老师有他独特的情感投射（大坝建起后车轴村将沉入水底），但我们不能据此说亮中老师不客观，到过亮中老师笔下和镜头中的虎跳峡河谷并在土著人烟中穿行过的人，都知道亮中老师的努力是多么值得。

亮中老师在北京的生活被回到故土的梦缠绕着，而当年他是为追逐另一个梦来到北京，那就是全球视野中的学术与文学之梦，这样他可以有更浑厚的内力来反观故乡。在生命中的最后一年，他的这两个梦强烈地交织在一起：像所有的英雄传奇一样，他用在外乡修炼到的本领来捍卫故乡。

2004年，包括亮中老师在内的一群学者、记者、环保工作者发起了保卫长江第一湾与虎跳峡的活动，要求决策部门正确处理眼前利益和长远利益的关系，将不可再生的宝贵的自然与人文遗产留给世界，留给子孙后代。亮中老师研究着、也经历着这样的全球时代：在金钱和权力严重污染之下，每个人的故乡都在沦陷。然而亮中老师却说："在发展主义的影响下，人们认为任何东西，包括你的感情、你的田地都可以用货币支付，但金沙江边的老百姓不这样认为……他们说：'你哪怕用黄金把这条金沙江河谷铺满，也换不来这条自由流淌的大江，也换不来我们祖辈栖居的家园！'"

在虎跳峡上游的金沙江，江水自由奔腾咆哮。中国还有多少这样的江河？人类对自然生态的残害荼毒，已经到了令人发指的程度。国家的主权应当得到尊重，而一个和谐自在的自然生态圈或人文生态圈也应当得到尊重。

亮中老师不仅是土著社群的代表，也是一条自由奔流的大河的代表。自然界积聚着在人类社会中已被消磨殆尽的辽阔激情与同类间的温情，有大美而不言的自然也能给人类以"人文关怀"。

然而在某些利益团体看来，任何自然与人文资源都可以商业化，都可以在它们饕餮无厌的胃袋中消化。亮中老师站在他的家乡和外部世界之间，面对来自外部势力的野蛮冲撞，他张开双臂说："我不许你们进来！"

亮中老师和一群关爱家乡生态发展的有识之士们提供了一个鲜活的公民行动样本，也提供了一个知识和知识分子"在地化"的典型个案。他们也时刻秉持理性，并不是绝对和简单地"反坝"：在环境影响评价、人文影响评价、经济影响评价能够通过的地方，是可以建坝的。他们呼吁的是一个公正合理的公共决策机制。在他们的努力下，虎跳峡的保护最终成为中国迈向现代化过程中的一个重要案例，这个案例强调：保护弱者（可以是人也可以是自然），保护少数应当成为现代中国的新风尚。正是由于亮中老师等人的四处奔走和积极推动，最终才使得虎跳峡——长江第一湾流域的保护工作，在2004年，通过国内民间环保组织的呼吁行动和媒体报道，跃入公众视野。

平心而论，亮中老师不是狭隘的地方主义者，我所了解的亮中老师有宽阔、率真的胸怀，他关注和尊重许多超越乡土和族群的事物和价值；但他确乎是一个乡土主义者：热爱乡土、眷恋乡亲、沉迷于发掘乡土的智慧和价值。其实亮中老师本人也是我们这个社会所稀有和消磨殆尽的一块珍宝，他身上的少数民族气质、学者气质和文学气质，很像从湘西走向世界最后又回到湘西的沈从文。

五

冬天，淡蓝色的金沙江水静静地流淌着。从德钦县奔子栏镇一出来，江水就随着突兀张开的山形舒缓下来，山坡上，刚刚吸吮了雨露的高山植被吐出新绿，绽开花蕊。虎跳峡前面这265公里悠长的河谷，处处瓦屋连绵，炊烟缭绕，狗欢人笑，一幅人水和谐的江南水乡风景。

车轴村就在金沙江的东面。江上掌舵人王泽生是这里的老船公，他在江边靠摆渡为生，已经十来年了。他已数不清义务为亮中老师从外地邀请来的记者和专家们摆了多少回渡。王泽生回忆说："亮中老师2004年6月份，第一次回来调研的时候，就专程去了他家。"从王泽生的追忆里，我也深深体会到了，亮中老师对故乡割舍不断的浓浓乡情……

"表叔，如果搬家，你觉得好不？"坐在火塘边上，亮中老师双手恭恭敬敬地抱着膝盖。他们都是白族，在车轴这样一些沿江的村落里，不仅有着纳西、傈僳、藏、白、彝、苗、汉等多个民族，祖祖辈辈形成的姻亲关系也细密地交叉开来，而学民族学人类学的亮中老师总比村里其他年轻人更为谦和，在他写作《车轴——一个遥远村落的新民族志》的时候，他也是这个"表叔"那个"阿奶"地一家家地做田野调查。

王泽生很明白移民意味着什么。他不能开船了，新买的铁壳船会贱价卖掉。肥沃的土地也会被淹没，安静富足的生活会彻底改变。水电公司会把自己安置到哪里，更是说不清楚的问题。而村民知晓的是，"江边"的土地"一年粮食三年吃"，历朝历代都是最好的地方。

表叔历数了一大堆江边的好处，还说“江边的条件好，外地的漂亮姑娘都爱嫁到江边来，搬了就没好老婆了”，年轻人当时听得哈哈大笑。随后，又陷入了痛苦的沉思之中。

于是，这半年多来，每次亮中老师带着外面的专家和记者到村里来调研采访，表叔都推辞不肯收大家的摆渡钱。

得知即将修建虎跳峡大坝、村庄面临搬迁的消息后，亮中老师家的邻居丁常秀大妈伤心地对亮中老师说道：“背靠青山，面对绿水，又是滇西北的粮仓，云南再也找不到这么好的家园了。家园舍不得丢，要是非让我们搬迁，我们也要争取自己的权益。”

自从得知要搬迁的消息以来，识字不多的丁大妈，一直非常关注电视上国家领导人的表态和国家各项有关民生的政策，上到指导思想，下到法律条文，丁大妈都仔细研究。

“我是被逼得没办法了，不学这些，没有一个说理的地方，得不到更好的赔偿，又找不到更好的家园，我们以后无法立足。”丁大妈无奈地告诉我。

就在亮中老师即将离开车轴村、返回北京的当天，丁大妈递给亮中老师几张写满字的信签纸说：“请你交给上级领导，请政府不要让水电公司在金沙江上修电站，不要淹了我们老百姓的家。”那是丁大妈写的情况汇报。因为丁大妈心里很清楚，如果规划中的金沙江“一库八级”水电站修起来，滇西北最肥沃的20万亩良田将沉入水底，包括她一家在内的10万各族百姓将被迫搬迁，而滇西北却并没有多余的土地让他们居住。

同村的一位县人大代表告诉亮中老师：“如果不得不移民，我们只好退一步，希望能得到长期的补偿，不要只给一次性补偿就完了，最好能构建一个移民与水电开发的利益平衡机制，毕竟我们放弃了这么好的家园。”

亮中老师2004年6月那一趟的乡村调研，先是去参加香格里拉县的“藏族传统文化与生物多样性保护研讨会”，这个会议是他与美国大自然保护协会的马建忠共同策划的。马建忠是与亮中老师当年从香格里拉一起考上北京读大学的好朋友。为了协助老友，亮中老师邀请了不少省内外的专家、学者赴会，希望能将虎跳峡流域水电开发对生态的影响列入会议议程。马建忠眼里的亮中老师，还是当年那个文学青年，在中央民族大学的宿舍熄灯后还赖在走廊里，借着蜡烛或者厕所的灯光写小说。所以，亮中老师只用了一星期，挑灯夜战写成的大会论文，让马建忠很是惊讶。这篇论述环境思想变迁的论文深刻而有见地，让马建忠这样的专业环保人士也佩服不已。会后，亮中老师跟一些学者交流后得到的建议是："要行动就得快，一旦决定了，再扳回来就很难，趁现在还有发言的可能。"就是在这次研讨会上，清华大学教授汪晖受亮中老师的感染，开始关注虎跳峡建坝等问题，之后便在8月与《东方早报》记者阳敏等人亲赴虎跳峡。其后，不少学者和记者也纷纷前往虎跳峡、金沙江。当时的《南方周末》著名记者刘鉴强说："我和同事们一个个像接力棒跟着亮中下去，他在金沙江边的家就像我自己的家。" 然而却很少有人知道这样一个事实：在那段时间，为了促使多位著名学者、记者到金沙江流域考察，亮中老师曾义不容辞地充当了当地的向导和联络人。在不少记者的报道背后，却不知凝聚了亮中老师多少心血。在亮中老师生前的工作日记里，曾有不少这样的记录："为××准备大量材料，非常忙。工作到凌晨四点，睡三个多小时又上班；帮××改稿，通宵。" 更为可贵的是，亮中老师对水坝关注的视角，已经远远超过了虎跳峡——长江第一湾，扩展到了对怒江、三峡等更多流域的关注，进而对中国西南地区过度的自然资源开发进行了反思和奔走，亮中老师不啻为知识分子的楷模。

会议结束后，亮中老师又马不停蹄地回到金沙江边的家中，和父老乡亲广泛接触，踏访当地有话语权的老人和一些意见领袖。令他欣慰的是，乡亲们都坚决抵制建坝，有的甚至表示要进行抗争。他随后又回到香格里拉，和一些老家在江边的干部、职工交流对水电开发的看法。亮中老师的工作日记提到，一位当地的高官规劝他：如果他还坚持这样做，恐怕以后连回云南都会很困难。亮中老师写道：“（我）强调了这是我的义务，强调了民本思想。”在江边继续民众调查的同时，亮中老师开始广泛联络媒体记者。后来，几名“非常关心家乡命运”的老乡在亮中老师等人的努力争取及推荐之下，有幸参加了“绿色流域”开办的“水库移民及流域社区可持续发展培训班”。结果，金沙江老乡不仅学习了很多流域治理的知识，还倒过来“给专家们上了课”。

读过大专，后来辞职回家务农的葛全孝代表金沙江老乡发言说：“如果搬迁，除了失去土地、林木、牛羊的栖息地、道路、水池、庙宇、学校、家族的坟茔、风景名胜之外，我们还会失去‘亲情、友情、社会关系圈’和‘村镇影响圈’。”

“村镇影响圈”说的是，“在滇西北这一带，江边人是最有面子的，走到哪里都有熟人朋友”。而世世代代形成的亲友圈、社会关系则是一笔无形的财富，是乡村劳动力交换和红白喜事互相支持的基础。葛全孝说：“哪家有事情，随便喊一声就行了，如果要搬迁，人都打散了，就不能互相帮忙了。”

当天晚上，云南大众流域管理研究与推广中心主任于晓刚博士就在电话里告诉亮中老师说，“他们的思想，应该要影响世界水坝委员会的一些决策”。于晓刚认为，发出不同声音是为了促使水电开发的良治与善治，需要和开发商坐下来谈判，需要社会影响和环境影响评价，改善开发机制。于晓刚还认为，亮中老师的身份无法替代，因为他来自村庄，了解这方水土，是老乡们最天然的利益代言人。

后来，在亮中老师等人的努力争取之下，葛全孝还戴着大毡帽参加了2004年10月27日至29日在首都北京召开的“联合国水电与可持续发展国际研讨会”，在会上，葛全孝积极倡导“原住民参与权”，努力通过“联合国水电与可持续发展国际研讨会”这个信息交流平台，传递来自金沙江流域社区民众的声音。这是中国水坝移民代表有史以来第一次在联合国的会议上发言，更令人吃惊的是，在招待晚宴上，成了“明星人物”的葛全孝竟然和很多省部级官员一起，被主持人邀请到一号嘉宾桌上。随后，亮中老师的父亲萧嘉麟，也被乡亲们推荐去泰国参加“湄公河流域的自然资源与合作机制国际会议”和“国际自然保护联盟年会”。媒体评论说，中国农民能参加国际学术会议，用理性方式进行利益诉求，是“中国农民的第一次”。

老乡在国际会议上的讲话稿都是亮中老师帮着修改的，开会那段时间，更是每天三四个电话。在“联合国水电与可持续发展国际研讨会”上，亮中老师最为独特的地方就是：他总是把当地百姓的声音、需要和参与放在首位，总是在问各种社会运动与民生之间的真正的关系究竟应该如何确立。在国际会议上，亮中老师慷慨陈词，梳理人类建设水坝的历史与江河的关系，强调了中国治理大河流域的成功和教训，解释了移民生活质量下降的原因，强调了过去水库移民的不公正性，指出移民的问题应得到各级政府、主管部门包括大坝开发商的重视，尤其在大河流域进行水电开发，一定要充分考虑到移民的难度，尽早协调、尽早安排才是正确的处理办法，也更有主动性。其次，亮中老师还一针见血地指出人类文明与大河流域密不可分，大河流域蕴藏的文化及自然遗产非常丰厚，简述了人类对自然遗产概念的认识的不断提高。亮中老师强调，在对大河流域进行水电开发时，一定要注意和遵守对文化及自然遗产保护的具体规定，在筹划水电开发前，大规模的文化普查就应该先行，只有这样，才能做到大河流域水电开发与文化保护的协调，避免对文化及自然遗产的粗暴伤害和无法挽回的损失。也正是由于亮中老师的参与策划，让来自云南不同流域的原住民代表，参加了水库移民与可持续发展的研讨，并首次在“联合国水电与可持续发展国际研讨会”上发出了“水坝非自愿移民”的心声，社区的能力建设明显加强。亮中老师也多次促成多位著名记者与学者到流域考察，让中国最主流的媒体多次深入报道该流域的多样文化以及关于建坝的论争。

说到葛全孝等众乡亲在国际会议上据理力争的场景时，亮中老师满脸的兴奋和自豪。在那段时间，亮中老师每次出门总是风尘仆仆，但情绪高昂，对于自己的乡亲和家乡依然充满了自豪感和深深的关怀。

亮中老师曾经在文章中表述过“让老乡说话”的好处，“往往水电开发项目讨论的只是技术上的可行性，没有更多地去考虑生态、地质的限制，更何况‘三江并流’地区原住居民的意见和要求……”这其中有一种经过学术训练后的直觉判断，“人类学强调从草根出发，尊重民间主体性，相信地方性知识”。所有的这一切，正如亮中老师所言——“我们坚持，这是在写历史”。3个月之后，亮中老师却用生命完成了在这场水电变革中的历史定格……

因为知晓整个金沙江流域从一个边远的自在社区，逐渐纳入国家行政系统的渐进过程，所以，亮中老师一直担忧着，大坝的建设有可能“直接破坏这一区域的原生态”。

“这一段流域不是三峡，”亮中老师曾经给民间环保组织的朋友解释说，“三峡经过了几千年政权的治理，而这一带过去一直是自在社区状态，在改土归流以后才真正开始国家化进程。这一带民众的民族性和自治能力与三峡以至内地是不相同的……”

亮中老师2004年7月初，回到北京后，就开始马不停蹄地四处联系民间环保组织、研究机构和媒体，并两度陪同一些专家学者和资深媒体记者来到云南流域考察，为中国最主流的媒体多次深入报道金沙江流域的多样文化以及关于建坝的论争打下了坚实的伏笔。

苛刻地说，出版了两本专著的亮中老师才刚刚称得上是学者，但他以本土人士的身份，在推动虎跳峡—长江第一湾流域保护工作上所表现出的能量却可以用“惊人”来形容。

2004年7月21日，在首都北京一个环保圈的记者见面会上，亮中老师和中国的NGO（非政府组织）之一——北京公众与环境研究中心的主任、被誉为“环保斗士”的北京学者马军教授，共同做了关于虎跳峡大坝的主题发言，从他们的讲述和图片里，在场的记者们真切地感受到了当地百姓对未来深深的忧虑和无助。就在那天下午，虎跳峡电站的话题立即跃入了北京民间环保组织和媒体的关注视野。此后，一个由多方人士组成的联席会启动，并定期交流信息，商量行动方案。大家决定仿效云南怒江的例子，向高层上书，共同起草《停止危险的虎跳峡流域水电开发：留住虎跳峡长江第一湾》的宣言。

作为人类学学者，亮中老师曾多次在金沙江流域做田野调查，为梳理当地文化多样性的现状着力甚多。在民间环保组织因虎跳峡建坝而上书高层的时候，亮中老师自告奋勇揽下了文稿的执笔及统筹工作，并负责撰写宣言里修建虎跳峡和长江第一湾大坝对流域的社会和文化影响这部分。由于这份宣言是要向高层上书，并最终见诸媒体，因此，大家都很慎重，一直未有定论。心急如焚的亮中老师则又急切地提醒大家要断然行动，要趁早有所行动，并提议说要发布一份面向社会公众的宣言，他的想法是："希望这份宣言能兼容签名、网上张贴等传播方式，同时也能给金沙江的老乡在各个村庄张贴。"

在近两个月反反复复的修改之后，2004年9月26日上午，9家民间环保组织在京聚集，从避免地质灾害、保护生态环境、保存多民族文化和关注移民生存状态的角度，联名向媒体和高层呼吁：停止虎跳峡"一库八级"梯级水电站建设；留住虎跳峡，保护举世无双的文化与自然遗产，使高原上的"皇冠"——"三江并流"，永远芳华吐露，丰采照人！这份联名信公布以后，多家媒体争相转载，超过万人签名，使虎跳峡流域水电开发问题成为当时的社会焦点。这次NGO（非政府组织）的举动，同时也引起了国内外主流媒体的高度关注。2004年年底新华社的一篇电讯稿《民间组织兴起，折射社会生态变迁》曾经对此给予赞扬说：这是国内"两起民间组织的杰出表现"之一。

但是，没有署名、隐身在民间组织背后的亮中老师却疲惫不堪。他个人有思想也有冲动，却必须要借助于NGO（非政府组织）来表达。对于一个习惯了写文章来阐述观点的学者来说，这是无比痛苦的事情。为此，亮中老师曾在他的工作笔记里写道：“我没想到，呼吁书的写作会如此的疲累，因为要照顾大多数人的意见，就必须不停地改，这其中备尝艰辛。”

这种失语的痛苦一直纠缠着亮中老师，他想说话，想表达。

亮中老师原本是想做更多的人类学和近代史研究，他的理想抱负是：通过研究西南地区与中央政权的互动，来观察中国的“民族国家”形成问题。但是，为了写好《停止危险的虎跳峡流域水电开发：留住虎跳峡长江第一湾》这份宣言，亮中老师的书桌上却出现了《大坝经济学》等大量和水库建设、公共决策相关的书籍。算下来，这半年多，亮中老师独自写作和参与修改的关于金沙江流域的文稿就有七八万字，最后一个月，他手边正在写着的学术论文和课题报告也有整整4篇。

但是，更大的痛苦还缘于无时不在的忧虑。联席会的议题时常悬而不决，有次，亮中老师不安地说：“坐在这里讨论这些细枝末节的时候，我们根本不知道下面又发生些什么。”

那个还在预可行性研究阶段，但暗地里却在悄悄进行施工准备的大坝一直压得亮中老师喘不过气来。

马茜老师告诉我，那段时间，亮中老师经常做同一个噩梦：梦见江水涨上来。在2004年8月30日凌晨2：27，发给几家民间环保组织的电子邮件中，亮中老师说：“多少个夜晚的梦中，我都会看到水流往上漫起来，而最后的结束总是抗争的场景……对于我来说，我不希望看到这一天。好在，金沙江的民众已经行动起来了，他们怀着拯救家乡的心愿，在自发地艰苦地工作着。我想，我们最应该做的就是与他们紧密配合，给以媒体舆论、人力、物力上的全力支持。”就这样，亮中老师“像一缕阳光、一阵清风”加入了为保护家乡、百姓利益和世界自然遗产而热心奔走的人们中间。

2004年9月29日，《南方周末》不负众望，发表了清华大学国际传播研究中心特约研究员、《南方周末》著名记者刘鉴强的封面文章《虎跳峡紧急》，文章见报后，举国震惊，使保护虎跳峡成为当时的舆论焦点，国务院领导立即责令有关部门调查水电公司未经批准擅自动工一事。亮中老师和新闻界的记者朋友们的共同努力，使利益集团想偷偷摸摸实施工程的打算落空。其后，国内外媒体空前集中地关注虎跳峡问题，使虎跳峡成为继云南怒江后最大的环保议题。

六

2004年12月，通过自身的努力，亮中老师终于如愿以偿地调入中国社会科学院中国边疆史地研究中心，开始从事他极度热爱的学术研究和田野调查工作。中国边疆史地研究中心对人才的录用十分严格认真，重才、尤重德。在公务和研究工作极其繁忙的情况下，中国边疆史地研究中心主任厉教授，还挤出时间同亮中老师接触、交谈，并如实介绍中国边疆史地研究中心的工作和待遇，以及到社科院工作的利弊情况。“弊”即工资待遇不高、无住房安排、评定职称困难。但亮中老师都诚恳地表示：一概无要求，只想做他心爱的边疆民族与社会的田野调查和研究工作。厉教授被亮中老师的真诚深深感动了，因为在当时，不少学有所成的中青年学者，都不甘心在中国社科院这个“清水衙门”中待下去，而另攀高枝，这样一个刚过而立之年、极富朝气、才华横溢的青年学者，却罕见地为了自己的理想和事业，一往情深地投奔社科院而来，能选择清贫与奉献，义无反顾。亮中老师的举动，顿时令中国边疆史地研究中心的元老们都倍感骄傲和自豪。

在正式到中国边疆史地研究中心上班前，亮中老师曾做过一次全面的体检，1.76米的身体，棒棒的，一点儿毛病都没有。然而，令中国边疆史地研究中心的前辈们意外的是，亮中老师第一次正式上班就请了假，因为他要参加民间环保组织为保护金沙江地质、生态环境和民族文化的科研课题，带领专家和记者们到金沙江流域调研和采访。而且他还要为民间环保组织起草和修改文稿，每天都得熬到凌晨两三点钟。

就在亮中老师工作调动期间，一个推心置腹的朋友曾告诫亮中老师：现在做反虎跳峡大坝的事不要太高调，怕社科院注意到，影响工作调动。从来没考虑过这层关系的亮中老师回到家里，把这件可忧虑的事告诉了妻子马茜。马茜老师说："你怎么越来越胆小了？以前的勇敢哪儿去了？要是因为这个影响了调动，没了工作，或是出了什么意外，我养你！"有了妻子的支持，亮中老师便无所惧怕地，全身心投入了保护乡民的事业当中……

2005年1月4日，这是亮中老师从云南考察回来第二次到中国边疆史地研究中心上班。上午的碰头会讲的是申报课题的事情。会后，亮中老师便热情地拜访了中国边疆史地研究中心其他几间办公室的同事。亮中老师绘声绘色、感染力极强的推荐介绍，加之一沓沓在云南拍摄的照片，让年长的同事们都有些兴奋。当时有的同事还提议要给亮中老师开个专题报告会，让他专门说说云南大河流域的事。下午他跑了两个书店购书，又在严寒中骑车一个多小时回家，夜里他带着兴奋和疲惫又开始了漫长的写作……

事实上，亮中老师平时在北京的开销除了生活费，还要还房贷，经济的窘迫在2004年的下半年就益发加重了。因为，亮中老师每次跑云南的大部分花销不仅要自己承担，而且他还要掏钱在北京买很多书，刻录很多资料光盘，源源不断地寄到江边老乡的手里。由于大量联系外界，家里的座机和手机的电话费也暴涨。处处替别人着想的亮中老师，每次老乡打电话来，他都要对方挂断，然后自己再重新拨回去。据马茜老师回忆说："2004年她们准备买房子的时候，亮中老师每天下班后就骑着自行车满城去看工地。他有天回家后跟我说，他在三环路上看见一只大雁。然后又说了很多小时候在江边玩的情形。每次回老家，他都会举着相机趴在江边的草丛中，拍很多水鸟、老鹰的照片回来。"

自2004年下半年以来，由于亮中老师两三次请假回云南进行实地考察，原来每月三四千元的工资也被无形地扣减了许多。有一次，我打电话给亮中老师，他曾轻描淡写地跟我提起过天天熬夜写材料的事情：“要在单位做事，又要做虎跳峡的事，时间上还是有点紧张。”据马茜老师回忆说：“自从亮中老师关注虎跳峡以来，他每天总是这样超负荷运转，他也无力更多兼顾及承担家庭的责任。”最终，“舍我其谁”的使命感让曾经生龙活虎的亮中老师走到了生命的极限……

其实我比谁都了解亮中老师，首先他是一个人类学学者，他的研究对象就是生他养他的金沙江和世代生活在那里的各族人民。亮中老师之所以卷入反对虎跳峡大坝工程的运动，主要有两个原因：一个是他在理论上对于发展主义是批判的，对于所谓全球化过程、特殊利益集团及某些政府部门的发展策略极为敏感，因为它们共同造成了文化多样性和生态多样性的瓦解；一个是他对自己的家乡有极为深厚的感情，对金沙江流域的人与物有极为亲切的理解。在整个运动的过程中，亮中老师不是盲目的，不是仅仅出于道义的热情；作为一个人类学学者，他勤奋思考，认真地研究情况，仔细地阅读有关大坝、生态和发展方面的著作。正因为如此，亮中老师在卷入这个运动之时，并没有仅仅局限于金沙江问题，他后来对发展主义和其他地区的社会危机也投以极高的关注度。说他是金沙江的守望者是确切的，但他的关心和守望的范围却并不限于自己的家乡。亮中老师身上感人至深的，是他的质朴和源自这种质朴的行动能力，是一种把对家乡的热爱推广至更广阔的世界的情怀；这种对于更广阔的世界的关心不但植根于他对金沙江的爱恋，而且也使他的这种爱恋获得了更强的力度和深度。

亮中老师的母亲孙玉群回忆说：“2004年12月，就在亮中老师即将从家乡返回北京的当天晚上，我曾担心地问他：‘你做这些事情，开发商会不会盯上你？会不会找人报复你？’他回答说：‘北京的朋友都敢于站出来质问开发商，为江边10万农民献出生命我也不怕！’果然没过多久，亮中老师便累倒在了倾注了他全部心血的征途上，再也没有起来……”

当亮中老师最后一次从云南老家回北京的时候，临走前一天，他到他阿妈的房间里，悄悄要了2000元做路费。这是亮中老师工作10年来，第一次向家里开口要钱。

亮中老师的表叔王泽生回忆说："我最后一次为亮中摆渡时，他曾抱着我一字一句地说：'表叔，我走了。'"

七

2005年1月5日凌晨4时许，窗外大雪纷飞，在首都北京一座简陋的筒子楼里，年轻的亮中老师猝然去世，走完了他32年执着而奉献的生命历程。

据马茜老师回忆说，亮中老师上床休息的时候，蒙眬中她还顺口问了一句："写完了吗？"他还嘟哝说："写完了。"

再过一阵，熟睡中的马茜老师却被枕边异常急促的喘气声惊醒了，她原以为是亮中老师在打呼噜或者梦魇，就伸手去摇他，却听到他在喊："我疼，我疼……"马茜老师跳下床，摁亮灯，只看见他正张着嘴，挺着胸膛使劲大口大口地喘气。5分钟后，32岁的亮中老师便离开了人世，以一种太过匆忙的方式告别了这个世界。

此时，黎明已经在首都北京的上空静静地铺开了……

当人们追问这个年轻的人类学者离去的原因时，才猛然发现：原来是长时间的超负荷工作以及郁结在心底的焦虑与压力等诸多原因，累垮了这位年仅32岁的年轻人。

亮中老师的电脑真实地记录和显示了他生前最后几天的工作情况：

2004年12月31日，工作到凌晨2时43分；

2005年1月1日，工作到凌晨1时36分；

1月2日，工作到22时32分；

1月3日，工作到23时53分；

1月4日，也就是亮中老师生前的最后24小时，他还坐在电脑前工作。从文档的时间记录上看，他先修改了一篇学术文章，然后又往外发了几封电子邮件。那晚，一直没放弃文学梦想的亮中老师还写下了《一只雁在三环上努力飞翔》这样一首诗：“人流如织的三环/一只雁距离地面不到二十米/由西向东，努力飞翔……/先往西，再往东/然后可以拐向南/经过一条更宽阔的大路就进入原野……/三环永远那么纷纷扰扰/但雁怀念这段旅程底下的人流/井然而又有序/他们与雁恍若隔世/但却是雁飞行时的伴。”最后，他的电脑关机时间是凌晨3时07分。

八

2005年1月5日下午，亮中老师生前的好友们，聚集在其母校——中央民族大学的图书馆楼为亮中老师举行了追思会。本来可容纳六七十人的会议室，却被挤得满满的，中央和北京各大媒体、学校、机关、环保组织以至云南、内蒙古等各地赶来的与会者，共同倾诉着对这位年轻学者的沉痛怀念，有的泣不成声。追思会从下午14点一直开到18点，人们望着大屏幕上“永远的萧亮中”横标大字和亮中老师站在金沙江岸边山岗上张开双臂拥抱大地的照片，久久不愿离去……

2005年1月12日，当亮中老师的骨灰从首都北京护送到了老家江边时，老船公王泽生一边掌舵，一边怔怔地看着来人手里捧着的骨灰盒，悲戚地对来者说道：“就在20天前，这个年轻人才坐船过了江，回了北京，谁也没想到，他竟这么快就回来了，以这样的方式……”

金沙江边吾竹村的村民彭应全伤心地告诉我：“一想到祖祖辈辈留下的田地可能会因大坝而淹没，心里就说不出的难受！多亏了亮中老师的努力和媒体记者们的报道，我们才知道了修坝的一点内情。这就像是对我们这样快要淹没的人伸出了一只援助之手！”

2005年1月13日，就在为亮中老师举行葬礼的当天，附近村落，很多不相识的人也抬着用柏树枝扎成的花圈来了。原本宽敞的萧家大院，却坐满了从远乡近邻赶来的600多位村民，他们中有的是来自金沙江以西乡镇上的农民。萧家大院被送灵的人流塞得水泄不通，哭声响成一片。很多老人牵过小孩子，一起给亮中老师磕头。按照江边的习俗，年轻人去世，老人是绝对不磕头的。这几百年来，江边还从没有哪个年轻人享受过如此隆重的礼遇。

萧家的山墙上，贴满了一长排追忆亮中老师的悼文。亮中的导师庄孔韶教授写道："他刚正不阿，带着他的理想和憧憬为乡土社会和人民的权益奔走，是我的学生中的智勇双全者。"和亮中老师交浅言深的新华社中国特稿社副社长、高级编辑熊蕾女士在悼文里写道："有不甘书斋寂寞而入世的学问人，傍的是腰缠万贯的大款和富翁，而你，却始终和自己无财无势的父老乡亲血脉相连，休戚与共，声气相关，是为弱势群体的权益奔走呼号。"

在追悼仪式的间歇，村民们把从首都北京赶来参加亮中老师葬礼活动的新华社中国特稿社著名记者林谷先生和从北京同来的"野性中国"工作室制片人史立红女士团团围住，纷纷表达起各自的心声……

这种情景，对史立红女士来说已不再陌生。就在2004年12月初，史立红女士在亮中老师的陪同下来到了江边。她想以职业的冷静与客观来记录老乡的真实想法，杜绝任何可能的渲染。在山道上，在渡口边，在集市里，她把镜头对准了最普通的老乡们。车轴村的一个白族妇女李桂清主动走向镜头，拉着史立红女士说，自己的家乡一年的粮食收成够吃三年，大家都把肉随便当菜吃。

史立红女士在片中拍下的亮中老师唯一的镜头，就是他站在高山之巅，背对金沙江，对着镜头侃侃而谈的那段鼓舞人心的话语："现在在发展主义的影响下，人们认为任何东西，包括你的感情、你的田地都可以用货币支付，但金沙江边的老百姓不这样认为。他们认为这块土地是可持续发展的，可以世世代代使用，来满足非常安逸的生活……我见到了他们的呼吁书。他们说：'你哪怕用黄金把这条金沙江河谷铺满，也换不来这条自由流淌的大江，也换不来我们的家园！'"

出殡时间是在当天下午5点。亮中老师被乡亲们安葬在村背后的椅子山脚下，从坟茔的位置上望出去，看得见山脚下清澈的金沙江和车轴村鱼鳞一样的屋顶。

就在亮中老师的葬礼举行后不久，金沙江边的老百姓们，在风景旖旎的金沙江畔，自发地凑钱在江边为他竖起了一块石碑，上面写了五个大字——“金沙江之子”。

九

2009年6月11日，就在金沙江之子——萧亮中老师去世后的第五年的上半年，环保部终于通报了对云南香格里拉金沙江流域两家大型国企环境违法行为的处罚决定：水电站未获审批开始截流，由于“严重违反国家产业政策、发展规划和环境保护准入条件”，决定“从即日起在完成科学论证和各项整改措施前，暂停审批金沙江中游水电开发项目、华能集团和华电集团（除新能源及污染防治项目外）建设项目环境影响评价”。

这意味着，上述企业和地区的相关项目在“停批令”内均不得上马。

据环保部新闻发言人介绍，云南华电鲁地拉水电有限公司、华能龙开口水电有限公司，未经环评审批，擅自在金沙江中游建设华电鲁地拉水电站和华能龙开口水电站，并已开始截流。水电项目一旦“环保缺失”，会对上下游生态及社会生活产生不利影响。发言人还说，上述两处水电站擅自截流，对减小水电建设环境影响极为不利。发言人同时表示，对规划的龙头水库和虎跳峡河段的开发方式与相应的环境影响，也需要深入研究。

对于华能华电遭停批受罚单，发言人表示，此举将警示拥有众多“两高一资”（高耗能、高污染、资源性）建设项目的大型企业集团，加强环境管理，履行环保责任。

环保部发言人还强调，中国水资源的开发利用，要杜绝大小公司过度开发的现象。而西南地区“生物多样性最丰富、生态保护压力最大、地质灾害最频繁”，开发工作必须严格做好环评环保。

长久以来，笔者一直在思考环境保护与经济发展的关系问题。近十几年来，环境保护被提到以往没有过的高度，受到的关注非同寻常，最直观的表现是国家环保机构的变化，从国家环保局到国家环保总局再到环境保护部，逐级升格。这说明什么？一方面是说明国家与公众开始重视环境，另一方面是环境压力越来越大，环境破坏越来越严重，而环境被破坏的同时又是经济大幅度增长的好时机。这就产生一系列问题，即：环境保护与经济发展孰轻孰重，二者能否并存共荣？在开发水电的同时，是否就意味着要以牺牲文化遗产与自然生态为代价？在水电开发的决策过程中，与之休戚相关的原住民究竟能否发出声音？中央要求保障的农民“四权”（知情权、参与权、决策权和监督权）在水电开发中能否实现？水电开发如何体现中央提倡的科学发展观与构建和谐社会的理念？就是这些敏感的讨论让很多人坐言起行，用实际行动在这些关乎国家民生的命题面前慎重作答。而亮中老师仅以一介书生，奋然而成一位坚定的行动者，最终以付出生命的代价，感召更多的行动者参与到保护大河流域文化与自然多样性、保护社区生计的事业中来……

关微阳光热线给我灿烂阳光

袁琳伦

在我人生最落魄的时候，亲人离开我了，朋友疏远我了，这个世界随时准备抛弃我了，连我都不想要我自己了，就在这时，有人用十分诚挚、友好的嗓音对我说："让我陪你走一程！"这是一位陌生的志愿者在电话那一头对我说的话。刹那间，那关爱的话语仿佛春天的花朵，那热烈的语言直抵我的灵魂深处，我的心灵变成了姹紫嫣红的花园，生长出坚定的力量。

由于在胎中缺氧，我被诊断为徐缓性脑瘫。当别的孩子学坐、学爬、学走、学说话，按部就班成长时，我却是全身瘫软，只能躺在床上，由母亲为我翻身、喂饭、换洗衣裤。读书是我最大的梦想，经过家人不懈地努力，我上了小学。虽然因为行动不便、口齿不清，我经常遭到别人的歧视，但我心中怀揣着读书梦，所以再大的困难我也能够克服。可10年后，我万万没有想到，我在中考中失利了。年迈的父亲带我去中专学校求学，学校以我是脑瘫孩子为由拒绝我入学。我继续进修的梦想破灭了。接着，爷爷奶奶相继离开人世，面对这巨大的打击，我觉得天崩地裂，不知路在何方的我常问自己：连学校都不要我了，我又没有技能，活着还有什么价值？在痛苦之中，我抱着最后一线希望，怯怯地致电共青团汕头市委开辟的青少年心理咨询免费电话寻求帮助。那一段对话，至今我仍然铭刻在心。

“喂，你好，我是柯老师。请问有什么可以帮到你的呢？”我用结结巴巴的言语小心翼翼地回答：“您好，老师，不好意思，我说话不是很流利，您能听懂吗？”柯老师说：“可以，我听得很清楚，没关系，你慢慢说吧。”

柯叔叔关切的口气，令我一下子放松下来，我委屈地说：“我觉得我活着没有任何意义！”柯叔叔马上问：“你遇到什么困惑了？告诉叔叔，可以吗？”

我以为像平时跟陌生人打电话那样，对方一听到我难懂的声音就会立即把电话挂断，从来没有陌生人愿意一字一句地听我的“鸟语”，这使我非常自卑。我真没想到柯老师能用那么温暖的声音耐心地跟我交流。那声音触动着我内心深处最柔软的地方，我的眼睛不由得湿润了。我对柯老师说：“我走路一瘸一拐，经常遭到旁人的歧视，我想继续读书，可是学校都不肯再接纳我了，感觉就像现实版的冉阿让，没有一扇校门愿意为我敞开，我不知道该怎么办，我觉得我活着没有任何意义！我还能做什么？我不知道活着有什么价值……”“孩子，张海迪的生活比你更痛苦，她成为全国残联主席，赢得很多人的尊重。我们努力克服生活中的困难，坦然、勇敢地接受不能改变的现实。‘天生我材必有用’，你能走到今天，已经读完初中，叔叔已经很佩服你了！”那一次我们交流了整整一个半小时。那是我今生第一次遇到有人愿意花这么长的时间，这么耐心、细致地跟我谈话，我的心充满了感激！柯老师的每一句话都充满了正能量，他鼓励我多看书多写作，教我很多学习和解压方法，并留下了他的通信地址给我，说愿意看我的文章。

从那以后，看书、写作便成了我生活中的一部分。读书学习让我打开了一片全新的天地。一天又一天，我迫使自己捡起时间的碎片，用它们装盛知识的食物，储进自己深深却又非常浅薄的脑海。在读书学习中，我的思想和书本会心对话，心情反复地被书墨熏香，精神领域反复地被文字的光芒照亮。每次写了稿件，我就寄给柯老师，他用爱心做了我的“忠实读者”。记得2009年的一个炎热的暑假，我的手机突然响起信息声，柯老师在短信里写道：“你的文章已见报，如果买不到报纸可以来报社拿。”惊喜中，我半信半疑地找来报纸，我的文章真的发表了！这使我获得了不少信心。

柯老师是谁？为什么肯这样无私地帮助我这样一个残疾人？我忍不住打开电脑从百度上搜索了解到他：“汕头市‘关微阳光热线’创办人、特区报社记者柯志雄，从事新闻工作20载，投身志愿服务10年，帮助、辅导的学生2800多人，资助贫困学生189人，特别是通过心理干预至今共挽救了127位孩子的生命。”在柯老师的热心帮助下，我上了中专，后来又考上了大专院校，圆了我的求学梦。从我第一次打通“关微阳光热线”起，这么多年来，柯老师没有停止过传递给我正能量。在他的激发下，我的学业很顺利。到了大三实习期间，每位同学都自信满满地到企业单位去实习。与学校合作的企业没有一个岗位适合我，我只好带上简历到招聘会上自己找实习的机会。明明是招聘会刚刚开始，可是用人单位一看到我，就都说他们的职位已经招满了；还有的直接不耐烦地说：“走开走开，我们这里不需要你这样的残疾人！”那刺耳的语言让我屈辱的泪水一下子冒了出来。在无助的时刻，我突然想起柯老师的话：“我们的心要像大海一样，容纳一切！”我再次鼓起勇气，勇敢地参加接下来的5场招聘会，结果还是一无所获。总以为我的学习成绩优良，难道那只是代表着老师的鼓励而不是社会的肯定吗？总以为我在书堆里已锻造出了一颗强大的心，可这6场招聘会下来我身心疲惫，我再次对生活失望透了，对走上社会去工作失去了信心。我想，当这个世界不需要我了，我还有什么存在的意义呢？我比同学更拼命地学习：他们逛街、睡觉，我早早起床复习功课，4年来我竭尽全力看书学习，难道只是竹篮打水一场空？宿舍今晚又只剩下我一个人，我在一家偏僻的小药店里买了一瓶安眠药，然后写好了遗书，我想吃了药安安静静地睡着。当一切准备好了，我又突然想起柯老师，想起他曾经怎样鼓励我坚强地面对一切。我想在吃安眠药之前打个电话与他告别，我看了看时间，已经是晚上10点多。

“您是柯老师吗？”

“是的，阳光女孩。”

“那么久了，您还记得我？”

“是的，叔叔记得你，因为你的坚强！”

突然间我的眼泪汹涌而出：“柯叔叔，这个世界，我来过，爱过，喜过，怒过，哀过，也乐过，曾经用心深深地体会过，我愿一切云淡风轻；我愿天堂是我最后的归宿。”

电话那边的柯老师立时很着急：“阳光女孩，你这是怎么回事？请你跟叔叔说，叔叔等着你说话！”我说：“我不该来这个世界……就让该走的我马上走吧……”柯老师说：“你忘记了我们之间的约定了吗？怎么回事？告诉叔叔，我一定帮你！让我陪你走一程吧！”

我把我近两个月来参加了6场招聘会失败的经历告诉了他。柯老师听后，给我讲了《半杯水》的故事。同样是半杯水，积极的人会想“还有半杯水”；消极的人会想“只剩半杯水”。他说：“没错，你失去了健康，但你还有一对可敬的父母，他们给予你的爱如泉涌，他们含辛茹苦把你养大，而你只面对这样的小小的困难就放弃了。我一定帮你找到合适的工作，好吗？答应我不要做傻事，你有一对可敬的父母在家等你。你在哪？我立即过去！”我沉默了许久后带着哭腔回答他：“谢谢，不麻烦您了，请原谅我的不懂事，我会好好活着，我一定等您好消息……”

挂了电话后，我把那一瓶可怕的东西倒进厕所。我陷入了沉思，我不知道他是谁家派来的“天使”，用他那慈父般宽厚的心开导一个素不相识的女孩。突然间，一种似曾相识的感动暖暖地流入心窝。为什么父亲为我付出同样的爱，而我却没有感受到？原来自己只关注失去的东西，而没有关注自己拥有的东西。我拥有父母无私的爱，还有柯老师这样有爱心的志愿者在支持着我，我应该坚强地活着，尽管大雨浇灭了激情，狂风吹散了信心，我也要好好活着！

半个月过去了，工作的事没有什么动静，度日如年的我忍不住打电话询问柯老师。他说，他一直在为我的事奔忙，他们前几天开完会，决定用整版篇幅报道我的故事。我听了很开心，我希望这样有利于我找到合适的工作。让我意外的是，报纸报道了我的事情几天后，我收到柯老师的一条短信："阳光女孩，您好！一家公司要找你面试，是平面设计职位，你感兴趣吗？"这与我的专业很对口，我马上打电话过去，他说："明天我接你到公司面试。"我说："谢谢您，我自己可以过去面试，就不用麻烦您了。"他说："不客气！还是我接你过去吧！"隔天，柯老师果然来我家门口接我了，那是我们第一次见面。在车上，他像慈父一样亲切地跟我说了很多职场的行为规范，让我受益匪浅。我终于找到了一份非常适合我的工作。

柯老师是一名用笔记录城市脉搏的资深记者，却在繁忙的工作之余，自愿选择当一名默默无闻的心灵守护者，帮助了无数像我这样需要帮助的人。自从2008年遇到柯老师起，他给予我许多无私的帮助，教我学会把阳光引进心灵、照亮心坎，他让我的灵魂得到了重生。在他的帮助支持下，我不仅如愿找到了合适的工作，更逐渐拥有了一颗强大的心，从一只自卑的丑小鸭变成了一只自食其力、充满自信的小天鹅。"关微阳光热线"给我的人生带来了灿烂阳光，我将用我的灿烂笑容去面对人生道路上的一切。